政府行政人员责任意识研究

宋歌 著

中国人民大学出版社
·北京·

本书出版得到北京理工大学马克思主义学院经费资助

序

国家治理体系和治理能力现代化，离不开政府治理的现代化。

政府是一个个行政人员构成的集合体，政府治理的现代化是通过一个个行政人员的行政行为来实现和体现的，因此，政府治理的现代化的基点是行政人员的现代化。

政府行政人员的现代化，是由诸多要件构成的理想素质状态和理想行政行为，如现代化的行政理念、知识结构、沟通艺术、法治观念和法治方式等。本书则从政府行政人员的“责任意识”入手，对政府治理现代化展开学术思考，为政府治理现代化进程把脉寻方，为推进政府治理现代化尽一份学子的责任。论题的重大与作者的年轻似乎不大相称，而这正是值得称道之处。

就意识而言，实现政府行政人员的现代化需要许多现代化意识的支撑，如责任意识、政治意识、宗旨意识、经济意识、道德意识、法治意识、规则意识、执行意识、廉洁意识、风险意识……若想穷尽列举，困难不小。有多少种行政行为，就需要多少种意识；行政行为涉及多少行政事项、行政对象，就应当有多少种意识；行政行为存在多少问题，就相应地要增强多少种意识。但无论如何，总有一些根本性的、主导性的意识，而责任意识就是其中之一。

说责任意识是根本性的、主导性的意识，是因为一旦有了责任意识，就能引领、激发、串接起其他必不可少的意识，例如，效率意识、规则意识、便民意识……一种根本性的、主导性的意识要想发挥作用，必须要有各种相关意识与之配套，也必然会有各种相关意识与之配套；没有这些意识，就不可能履好职、尽好责。反之，如果缺乏责任意识，效率意识、规则意识、便民意识等其他意识也就无从谈起。

政治意识、宗旨意识、法治意识等，对政府行政人员来说，也是根本性的、主导性的意识，而政治意识是第一位的根本性的、主导性的意识。政治意识绝不是孤立的精神状态，它必然引领、激发和串接起大局意识、核心意识、看齐意识，缺少其后的任何一种意识，都不是完整的政治意识。同样，政治意识也必然要求和生成责任意识。对此，习近平总书记论述得十分透彻，权力就是责任，责任就要担当，忠诚干净担当是党对领导干部提出的政治要求。

各种意识要素之间这种共生互动的关系，根源于两个方面。从意识的载体来说，根源于人的大脑。意识是人脑的产物，人脑是意识的载体。在人的大脑中，各种意识要素是浑然一体的，我们无法区分哪里或哪些是责任意识，哪里或哪些是规则意识。现在被分门别类地称为各种意识的，是人们用思维的“手术刀”分离、抽象、概括的结果。从意识的内容来说，政府治理现代化所要求的各种意识本身就是相互关联、相互包含、不可分割的。我们党在新时代所要求确立或强化的各种意识，是根据新形势新任务提出来的，例如忧患意识、安全意识等，这些意识，连同先前提出的各种一以贯之的意识，本身就是一个综合统一体；任何一种意识都不是独立存在的，也不是独自发挥作用的，而是相互激发、相互作用、相互融合而发挥整体作用的。这是意识的存在规律，也是意识的作用规律。

意识的这种存在规律和作用规律，并不妨碍根据形势和任务的客观需要而突出强调某一种或某几种意识，更不妨碍集中研究某一种或某几种意识。政府行政人员必须具备的各种意识，都可以而且应当成为专门的研究课题，以便研究得细一点、深一点、透一点。因此，当本书作者宋歌提出把政府行政人员责任意识作为研究对象时，作为导师，我当即表示赞赏。

为研究好这一课题，宋歌集中精力广泛阅读，关心时政，专注我国政府治理实践，发奋思考写作，经过不懈努力，最终形成了摆在读者眼前的这本书。

本书对政府行政人员责任意识的概念、构成、形成、价值取向、现实问题、强化路径展开了系统思考和分析论证，实现了对政府行政人员责任意识的系统性、整体化和立体式研究。本书较好地论述了政府行政人员责任意识的引导功能、约束功能、刺激功能、评价功能，论述了政府行政人员的责任意识和政治意识、宗旨意识、法治意识的关系。特别是作者指出，政府行政人员责任意识的价值目标是经济繁荣、社会和谐、环境优美、人民幸福，政府行政人员责任意识的价值原则是公正、诚信、高效，政府行政人员责任意识的价值标准是合法、合理、合情以及三者的统一。这些观点较为完整地贯彻和体现了党的创新理论对干部队伍的基本要求，且纳入了一个创造性的研究框架，进行了创造性的理论阐述。

当然，政府行政人员是一个集合概念，不同的政府部门具有不同的职责，因而不同政府部门的行政人员的责任也各不相同。政府组成部门大致可分为政治职能类、经济发展类、社会事务类、资源环境类、科技文化类、审计监督类，各个部门的职能相差很大。同时，每一个政府部门都有大致相同的内设机构，如党务、人事、行政、后勤等，各部门的这些内设机构也就具有了大同小异的职责。可见，本书所说的政府行政人员责任意识，是一般意义上的研究，阐述的是责任意识的共性内容。

本书作者是一个从校门到校门的青年教师，没有政府部门的从业经验，因此，本书的局限性是明显的。但本书为作者本人和其他学者的进一步研究提供了一个很好的起点。期待作者和学界有更多更好的研究成果问世！

周文彰

2025 年 7 月于北京寓所

前　言

增强政府行政人员责任意识是推动行政人员履责到位、建设责任政府、全面深化政府治理改革，进而推进国家治理体系和治理能力现代化、维护社会稳定和社会公平正义、推动中国特色社会主义各项事业蓬勃发展的重要途径。责任意识的重要性以及当前政府行政人员在责任意识方面存在的现实问题，亟待我们深化相关研究，从而为强化政府行政人员责任意识提供理论支撑，同时为拓展责任意识的相关研究贡献力量，为其他学科的同类研究提供一定的借鉴和参考。

政府要想成为责任政府，就需要每一个行政人员都具有自觉的责任意识。那么，什么是责任意识，责任意识的内在结构是怎样的，责任意识的功能和作用是什么，责任意识形成的客观因素和主体修养如何互动共振，政府行政人员在责任意识方面存在哪些问题以及该如何解决？这些问题是当前我们需要关注的现实问题。研究这些问题，无论是对于增强政府行政人员的责任意识、推进责任政府建设、把以人民为中心的发展思想落到实处，还是对于细化相关学科研究、丰富相关理论，都具有十分重要的意义。本书对这些问题进行了专题研究。

责任和责任意识，是法学、伦理学、行政学、管理学、管理哲学等诸多学科绕不开的重要话题，因此，国内外学者的研究成果为本书提供了丰富资料和重要启迪。然而，把政府行政人员的责任意识作为一个独立的课题进行系统研究，这还是第一次。本书运用文献研究法，坚持历史与逻辑相统一、规范分析与经验分析相结合，对政府行政人员责任意识的方方面面展开了细致入微的探索，试图提供一套有关政府行政人员责任意识的理论建构，丰富迄今为止的责任意识研究成果，并为其他相关学科的研究提供一些有价值的参考。

责任意识是政府行政人员对于责任及责任履行的主体意识活动和主体意识状态。从结构上看，责任意识是责任认知、责任情感和责任意志的统一，三者相互区别，时常存在互不协调和相互冲突的情况，但它们又相互依存、相互作用和相互转化，构成责任意识的统一体并推动着责任意识的优化。责任意识具有能动性、自觉性、公共性、价值取向性和个体差异性等鲜明特点，对政府行政人员的履责行为具有强大的引导功能、约束功能、刺激功能和评价功能。责任意识与政治意识、宗旨意识、法治意识、廉政意识密切相关，存在相互作用、相辅相成的关系，它们对责任意识的形成、保持和优化有重要的影响。

政府行政人员的责任意识是怎么形成的，或者说，责任意识是在什么样的客观环境和主观条件下形成的？这个问题无疑是责任意识研究的一个重点。本书提出，责任意识的形成客观上缘于岗位角色、公共权力取向和政府职能要求，主观上则取决于政府行政人员能否内化责任要求、树立行政良心和追求行政价值，而这一过程同样离不开综合驱动的作用，即社会期待的驱动、外部监督的驱动和行政文明的驱动。责任意识一经形成，就具有明确的价值意蕴：价值目标是经济繁荣、社会和谐、环境优美和人民幸福；价值原则是公正、诚信、高效；价值标准是合情、合理、合法，并要求三者的统一。

眼观现实，我国政府行政人员的责任意识越来越强，履责成效也越来越好。这是我国经济社会快速发展、人民群众的获得感越来越多的重要原因之一。但政府行政人员在责任意识方面存在的问题也很明显，主要表现为：敷衍了事、应付责任，不负责任、推卸责任，拈轻怕重、逃避责任，选择性履行、歪曲责任。究其原因，既有政府行政人员主观层面的，例如主体认识错误、主体价值观偏差、主体非理性因素的消极作用；也有制度层面的，例如制度漏洞、制度执行不力和监督不足；还有文化层面的，例如责任伦理教育不足、传统行政文化的消极影响以及社会不良风气的侵蚀。解决这些问题，强化责任意识，需要坚持自律与他律相统一、法治与德治相统一、知与行相统一、共性与个性相统一的总体思路。在这个总体思路的基础上，从自我修养、制度建设和文化建设三个方面同时着力：在自我修养上做到自重、自省、自警、自励；在制度建设上，完善责任评价与考核制度，健全责任监督制度，优化行政问责制度，构建责任激励制度；在文化建设上，加强伦理教育，优化行政文化，改善社会氛围和道德环境。

政府行政人员责任意识的确立和强化，不可能一蹴而就，因此，对责任意识的理论研究任重而道远。随着研究的深入及其与实践的结合，日益增强的政府行政人员的责任意识必将转化为为国家富强、民族振兴、人民幸福而努力的职业意识。

目　　录

导　论 ………………………………………………………… 1

第一节　问题提出 ………………………………………… 1

第二节　研究现状 ………………………………………… 12

第三节　研究构想 ………………………………………… 23

第一章　政府行政人员责任意识概述 ……………………… 27

第一节　政府行政人员责任意识的概念 ………………… 27

第二节　政府行政人员责任意识的特性 ………………… 34

第三节　政府行政人员责任意识的功能 ………………… 38

第四节　政府行政人员的责任意识和其他意识 ………… 41

第二章　政府行政人员责任意识的构成 …………………… 51

第一节　知：责任认知 …………………………………… 51

第二节　情：责任情感 …………………………………… 58

第三节　意：责任意志 …………………………………… 64

第四节　知情意在责任意识中的对立统一 ……………… 67

第三章　政府行政人员责任意识的形成 …………………… 80

第一节　政府行政人员责任意识形成的必然逻辑 ……… 80

第二节　政府行政人员责任意识形成的过程 …………… 102

第三节　政府行政人员责任意识形成的综合驱动 ……… 110

第四章　政府行政人员责任意识的价值取向 …… 119
第一节　政府行政人员责任意识的价值目标 …… 119
第二节　政府行政人员责任意识的价值原则 …… 134
第三节　政府行政人员责任意识的价值标准 …… 153
第五章　政府行政人员责任意识存在的问题及原因 …… 166
第一节　政府行政人员责任意识存在的问题及其主要表现 …… 166
第二节　政府行政人员责任意识问题的原因分析：主观层面 …… 170
第三节　政府行政人员责任意识问题的原因分析：制度层面 …… 181
第四节　政府行政人员责任意识问题的原因分析：文化层面 …… 189
第六章　政府行政人员责任意识的强化路径 …… 197
第一节　强化政府行政人员责任意识的总体思路 …… 197
第二节　强化政府行政人员责任意识的自我修养 …… 210
第三节　强化政府行政人员责任意识的制度建设 …… 214
第四节　强化政府行政人员责任意识的文化建设 …… 221
结　语 …… 237

参考文献 …… 241
后　记 …… 257

导　论

近些年来，人们越来越强调“责任”。“责任”已成为当前社会中的主导性规范概念，用米切姆的话来说，“在当代社会生活中，责任在西方对艺术、政治、经济、商业、宗教、伦理、科学和技术的道德问题的讨论中已成为试金石”①。在政治与公共行政领域，“责任”同样非常重要。莫舍认为：“在公共行政和私人部门的所有词汇中，责任一词是最重要的。”②目前，对“政府行政责任”的研究已成为现代公共行政伦理学的重要课题之一，但对“政府行政人员责任意识”的分析和讨论还有很大的探索空间，基于此，本书对这一问题开展了专题研究。

第一节　问题提出

一、现实意义

从实践角度讲，之所以研究政府行政人员责任意识，有两方面原因，

① 孟昭武，吕学芳．伦理化管理：现代行政发展的新趋势［M］．北京：人民出版社，2014：198.

② 库珀．行政伦理学：实现行政责任的途径：第5版［M］．北京：中国人民大学出版社，2010：73.

一是责任意识的重要性，二是责任意识的缺失。所以我们需要深化对责任意识的研究，推动政府行政人员责任意识的强化，具体而言：

一方面，责任意识的重要性决定了研究政府行政人员责任意识的必要性。

强化责任意识意义重大。习近平总书记多次强调干部履责的重要性，强调勇于担责、善于履责是干部必须具备的基本素质，并对什么是责任、为什么要担责履责、怎么做好担责履责等一系列问题进行了深刻的阐述。他指出，“担当就是责任，好干部必须有责任重于泰山的意识，坚持党的原则第一、党的事业第一、人民利益第一，敢于旗帜鲜明，敢于较真碰硬，对工作任劳任怨、尽心竭力、善始善终、善作善成”①，“干部就要有担当，有多大担当才能干多大事业，尽多大责任才会有多大成就。不能只想当官不想干事，只想揽权不想担责，只想出彩不想出力”②，“该履行的职责必须履行，该承担的责任必须承担”③，这为我们强化领导干部责任意识提出了要求。

政府行政人员的责任意识具有重要作用，进一步深化研究，可以帮助政府行政人员增强责任意识，从而推动政府建设，使政府在经济社会发展过程中更好发挥应有的作用，进而深化中国式现代化发展道路，推进国家治理体系和治理能力现代化，推动中国特色社会主义各项事业蓬勃发展。

第一，增强政府行政人员责任意识，能够推动政府行政人员履责尽职，真正承担起开创中国特色社会主义新局面的历史使命，为实现中华民族伟大复兴尽心竭力。

党的十八大以来，以习近平同志为核心的党中央团结带领广大人民群众锐意进取，不懈奋斗，使国家发生了一系列伟大的历史性变革，取得了一系列伟大的历史性成就，推动中华民族迎来了从站起来、富起来到强起来的伟大飞跃。我们在政治、经济、文化、社会、生态等各个方面都发生

① 习近平．习近平谈治国理政：第1卷［M］．2版．北京：外文出版社，2018：416.

② 中共中央文献研究室．十八大以来重要文献选编：中［M］．北京：中央文献出版社，2016：324.

③ 中共中央文献研究室．十八大以来重要文献选编：上［M］．北京：中央文献出版社，2014：133.

了深刻变革，都有了深远长足的发展。在这个过程中，党和国家也高度重视更好地发挥政府作用，始终高扬责任意识的重要价值，聚焦各级领导干部和工作人员的履责情况，强调履责担责意识的重要性，提出要锻造责任意识强大的干部队伍，推动各级领导干部和工作人员的责任意识不断强化。当前我们已身处中国特色社会主义新时代，站在新的历史起点上，在推进中华民族伟大复兴的新征程中，我们既面临十分难得的发展机遇，同时也面临着更难的挑战和更大的风险。国内外形势正发生着深刻复杂的变化，国内改革发展任务繁重而艰巨，国际形势复杂而多变，党和国家发展面临着一系列新情况、新问题和新挑战。这就要求各级领导干部和工作人员要怀有更为强烈的责任意识，真正做到忠诚负责、善于履责、勇于担责。对此，习近平总书记指出，“进行具有许多新的历史特点的伟大斗争……关键在党，关键在人。关键在党，就要确保党在发展中国特色社会主义历史进程中始终成为坚强领导核心。关键在人，就要建设一支宏大的高素质干部队伍”①。同时，他强调各级领导干部和工作人员要强化责任担当，真正在实践中践履自己承担的责任，扎扎实实做好自身工作，勇于担当、埋头苦干，完成好自己的使命，为党和国家事业发展贡献力量。他指出，“今天，历史的接力棒传到了我们手里，责任重于泰山”②，“要强化改革责任担当，看准了的事情，就要拿出政治勇气来，坚定不移干”③，“面对当前改革发展稳定遇到的新形势新情况新问题，全党同志要有所作为、有所进步，就要敢于较真碰硬、敢于直面困难，自觉把使命放在心上、把责任扛在肩上，努力在协调推进‘四个全面’战略布局中取得新的更大的成绩”④。作为推进党和国家事业发展的群体之一，政府行政人员强化自身责任意识具有重要的现实意义。不断强化的责任意识，给予他们干事创业、勤勉履责、求真务实、敢于担当的强大精神力量、精神支撑和精神动

---

① 习近平．习近平谈治国理政：第1卷［M］．2版．北京：外文出版社，2018：411.

② 习近平．习近平谈治国理政：第2卷［M］．北京：外文出版社，2017：14.

③ 中共中央文献研究室．习近平关于全面深化改革论述摘编［M］．北京：中央文献出版社，2014：149.

④ 习近平．在纪念胡耀邦同志诞辰100周年座谈会上的讲话［M］．北京：人民出版社，2015：11－12.

力，使他们能清晰、深刻地认识到自身所肩负的任务和职责，推动他们在实际工作中依职责严格要求自己，始终沿着履责目标前进，克服履责过程中的一切艰难困苦，最终将责任真正落到实处，真正做到为党解忧、为国做事、为民造福。

习近平总书记强调，要“真抓实干，勇于担当，言必信、行必果，真正做到对历史和人民负责”①，强调各级领导干部和工作人员要做到守土有责、守土负责、守土尽责，并把各级领导干部是否敢于担责、勇于担当，提升到政治上是否合格的高度。若政府行政人员怀有强烈的责任意识，那么他在实际履责中能够自觉将自身肩负的责任定位在对历史、对民族、对党和国家、对人民负责的基点上，怀有高度的历史责任感、使命感，能够自觉把对历史的责任、对民族的责任、对党和国家的责任、对人民的责任相结合并将之有机地统一于实现国家富强、民族振兴、人民幸福、人类发展进步的历史使命之中，能够充分彰显和体现出崇高的责任境界。强烈的责任意识促使政府行政人员在履责中，团结带领全党全国各族人民，履行好为人民谋福祉的职责使命，保障人民共享发展成果，实现好、维护好、发展好最广大人民的根本利益，在履责中坚持把人民对美好生活的向往变为现实的价值取向，坚定不移朝着共同富裕的目标前进。因此，我们看到，强烈的责任意识能推动政府行政人员以责任重于泰山的强大精神为党和国家夺取新胜利而尽心竭力，以担当尽责、与时俱进的强大信念不断推动中国特色社会主义的完善和发展，以坚守责任、实干兴邦的强大意志为把我们国家建设好、把我们民族发展好而真正履行好自身责任，使他们能够坚定地接过历史的接力棒，继续为实现中华民族伟大复兴而不懈奋斗，真正做到对党和国家负责、对历史和人民负责，为人类社会发展贡献新的更大的力量。

第二，增强政府行政人员责任意识，是建设责任政府、全面深化政府治理改革，进而推进国家治理体系和治理能力现代化的不可或缺的重要条件。

---

① 中共中央党史和文献研究院．习近平关于力戒形式主义官僚主义重要论述选编［M］．北京：中央文献出版社，2020：34.

政府作为国家权力机关的执行机关，承担着依法对国家政治、经济、文化和社会公共事务等进行管理的责任。同时，政府的权力来自人民，政府的权力是姓“公”而不姓“私”，代表着公共意志和公共利益。这就决定了政府在行使经济调节、市场监管、社会管理和公共服务的管理职能过程中，必须始终强调全心全意为人民服务，积极主动地坚持对人民负责、为人民履责。习近平总书记强调，“各级领导干部都要牢记，任何人都没有法律之外的绝对权力，任何人行使权力都必须为人民服务、对人民负责并自觉接受人民监督”①。这就要求政府行政人员用强烈的责任意识完成好手中的工作，坚持始终为人民办好事、办实事，始终使自己情为民所系、权为民所用、利为民所谋之心坚如磐石，摒弃以权谋私之心，坚持权力“公用”，将自身责任履行到位，将政府负有的职责和功能落实到位，从而使政府真正做到得人民信任、让人民满意、使人民拥护。不仅如此，政府要想更好地对人民负责，需要不断提升自己的行政效率和服务水平，要想真正地对人民负责，需要坚持真抓实干、求真务实，不搞劳民伤财的“形象工程”“面子工程”“政绩工程”，将政府履责落到实处。这就需要政府行政人员心怀强烈的责任意识，以此激励自己努力履责、珍惜使命、完成职责、不负重托，提高自身的工作效率，创新和优化自己的工作方式和工作方法，转变工作作风。强烈的责任意识使他们能够在面对挑战时善于斗争，在面对困境时敢于开拓，在面对难题时敢抓敢管，在面对矛盾时勇于突破，在面对风险时勇担重任，尽心尽力干好工作，真正履行好政府职能和职责。因此，强化政府行政人员的责任意识特别重要也十分必要。倘若政府行政人员具有强烈的责任意识，政府责任履行将愈加规范、更加到位，政府效能将随之提高，政府形象也会越来越好，广大人民群众也会更加信任和拥护政府，政府公信力也会不断提升。如果政府行政人员责任意识淡薄甚至缺失，漠视责任，政府工作职责就难以发挥，政府执行力不足，政府责任履行就难以落到实处，政府口碑随之下降，长此以往将严重损害政府公信力。因此，深化责任意识研究，有助于推进责任政府建设，

① 习近平．习近平谈治国理政：第1卷［M］．2版．北京：外文出版社，2018：388.

规范政府用权履责，避免政府职能错位、越位和缺位，提高政府行政管理的有效性，增强政府的公信力，树立责任政府的良好形象。

同时，进一步全面深化政府治理改革是推进国家治理现代化的重要一环和必然要求。国家治理体系和治理能力涉及政府治理、社会治理和市场治理等多个方面。可以说，政府是国家治理体系中的重要主体，政府治理能力是国家治理能力的重要体现和中坚力量。政府的建设、改革、发展关系着国家治理体系和治理能力现代化的发展。党的二十届三中全会通过的《中共中央关于进一步全面深化改革 推进中国式现代化的决定》提出了涵盖政治、经济、文化等各领域改革的目标，涉及了制度、机制、体制等多层面的改革内容。贯穿其中的一个关键问题就是要处理好政府与市场的关系问题，一条重要主线就是全面深化政府治理改革、优化政府治理效能和宏观调控能力进而推进国家治理体系和治理能力现代化，这为当前我们进行全面系统的政府治理改革提出了要求、指明了方向。

全面深化政府治理改革和推动政府职能有效发挥，需要有优秀的政府行政人员，其中，政府行政人员的责任意识尤为重要。强化政府行政人员的责任意识，是促进政府治理改革、推进政府治理体系和治理能力现代化的重要保证和强大支撑。若政府行政人员责任意识强烈，那么他们能够通过自身清正廉洁、公正严明、正确高效的履责活动，使政府职能更好发挥，进一步推动政府治理改革落地生效。强烈的责任意识使政府行政人员在坚持中国共产党的领导下，更好地坚持治理国家的一系列制度体系、程序设置、法律法规安排和体制机制，增强按制度办事、依法办事、认真履责的意识，不断提升自己职权范围内运用国家和政府制度管理事务、履行责任、发挥政府治理效能的能力。同时，坚持全心全意为人民服务，致力于公共利益最大化，不断提升自身的服务水平，重视自身工作效率和履责效能，促进政府职能的发挥，推动政府治理改革深化发展，在为人民尽责过程中维护社会和谐稳定，促进政治、经济、社会、文化等各领域发展，促使国家与社会良性协作、良性运转、良好发展，推动国家治理与社会发展更好相适应。强烈的责任意识推动政府行政人员履行好自身肩负的、在党和国家领导和部署下的职责，在充分履责的基础上进一步创新行政方式，助力政府行政效能的提升和政府权力监督的强化，推进国家治理体系和治理能力现代化。若政府行政人员责任意识淡薄，则他们无法保证自身履责的执行力和效果，缺乏自觉遵守制度、维护制度权威、强化制度执行、按照制度履行责任的意识，缺少优化政府职责体系、依法行政、进一步坚持和构建权责明确的政府治理体系的责任感，无法将各方面制度优势转化为政府治理的效能，无法通过自身履责来充分发挥好政府的应有作用。可见，强化政府行政人员的责任意识十分重要。强烈的责任意识推动政府行政人员将责任落到实处，为建设责任政府、推动政府治理改革进而推进国家治理体系和治理能力现代化尽心尽责。

第三，增强政府行政人员责任意识，能更好地调节、支配和引导行政人员履责的心理和行为，进而形成一种内在的软约束，保证责任的落实。可以说，责任意识是政府行政人员一切行政行为的必备"软件"，是他们履行责任的内在动力。如果政府行政人员怀有强烈的责任意识，他会发自内心地认可自身负有的责任，并对之抱有充分的理解和认知，他会对自己的工作、对人民抱有强烈的责任感，对党、国家和民族怀有尽职尽责的使命感，能够自觉把使命放在心中，把责任扛在肩上。他能自觉使自身言行和行政行为都以责任履行到位为目标，能够做到尽心尽力、知责思为。他会不断地提升自己的工作效率、优化自身的工作方法、强化自身的责任履行、反思自己的履责行为，积极、主动、认真地将责任落到实处。他在履责过程中遇到困难、矛盾和风险时，能做到敢于直面困难、善于解决问题、勇于碰硬较真，能够克服万难坚守责任、坚持不懈履责、化解风险落实责任，能够真真正正把责任扛下来，踏踏实实地完成自身的职责、使命和任务，不断开创经得起实践、人民、历史检验的实绩。如果没有足够的责任意识，政府行政人员很容易对责任漫不经心，甚至随心所欲，在履责过程中很容易顶不住引诱或腐蚀，使行政行为偏离法律轨道，很容易空谈责任，导致履责无法落地生效，也容易在困惑、冲突和挑战面前丧失信心，知难而退。因此，深化责任意识研究，有助于政府行政人员强化自身责任意识，将责任的外在规范内化于心、外化于行，用不断增强着的责任意识，勇于担责，恪尽职守，履行好自己的职责。

第四，增强政府行政人员责任意识，能够促进公共利益的实现，维护社会公平正义，促进政治、经济、文化、社会和生态等各个方面蓬勃发展。政府行政人员责任意识是影响社会稳定和发展的重要因素，是汇聚履责合力、凝聚强大共识的“助推器”。具体而言：一是责任意识推动政府行政人员履责尽职，为维护社会稳定发展、促进公共利益实现、推动社会发展进步贡献力量。强烈的责任意识能够促使政府行政人员坚持正确价值取向，始终以人民为中心履行责任，以强有力的责任意识为维护社会稳定和社会公正、促进公共事业发展和社会进步尽职尽责，更好地维护公众利益，确保社会良性运转。因此，深化责任意识研究，可以帮助政府行政人员在履责过程中关注公共利益，促进社会公正，从而推动社会的和谐发展和繁荣进步。二是责任意识推动政府行政人员履责尽职，为促进各领域进步和推动科学发展贡献力量。强烈的责任意识推动政府行政人员清晰地认识到政府职能和自身承担的责任。在履责过程中，坚持以经济建设为中心，以自身的履责行为贯彻落实新发展理念和中央关于全面深化改革的决定，坚持把责任贯穿于改革、发展、稳定的全过程，多措并举稳增长，下大功夫调结构，紧密结合实际、明确发展思路、创新工作方法、完善工作举措、优化履责方式，以强烈的责任意识推动工作顺利完成，助力社会发展质量和效益的提升，进一步开拓新思路、再造新优势、运用新方法、激发新动能、实现新发展，科学有力地推动社会经济持续健康、高质量发展。三是政府行政人员的责任意识能够激发整个社会的责任意识和担当精神。责任是社会给予每个成员不容推卸的义务，尽责是社会希望每个成员能够坚守的道德品质和行为操守，履责是人类社会追求和推崇的基本价值观念和价值目标。政府行政人员也是社会的重要组成部分，他们是否具备责任意识，也直接影响着社会风气、公民道德素质和社会进步。实现中国梦人人有责、人人尽责。强烈的责任意识使得政府行政人员能更深刻地认识到自身负有的使命和责任，进而找准履责尽职的发力点，带动整个社会履责尽职良好风气的形成，形成人人尽心尽力、尽职尽责实现中国梦的强大合力。

另一方面，责任意识的缺失决定了研究政府行政人员责任意识的必要性。责任意识如此重要，然而，偏偏在这一方面，一些政府行政人员责任意识淡薄，导致政府行政管理出现很多问题。

首先，现实中难以权衡的执行冲突以及个体复杂多变的观念，影响着政府行政人员的履责心理和履责行为。责任履行过程中的很多问题是相关法律和规范的条文所难以涵盖的，政府行政人员往往面临着许多伦理冲突和思想困惑，履责无所适从的情况常常出现，这使得当前一些政府行政人员履责存在一定问题，面临不小的挑战。在这样的情况下，政府行政人员关于责任的价值观念不同就会做出不同的价值选择，就会有不同的履责行为。是否具有责任意识以及责任意识的强弱不同，履责行为就会出现对错、好坏、优劣之差异。如部分政府行政人员在面对履责中的伦理困境和冲突时，不知所措，进而选择逃避责任、推卸责任；有的政府行政人员面对履责困惑时，无法对自己肩负的责任有清晰深刻的认识，进而出现歪曲责任、选择性履行责任、敷衍责任等情况；有的政府行政人员对责任及责任履行怀有错误的价值理念，当面对相关法律法规无法涵盖的履责情境时，他们做出了错误的履责判断和选择，导致履责错位、越位、缺位等。

其次，不断变化的外在环境在一定程度上影响着政府行政人员的责任意识。过去的几十年间，行政权力的自由裁量权逐步扩大，行政活动与政治关系日益紧密，社会的各种不确定因素增多，新旧规范之间存在着不同程度的冲突，这些变化带来了新的矛盾和考验。受此影响，部分政府行政人员出现了责任意识淡薄甚至缺失的问题，产生了不负责任、推卸责任、逃避责任、敷衍责任、歪曲责任等现象。例如，习近平总书记在不同场合、从不同角度多次谈及相关问题，指出“有的对错误思想和作风放弃了批评和斗争，搞无原则的一团和气，疏于教育，疏于管理和监督……还有的领导干部只表态、不行动，说一套、做一套，甚至带头搞腐败，带坏了队伍，带坏了风气”①，“一些干部惯于拍脑袋决策、拍胸脯蛮干，然后拍屁股走人，留下一屁股烂账，最后官照当照升，不负任何责任。这是不行的”②。可

① 中共中央党史和文献研究院．习近平关于全面从严治党论述摘编（2021 年版）[M]．北京：中央文献出版社，2021：457.

② 中共中央党史和文献研究院．习近平关于全面从严治党论述摘编（2021 年版）[M]．北京：中央文献出版社，2021：254.

见，责任履行和责任意识的强化还面临着很多矛盾、问题和挑战，当前，我们亟待提升政府行政人员的责任意识。对此，习近平总书记强调各级领导干部和工作人员要强化自身的责任意识和担当精神，同时，各个单位和各级组织要强化问责，保障责任真正落实到位，他指出，“我们做人一世，为官一任，要有肝胆，要有担当精神，应该对‘为官不为’感到羞耻，应该予以严肃批评。我一再强调，领导干部要严以修身、严以用权、严以律己，谋事要实、创业要实、做人要实”①，“坚持有责必问、问责必严，把监督检查、目标考核、责任追究有机结合起来，形成法规制度执行强大推动力。问责的内容、对象、事项、主体、程序、方式都要制度化、程序化。问责既要对事、也要对人，要问到具体人头上”②。

政府行政人员责任意识缺失导致行政人员出现一系列履责问题，甚至出现侵害群众利益、危害社会稳定和发展、违反党纪国法等行为。同时，政府行政人员责任意识缺失导致政府履责效果不佳、政府职能发挥不足、政府工作质量和为人民服务的水平下降。责任意识不强随之带来的是观念淡薄、纪律松弛、组织涣散、歪风邪气蔓延、腐败泛滥等实际问题，进而发生窝案串案，形成腐败重灾区，给政府建设、政府行政、党和国家事业发展带来极为负面的影响。这些矛盾、问题和挑战，迫切要求我们深化对政府行政人员责任意识的研究，分析并解决当前我们面临的实际问题，直面实践中的风险和挑战，化解履责过程中的矛盾，澄清和解决责任履行中的困惑，为解决政府行政人员责任意识缺失这些现实问题提供理论指导。

因此，我们看到，无论是从党和国家发展、政府、行政人员角度看，还是从社会和公众角度看，责任意识都十分重要，都发挥着强大功能，强化政府行政人员责任意识十分必要也极为重要。我们需要进一步深化相关研究，使责任意识更好发挥作用，助力政府行政人员履行好自身责任。而当前政府行政人员责任意识的缺失又亟待我们深化相关研究，分析问题、

① 中共中央文献研究室．十八大以来重要文献选编：中［M］．北京：中央文献出版社，2016：98．

② 中共中央党史和文献研究院．习近平关于全面从严治党论述摘编（2021年版）［M］．北京：中央文献出版社，2021：445．

剖析原因并提出强化责任意识的思路和途径，进而促使责任意识在政府行政人员履责中发挥强有力的作用，推动政府行政人员对责任和责任履行有清晰而深刻的认识，怀着强烈的责任情感和强大的责任意志，真正将肩负的责任担起来，并将之落到实处。

二、理论意义

从理论角度讲，之所以研究政府行政人员责任意识，是因为深化对责任意识的理解和认识，不仅能够进一步拓展责任意识的相关研究，同时也能为其他学科的同类研究提供一定的借鉴和参考。具体而言：

一方面，本书深化政府行政人员责任意识的研究，能够拓展责任意识的研究内容、研究视角和研究结构。

本书从内容、视角和结构方面创新对责任意识的研究和阐释。一是本书在研究广度和深度方面进行了拓展，研究了前人很少涉及的责任意识的本质性、内在性和根源性问题。尤其是对责任意识构成的深层剖析、责任意识形成的逻辑分析等，都是在内容上对责任意识研究的拓展，为后人的相关研究开疆拓土，为学界提供进一步思考的空间。二是在研究视角方面，本书提供了新的启发。迄今为止的大部分研究，是对责任意识的外部审视，本书围绕责任意识内核进行深度研究，在一定程度上弥补了多数研究中的缺憾。与此同时，本书吸收了多个学科的研究成果，以多个学科的视角来研究责任意识，在研究思路、研究理念和研究方法等方面获得了更为丰富的研究成果。三是在研究结构方面，本书提供了新的借鉴。先前的相关研究，都是关于责任意识的零散的、片段的研究。本书是对责任意识进行系统化研究的一次尝试，形成了关于责任意识的系统理论建构和系统分析框架，从对政府行政人员责任意识的概述、内涵、构成、形成、价值取向的深度剖析和阐释，再到对政府行政人员责任意识存在的现实问题的阐述及原因分析、对责任意识强化的论述，本书进行了系统深入的思考，形成了具有一定的理论性、指导性和针对性的研究成果，为推动相关研究的创新、突破和发展，提供了一孔之见。

另一方面，本书深化了对政府行政人员责任意识的研究，能够为其他学科的同类研究提供有价值的参考。

本书坚持学科交叉融合，立足多学科联合开展对责任意识的立体式研究，并运用相关学科的理论来分析问题，涉及管理哲学、马克思主义哲学、伦理学、政治哲学、法哲学、行政管理学、公共管理学、心理学、经济学等学科。本书阐述的内容、得出的结论和成果，为其他相关领域研究提供了一定启发，对促进相关学科发展具有一定的理论意义和学术价值。如从管理哲学的角度讲，本书能为价值观管理、管理思维与方法、管理伦理、领导哲学等方面的研究提供一定的启发；从马克思主义哲学的角度讲，本书能为马克思主义认识论、实践观、主体性思想等方面的研究提供一定角度的思考；从伦理学的角度讲，本书能为政府行政人员责任伦理、行政过程伦理、行政伦理建设、行政伦理规范、行政价值观、行政良心等方面的研究提供一些思想火花；从行政管理学的角度讲，本书能为政府行政人员责任意识问题的解决、队伍的制度建设和文化建设等方面的研究提供一定的方向和思路；从心理学的角度讲，本书能为责任心理结构、责任归因与推断、责任知情意行的规律、责任体验的内在过程与结构等方面的研究提供一定的理论支撑。

因此，无论是从实践角度讲，还是从理论角度看，深化对政府行政人员责任意识的研究，非常有必要也特别重要。本书致力于深化这一研究，助力责任意识发挥强大功能和作用，推动政府行政人员责任意识的强化。

第二节　研究现状

研究政府行政人员责任意识，需首先对当前国内外研究现状进行全面的梳理、分析和总结，充分了解当前国内外学者对此问题的研究进展。以下做具体分析：

一、国外研究现状综述

当前国外学者对政府行政人员责任意识的作用、生成、价值取向进行了一定的探索，同时，一些学者分析了政府行政人员责任意识存在的问题及原因，部分学者提出了强化责任意识的思路和方法。

（一）政府行政人员责任意识的作用

很多学者从不同角度、不同层面阐述了责任意识的作用，展现了责任意识的影响和重要性，主要观点有如下两方面：

一方面，政府行政人员责任意识的外部影响。一些学者认为，有效唤起责任意识能够推动公共行政责任的实现，促进组织和社会的发展。罗森布鲁姆与克拉夫丘克指出，“公共行政责任性与道德之提升最终要依赖公共行政官员个人行动”①，“公务员的行为侵害公民权利、社会福祉乃至整个环境的可能性是如此之大，以致公务员‘照章办事’远远不够了。政府官员不仅不能推卸责任，更要善尽职责”②。

另一方面，政府行政人员责任意识的内部影响。这主要是指对政府行政人员自身的影响，主要观点包括：一是很多学者认为责任意识能够使政府行政人员明确自身的责任及履责后果，从而引导他们产生负责任的行为。柯莱特指出，“举凡勇于负责的人，必然知道自己行为的正面与负面后果，并且愿意承担一切责任。如果他们冀望不同的后果，便会采取不同的行动”③。马歇尔·迪莫克和格拉迪斯·迪莫克认为，对于行政官员来说，责任意味着了解自己的职责并且履行自己的职责——诚实并且正直地行动④。韦伯认为，政治家必须要有三种品质——热情、责任感、目测力。其中，责任感指的是政治家要意识到他的特殊地位和任务，认识到他的行动所面临的约束，并估计他的所作所为的影响和后果⑤。二是很多学者将责任意识视为政府行政人员对其思想和行为的内部控制，是保证负责任行为的一种重要的心理因素和主观条件。托宾表示，责任的实现首先依赖责

---

① 罗森布鲁姆，克拉夫丘克．公共行政学：管理、政治和法律的途径：第5版［M］．北京：中国人民大学出版社，2002：581.

② 罗森布鲁姆，克拉夫丘克．公共行政学：管理、政治和法律的途径：第5版［M］．北京：中国人民大学出版社，2002：595.

③ KLATT B，MURPHY S，IRVINE D. 权责制领导：如何运用权责协定［M］．汕头：汕头大学出版社，2003：9.

④ 珍妮特·V. 登哈特，罗伯特·B. 登哈特．新公共服务：服务，而不是掌舵［M］．北京：中国人民大学出版社，2010：92.

⑤ 达伦多夫．现代社会冲突［M］．北京：中国人民大学出版社，2016：75，79.

任主体个人责任意识的自发自觉的内在动力系统。要使行政权力行使者真正承担起责任，必然先要具备一种强烈的责任意识，既自觉遵守日常规范，又具备学习精神，接受新观念，以组织整体为重发挥出个人工作的最大积极性①。弗里德里克认为，“负责任的行为除了需要有外部控制因素以外，还要有一种‘心理因素’”②，在考虑辅助性的制度保证因素之前，应该更为详细地考虑现实的心理因素，它可以使任何组织成员预先倾向于采取负责任的行为③。巴纳德表示，责任是“特定的私人道德准则在强烈相反的愿望或冲动面前对个体行为的控制力量”④。高斯提出了“内部审查”一词，它是行政人员个体意识到的对其职业负责的标准和理念⑤。

（二）政府行政人员责任意识的生成

一些学者从角色与责任的关系角度来阐述责任意识的生成逻辑。内格尔认为，公众的期望是行政人员自我“角色的创造”的背景，因为期望本身对角色的职责做出界定，强调“角色的融合”，即个人职业责任意识的形成和个人与职业要求相融合的过程，强调私人领域的道德品质与公德交融⑥。库珀指出：“主观成分由子系统的价值观和原则构成，这些都是我们在对那些客观义务和公民的期待做出回应的过程中建构起来的。当我们承担了这一角色并开始在特定决策过程中履行角色任务时，我们就组织了一套价值观和原则，来引导我们具体地、有个性地、独特地对那些总的客观性角色定义做出回应。”⑦

---

① 王美文. 当代中国政府公务员责任体系及其实现机制研究［M］. 北京：人民出版社，2008：170.

② 库珀. 行政伦理学：实现行政责任的途径：第4版［M］. 北京：中国人民大学出版社，2001：141.

③ 库珀. 行政伦理学：实现行政责任的途径：第4版［M］. 北京：中国人民大学出版社，2001：141.

④ BARNARD C I. The functions of the executive［M］. Cambridge：Harvard University Press，1964：263.

⑤ 库珀. 行政伦理学：实现行政责任的途径：第4版［M］. 北京：中国人民大学出版社，2001：142.

⑥ 郭夏娟. 公共管理伦理：理论与实践［M］. 杭州：浙江大学出版社，2010：252.

⑦ 库珀. 行政伦理学：实现行政责任的途径：第4版［M］. 北京：中国人民大学出版社，2001：77.

其他一些学者也有自己的观点，如法约尔从权力与责任关系角度指出，“人们在想到权力时不会不想到责任，也就是说不会不想到执行权力的奖励与惩罚。责任是权力的孪生物，是权力的当然结果和必要补充”①。伯克认为，“建立在民主基础之上的责任观念”，“不只是源自正式的规则、规制和法律，而是源自一种对官僚在包含更多内容的一系列政治机构和过程中的地位之更加广泛的认识”②。罗尔斯认为，个人职责的确定依赖于制度，首先是由于制度有了伦理的内涵，个人才能具有道德的行为，“一个人的职责和义务预先假定了一种对制度的道德观，因此，在对个人的要求能够提出之前，必须确定正义制度的内容”③。

（三）政府行政人员责任意识的价值取向

弗雷德里克森强调，公务员必须既是道德的思考者，又是道德的实践者，负有使公共行政公平、公正及平等对待的责任，公务员应该向公民负责，意识到自己是为人民而工作的，这样将不会失去方向④。沃尔多通过列举行政人员的多重义务，说明义务与责任的复杂性，他将行政人员的义务分为 12 种，如忠于宪法、遵守法律、对民族或国家的义务、忠于职守和专业精神的义务等，其中涵盖了法律、政治、组织等多方面价值取向，他强调需要行政人员意志自由地去审视、判断、选择这些价值取向⑤。以登哈特夫妇为代表的新公共服务理论认为，公务员应该关注的不仅仅是市场，还应该关注法律制度、社区价值观、政治规范、职业标准以及公民利益。做公务员意味着要对他人负责，要坚持法律、坚持道德、坚持正义以及坚持责任⑥。库珀说明了行政人员扮演角色的特殊性，强调责任意识的价值取向。“行政人员不是简单地为自我实现而工作，而是以增加公共福利的方式为公民服务，他们是公民利益的忠实代表，一切以公众

① 法约尔．工业管理与一般管理［M］．北京：中国社会科学出版社，1982：24.

② 珍妮特·V. 登哈特，罗伯特·B. 登哈特．新公共服务：服务，而不是掌舵［M］．北京：中国人民大学出版社，2010：99.

③ 罗尔斯．正义论［M］．北京：中国社会科学出版社，1988：105.

④ 弗雷德里克森．公共行政的精神［M］．北京：中国人民大学出版社，2003：203.

⑤ 李春成．行政人的德性与实践［M］．上海：复旦大学出版社，2003：131－134.

⑥ 珍妮特·V. 登哈特，罗伯特·B. 登哈特．新公共服务：服务，而不是掌舵［M］．北京：中国人民大学出版社，2010：99.

的福利为重”①。

（四）政府行政人员责任意识存在的问题及原因

库珀指出，面临具有冲突性的不同责任，是行政人员体验伦理困境的最为典型的方式。实践中的行政责任冲突有三种最常见的形式：权利冲突、角色冲突和利益冲突②。面临权利冲突时，行政人员需要明确意识到自己的主观责任；面对角色冲突时，行政人员需要审查、澄清和重新界定角色；面临利益冲突时，行政人员需要思考权衡个人利益与承担的公务员责任之间的关系。这三种冲突均在一定程度上反映着行政人员责任意识的问题。

费恩塔克看到了责任缺位的问题及其所导致的后果。他指出，“责任缺位的情况下，不受限制的权力无论是在公共还是私人行动者的手中，都对任何有意义的民主概念构成同等的威胁”③。

对于责任意识问题的成因，西方学者大多从行政人员自身利益诉求即利己主义出发，基于私利侵占公利的角度来分析，认为他们在履行责任过程中无法避免地受到利己意识的影响，存在着滥用权力的危险，必须对之进行有效的监督和制约。霍布斯认为，政府公职人员在政治身份方面虽然注意谋求公共福利，但他会同样谋求他自己以及他的亲属和亲友的私人利益。在大多数情况下，当公私利益冲突的时候，他先意识到的是个人利益，因为人们的感情的力量一般来说比理智更为强大④。布坎南从经济学的角度指出，个人对效用最大化的追求是天生的，因此必须要进行控制⑤。甘布尔甚至认为公职人员即便是考虑了公共利益，追根到底也是从自身利益出发，“当政客们论及公共利益的行动时，或是考虑公共利益时，只是完全将其作为私人利益的外衣而已”⑥。

---

① 库珀．行政伦理学：实现行政责任的途径：第4版［M］．北京：中国人民大学出版社，2001：15.

② 库珀．行政伦理学：实现行政责任的途径：第4版［M］．北京：中国人民大学出版社，2001：86.

③ 费恩塔克．规制中的公共利益［M］．北京：中国人民大学出版社，2014：23.

④ 霍布斯．利维坦［M］．北京：商务印书馆，1985：144.

⑤ 布坎南．自由、市场和国家：20世纪80年代的政治经济学［M］．北京：北京经济学院出版社，1988：23.

⑥ 甘布尔．政治和命运［M］．南京：江苏人民出版社，2003：97.

（五）政府行政人员责任意识的强化

在西方国家的工业化初期，责任更多地表现为一种契约性义务，在契约规定的期限内，责任意识的强化更多地体现为要求行政人员做到绝对服从。如韦伯表示，“文官的荣誉所在，是他对于上司的命令，就像完全符合他本人的信念那样，能够忠实地加以执行。即使这命令在他看来有误，而在他履行了文官的申辩权后上司依然坚持命令时，他仍应忠实执行”①。

在公共行政学发展的历史上，早期两位学者弗里德里克和芬纳对如何保证和实现行政责任的争论，提出了至今仍处于争论中心的一些关键性问题，这场争论体现出二人关于责任意识培养的观点和看法，“如今他们的对话已经成了关于内在约束和外在控制之有用性问题的经典辩论”②。之后的学者大多沿着外部控制和内部控制的研究路径进行探索。

弗里德里克指出，有证据表明，事实上大多数行政官员在多数时间里，遵循着主观的责任道德。他表示，不该把行政人员看作需要被控制的人，而应将其看作值得信任的人。实现责任的关键途径就是吸收各种正直的人到公务员队伍中，然后通过社会化的方式把一整套公共服务的价值观灌输给他们。弗里德里克坚持认为，那种由政治和法律施加的“外部控制”不足以确保行政人员的责任行政。因此他主张培养行政人员的“内律”意识与意志力，即以行政人员的专业价值、伦理规范来弥补甚至取代外部控制③。吉登斯把这种“内律”观念进一步丰富化，加入社会交往与相互信任的成分，将之称为“实践意识”（practical consciousness）④。这种“实践意识”是行动者的自主能动性与社会结构规范之间不断互动的产物，或者说是能动者的社会认同与批判的结果。这种意识“反思性地监管着”（reflexively monitoring）人们自己的行为。

其他一些学者同样强调内在约束的重要性。马克斯表示，法律控制是

---

① 韦伯．学术与政治：韦伯的两篇演说［M］．北京：生活·读书·新知三联书店，1998：76.

② 库珀，等．二十一世纪的公共行政：挑战与改革［M］．北京：中国人民大学出版社，2006：75.

③ 李春成．行政人的德性与实践［M］．上海：复旦大学出版社，2003：259.

④ 吉登斯．社会的构成［M］．北京：生活·读书·新知三联书店，1998：8.

必要的，但司法补救、行政责任以及全部的纪律约束手段都很难用来替代责任感。规范的机制没有就负责任的行为应该包括哪些成分给予我们任何启示。人不能是责任的唯命是从者，而只能是责任的培养者。人呵护责任的根基、激励责任的生长并给它提供适宜的气候条件①。伯克强调应该从行政官员本身出发，集中关注官僚机构的官员们是怎样看待他们自己的角色、职责和义务的，尤其是什么原则可能会把他们引向一种更加负责任的方向②。

芬纳在回应弗里德里克时则认为，外部控制是民主政体中确保行政人员履责的最佳手段，只有以法律和行政程序的形式建立一套外在约束机制来惩戒违反者才能为人们提供真正的保护，并且，这也是唯一有效的措施。他指出，“德性本身是需要限制的”③，如果不通过监督、控制作为威胁让人们担负起责任，他们就会无法无天。

其他一些学者同样强调外在控制的重要性。如贝斯利和伯杰斯强调通过人民监督来强化责任意识，他们指出，要做到接受人民的监督，需保证人民在行政过程中的参与和获取信息，以制止并惩罚那些不负责任的行为。公民要参与到政治和行政过程，以便能够惩罚那些不负责任、不能很好履行职责的人员；公民还要得到有关行政人员行为的信息，以便对他们负责任的情况进行评估④。科莫指出，“在纽约，政府也通过伦理改革和道德立法来促进政府机构及其公职人员对公众的责任。如果缺少有效的行为规范，政府就不会对人民负责，不会得到人民的信任”⑤。

库珀综合了弗里德里克和芬纳关于内部控制与外部控制的两种立场，认为公共行政中的负责既可以通过内部控制来实现，也可以通过外部控制来实现。“当务之急是力保内部控制和外部控制之间的平衡，并使二者达

① MARX F M. Public management in the new democracy [M]. New York: Harper &Brother，1940：248.

② 珍妮特·V. 登哈特，罗伯特·B. 登哈特. 新公共服务：服务，而不是掌舵 [M]. 北京：中国人民大学出版社，2010：99.

③ 麦克斯怀特. 公共行政的合法性：一种话语分析 [M]. 北京：中国人民大学出版社，2002：34.

④ 孙彩红. 责任行政意识：建构责任政府的主观条件 [J]. 云南行政学院学报，2005 (2).

⑤ 孙彩红. 责任行政意识：建构责任政府的主观条件 [J]. 云南行政学院学报，2005 (2).

成和解”①。

二、国内研究现状综述

当前国内学术界主要围绕政府行政人员责任意识的意义、内容、价值取向、产生、存在的现实问题及原因，以及培养途径开展研究。

（一）增强政府行政人员责任意识的意义

很多学者从不同方面对此进行了论述，其中有代表性的观点包括：王美文指出，只有具备了公共行政的责任意识，公务员才能将工具理性与价值理性结合起来，在工作方法、工作手段的选择上坚持效率原则，同时做到在对公共行政的价值追求上始终不偏离方向，紧紧围绕公共行政的核心目标而采取正确而恰当的方式来完成各项工作任务②。籍庆利强调，政府要想保证所拥有职权的正确方向，需要将政府责任和义务内化为政府行政人员的内在价值，并以责任感和义务感的形式表现出来，还需要行政人员在做出积极主动承担责任的行为和面对责任冲突时，可以自觉地以行政价值为判定标准，从而做出科学合理的选择。责任政府的顺利运作除了需要健全各项规章制度外，还需通过内在的伦理建设规范行政主体的行政责任，从我国公务员责任意识的实际出发，再造责任主体的主体精神③。

（二）政府行政人员责任意识的内容

对于这一问题，国内学者的研究较为具体。孙彩红指出，行政人员的责任意识主要包括“‘以人为本’的理念、敢于承担责任的意识、自觉接受人民监督的意识、法律至上的意识、官民平等的意识等内容”④。王美文指出，在我国，行政人员的责任意识主要包含三个方面的内容：一是“为人民服务”意识和“公仆”意识。二是自觉遵守行为规范和职业道德意识。三是尽忠职守、勤政廉洁、大公无私的意识⑤。傅思明、王磊、李文

---

① 库珀．行政伦理学：实现行政责任的途径：第4版［M］．北京：中国人民大学出版社，2001：150.

② 王美文．公共行政呼唤责任意识［J］．学习月刊，2007（22）.

③ 籍庆利．责任政府建设的中国逻辑［M］．南京：南京大学出版社，2016：59－60.

④ 孙彩红．责任行政意识：建构责任政府的主观条件［J］．云南行政学院学报，2005（2）.

⑤ 王美文．公共行政呼唤责任意识［J］．学习月刊，2007（22）.

鹏表示，政府行政人员必须要有勤奋学习的责任意识、真抓实干的责任意识、一心为民的责任意识、廉洁从政的责任意识和顾全大局的责任意识①。

（三）政府行政人员责任意识的价值取向

周文彰强调，“对百姓负责、为群众造福，是领导们的职业要求和岗位使命”②，“对领导干部来说，为民是职业，不是境界；为民是责任，不是崇高。领导干部可以逐步去提高自己的境界，但不可以一刻不履行自己的职责；要求领导干部时时处处都追求崇高肯定有一定难度，但时时处处都必须把为民的工作做好，这对领导干部绝不是什么过分的要求”③。他把“为民”从崇高还原为责任，强调领导干部必须履行“为民”责任，坚持“为民”价值取向。李景鹏强调政府行政人员需转变观念，树立与人民平等的意识，这就“需要实现深刻的观念转变，也就是使政府的各级工作人员从传统政治中的官民观念转变为现代政治中的政府与公民的平等交换和平等制约的观念”④。李春成强调公共行政人的基本精神，主要包括：服务精神、“公意”取向、“公正”立场和效率标准⑤。刘祖云表示，政府与社会是一种契约关系，是一种委托-代理关系，那么行政人员就承担着代理人角色，其责任和义务就是必须表达公共意志、维护公共利益与实施公共行为。只有这样，行使公共权力的政府人员才是“人民的公仆”，他们的职位和角色决定了其意志、利益应该且必须服从社会和人民的意志、利益⑥。

（四）政府行政人员责任意识的产生

一些学者从不同角度对此问题进行了分析。周文彰从领导干部的职位要求角度进行分析，官就是责任。一个人，从一个普通的社会成员变成一个领导干部，就是多了一份责任，即他不仅要对自己负责，更要对百姓负责；他不仅要造福家庭，更要造福群众⑦。郭夏娟从行政人员角色出发进

① 傅思明，王磊，李文鹏．责任政府与干部责任意识提升［M］．北京：东方出版社，2013：163－174.

② 周文彰．让学习成为习惯［M］．海口：南方出版社，2017：59.

③ 周文彰．让学习成为习惯［M］．海口：南方出版社，2017：54－55.

④ 李景鹏．政府的责任和责任政府［J］．国家行政学院学报，2003（5）.

⑤ 李春成．行政人的德性与实践［M］．上海：复旦大学出版社，2003：202－224.

⑥ 刘祖云．当代中国公共行政的伦理审视［M］．北京：人民出版社，2006：95－96.

⑦ 周文彰．让学习成为习惯［M］．海口：南方出版社，2017：59.

行分析，行政人员道德责任感是在公共角色的塑造过程中完成的。从“私人领域”的个人道德偏好到“公共领域”的角色责任，行政个体需要在公共服务中超越私人情感与利益。自律道德与高度的责任感是其长期角色塑造的结果①。

（五）政府行政人员责任意识存在的现实问题及原因

傅思明、王磊、李文鹏指出了政府行政人员缺乏责任意识的表现，他们总结出六种类型：得过且过型、精神萎靡型、勇气不足型、心怀鬼胎型、见事迟缓型、麻木不仁型②。王美文表示，政府行政责任主体必须具有强烈的责任意识，但目前一些行政责任主体重权力、轻责任或漠视责任的现象依然存在，带来了很多负面后果，主要表现在：不敢承担责任、热衷于捞取虚绩、决策不精心、行政服务意识淡化。究其原因主要是市场经济的负效应、官僚主义与个人思想的余毒等③。

刘建军指出了公务员责任意识缺失的一般表现：拈轻怕重，挑三拣四；推诿扯皮，无所事事；马虎应付，安逸享乐；不顾实情，随意决策；贪赃枉法，设租牟利；短期效应，挥霍浪费。他指明了公务员责任意识淡薄的后果：影响了决策效率和行政效能，造成组织内部气氛不和谐，损害了民众的切身正当利益，损害了政府的形象与威信。他同时分析了公务员责任意识淡薄产生的原因：层级链条过长和机构重叠；工作内容难以量化考核，奖惩机制不灵活；公务员醉于升官发财，无心工作；浓厚的“官本位”文化氛围影响；治民导向的立法理念淡化行政责任④。

（六）政府行政人员责任意识的培养途径

一些学者对责任意识的培养、强化责任意识的途径进行了较为系统全面的研究。如孙彩红表示，培养行政人员责任意识主要通过“自我内在反省、形成道德责任感、重塑主导价值观、工作中不找任何借口、完善行政

① 郭夏娟．公共管理伦理：理论与实践［M］．杭州：浙江大学出版社，2010：248.

② 傅思明，王磊，李文鹏．责任政府与干部责任意识提升［M］．北京：东方出版社，2013：149－152.

③ 王美文．当代中国政府公务员责任体系及其实现机制研究［M］．北京：人民出版社，2008：180.

④ 刘建军．公务员责任意识培育机制研究［J］．成都行政学院学报，2010（5）.

伦理立法、建设诚信组织、摆正政民关系等途径”① 实现。高惠珠等人强调加强对行政人员内在责任意识的培养，主要途径包括：完善行政道德责任教育、培育健康的组织文化环境和加强行政人员自身德性修养②。傅思明、王磊、李文鹏指出，加强干部责任意识建设的主要途径包括：加强领导干部思想教育、加强领导干部执政能力建设、完善责任评价和干部考核机制、完善责任追究制度建设③。

一些学者则着重强调几个具体方面的实现途径。如王振华认为，行政主体责任意识的养成需要完成深刻的理念变革，需要通过不断加强新的行政文化建设来实现，使政府及其行政人员实现从“权力本位”向“责任本位”的转变，实现“政府本位”向“公民本位”的转变④。申喜连、贺永祥认为“通过确定共同、正确的行政价值观、行政信念等来激发公务员的认同感、荣誉感、自豪感、使命感和责任感”⑤。曹淑芹表示，行政伦理是一种自律，“我们切不可只注重由行政伦理失范问题出发，再到伦理制度化、法制化的解决方式，而忽视行政人员责任和德性的行政伦理建设途径”⑥。

三、国内外研究现状述评

通过梳理相关文献可以发现，国内外学者取得了较为丰富的高质量、高水平的研究成果，为本书提供了丰富资料和重要启迪。然而，把政府行政人员的责任意识作为一个独立的课题进行系统研究，还没有先例。本书面对以下三个问题：一是已有研究不够细化和系统。在已有的研究成果中，有的直接把责任意识作为一个既定概念而加以应用，不加分析研究。

---

① 孙彩红．责任行政意识：建构责任政府的主观条件［J］．云南行政学院学报，2005（2）．

② 高惠珠，等．政治伦理学：历史唯物主义的视野［M］．哈尔滨：黑龙江人民出版社，2012：248－249．

③ 傅思明，王磊，李文鹏．责任政府与干部责任意识提升［M］．北京：东方出版社，2013：156－161．

④ 王振华．公共伦理学［M］．北京：社会科学文献出版社，2010：224．

⑤ 申喜连，贺永祥．论新时期我国公务员激励机制的重构：一项基于公务员“经济人”和“政治人”耦合的研究［J］．湘潭大学学报（哲学社会科学版），2006（6）．

⑥ 曹淑芹．制度主义、责任意识与伦理自主：关于行政伦理法制化的逆向思考［J］．内蒙古大学学报（人文社会科学版），2004（4）．

展开研究的，也只是一些零星剖析，作为文中的一部分内容加以讨论，缺乏对责任意识的细致研究。此外，对该概念的研究还缺乏完整的框架结构，不成体系。二是已有研究的广度和深度不足。当前已有的研究成果，大部分停留在对责任意识的基础性和现实性分析上，而对责任意识的一些根本性、前提性、内在性问题缺乏关注，对责任意识的构成、形成等问题的分析较为薄弱，留下了很大的探索空间。三是已有研究的研究视角有待进一步扩展。当前，大部分研究是对责任意识的外部审视，缺少进入责任意识内核的深度研究。研究视角较为单一，多学科交叉的立体式研究不足，亟待用更宽广的视角来开展研究。本书关于责任意识的系统研究，就是在这样的学术背景和行政实践呼唤下提出来的。

第三节　研究构想

本书以“政府行政人员责任意识研究”为题，运用文献研究法，坚持历史与逻辑相统一、规范分析与经验分析相结合，沿着界定概念、探索内核结构、厘清生成逻辑、揭示客观规律、分析价值取向、发现现实问题、剖析问题原因、提出解决问题的方法这一思路，从政府行政人员责任意识概述、构成、形成、价值取向、现实问题及原因分析，再到责任意识的强化，形成了对政府行政人员责任意识系统性、整体化和立体式的研究。

第一，本书运用文献研究法开展研究。国内外关于政府行政人员责任意识的研究文献，蕴含着丰富的理论成果，是开展相关研究的重要理论参考。进行文献研究，能够系统全面地把握相关理论发展的历史进程与内在逻辑。通过阅读大量相关文献，本书梳理和总结了国内外研究现状，提炼出了概念框架，确定了研究方向和研究角度，厘清了研究思路，同时也为写作奠定了理论基础。同时，本书的诸多分析，大都建立在对相关文献的研究基础上。学术界关于政府行政人员责任意识的不同观点，对本书观点和思想的形成起到了启发作用。

第二，本书坚持历史与逻辑相统一。任何事物都会经历一个从无到有的发展过程。在纵向梳理政府行政人员责任意识发展的历史轨迹的同时，对其演进逻辑进行深入分析，有助于发现问题的本质。责任意识的内容具有动态性，不是静止不变的，而是随着社会历史的发展而不断发展的。有鉴于此，本书在理论传承、实践经验等方面展开了历史性的分析和借鉴，把逻辑分析建立在对历史发展过程的整体考察上，通过透视历史变化，进行更多理性思考。

第三，本书将规范分析与经验分析相结合。立足规范分析法所要解决的是“应然”层面的问题，是面向“元问题”而展开分析、以价值问题为核心关注点、以解读和诠释文本为主要表现形式、通过严谨的逻辑构造来回答特定研究对象的基本问题的研究方法。经验分析主要针对的是“实然”层面的问题，即强调从实际状况出发开展研究。本书秉承规范分析与经验分析相结合的理念，由理论到实践，先从应然层面分析责任意识的概念、构成、形成和价值取向，再从实然层面讨论责任意识的现实问题，提出强化责任意识的现实途径，实现了规范分析与经验分析二者的统一。

从研究思路上讲，本书围绕政府行政人员的责任意识，确定了清晰正确的研究思路，这为研究的实际开展起到了引领作用。具体而言：

一是进行政府行政人员责任意识概述。阐述对责任和责任意识的哲学理解，阐明责任意识的概念、特性及功能，厘清并分析责任意识和其他意识之间的逻辑关系，从而形成对政府行政人员责任意识的宏观、整体把握，为接下来的分析论述奠定基础。

二是分析政府行政人员责任意识的构成。深入责任意识内核，探求责任意识的构成。本书认为责任意识由责任认知、责任情感和责任意志构成。书中分别对责任认知、责任情感和责任意志进行具体阐释，并进一步探讨三者在责任意识中的辩证关系，旨在明确责任意识的结构，把握责任意识的作用机理，从而更准确地理解和感知政府行政人员在履行责任过程中的责任认知、情感反应、心理体验和意志力量。

三是论述政府行政人员责任意识的形成。分析政府行政人员责任意识形成的必然逻辑、过程，以及形成的综合驱动，旨在明确责任意识形成的内在过程和内在逻辑，从而为更有效地激发行政人员的责任意识提供方向。

四是阐明政府行政人员责任意识的价值取向。本书阐述了政府行政人员责任意识的价值目标、价值原则和价值标准，为政府行政人员强化责任意识提供了价值指引。

五是分析政府行政人员在责任意识方面存在的现实问题，并分析原因，强调政府行政人员责任意识亟待强化。具体梳理政府行政人员责任意识淡薄的表现和危害，分别从主观层面、制度层面和文化层面分析问题产生的原因，旨在全面把握实际问题，为问题的解决以及激发责任意识提供一些启发。

六是论述政府行政人员责任意识的强化路径。阐述强化责任意识的总体思路，并从自我修养、制度建设和文化建设三个方面展开具体分析，旨在为强化政府行政人员责任意识提供有效的途径和方法。

总体而言，本书研究思路和研究内容涉及一些难点问题，具有一定的挑战性，需要以较强的理论积淀和哲学思维作为基础，来分析和解答这些抽象和复杂的问题。具体而言：一是如何将具体学科的研究上升为哲学研究。对于责任意识，现有研究以描述性、现实性、应用性的研究居多，大多都是行政管理学层面的研究，本书力图将研究升华，从哲学的层次和高度来分析责任意识，并进一步探索责任意识中存在着的哲学问题，使相关研究更具广度和深度。二是如何通过对责任意识的哲学分析，将抽象的、一般性的理论成果变成具有可操作性的工作指南，进而将责任意识的哲学分析运用到增强政府行政人员责任意识的工作实践中，实现理论研究的现实而具体的应用。三是本书研究的许多问题，如责任意识的内部构成、构成要素之间的互动规律、责任意识形成的逻辑过程、责任意识的价值取向、强化责任意识的逻辑思路等，都是难度很高的问题，需要强大的思辨力、高度的概括性、敏锐的洞察力和深厚的理论功底作为前提和基础。这些无疑是本书在研究过程中面临的挑战，也是本书寻求的突破。

本书以创新作为核心要求，力求研究理论的创新、研究结论的创新和研究视角的创新。具体来说，有以下三点：

一是实现对政府行政人员责任意识的系统性研究。如前所述，以往相关研究都不够深入、不够系统，没有关于责任意识的系统理论建构。本书力求将相关理论、原理、规律整合起来进行综合分析论证，形成一套相对完整的理论体系。从责任意识的概念、构成、形成，到它的价值取向、现实问题、强化路径等，都展开了研究和思考，形成了自己的研究框架和理论体系。

二是进一步深化和拓展政府行政人员责任意识的研究内容。现有研究涉及的哲学反思很少，责任意识的基础理论研究亟待突破。本书挖掘了责任意识背后的哲学问题，用哲学观念分析个体责任意识的活动和现象，从责任意识的构成、形成、价值取向等方面深入探讨它的前提性、内在性、基础性问题，并将其与现实性问题结合起来，进行哲学反思，探讨责任意识存在的问题及其解决办法，拓展了责任意识的基础理论研究边界。

三是进一步丰富政府行政人员责任意识的研究视角。以往很多的相关研究，总带有从外部审视和观察责任意识的痕迹，没有对责任意识本身进行深度分析。本书深入考察责任意识的机理和内核，以拓展目前相对单一的研究视角。与此同时，本书综合运用管理哲学、马克思主义哲学、伦理学、政治哲学、法哲学、行政管理学、公共管理学、心理学、经济学等研究成果，力求打破思维和视野的限制，推动研究视角由单一向多维展开。

第一章　政府行政人员责任意识概述

从责任到责任意识，再到政府行政人员责任意识，有一个从简单概念到复合概念的过程。本书就是要从分析这些概念开始，逐步揭示政府行政人员责任意识的特性、责任意识的功能、责任意识与其他意识之间的关系，从而较为全面、深刻地把握责任意识。本章是全书的基础和前提，它将为全书后续研究和论述提供理论依据和支撑。

第一节　政府行政人员责任意识的概念

界定政府行政人员责任意识，先要从对责任的分析和定义开始。

一、责任

英语中关于“责任”的表达有很多种，如 liability、culpability、responsibility、duty、accountability。在西方公共行政研究中，常用 responsibility 和 accountability 来表示“责任”。responsibility“最常用于道义和

法律意义的含义是，人们应当对自己的行为负责”①，主要指的是伦理责任和道德责任。accountability 多指说明责任、民主责任、管理责任，多数情况下具有负面的含义，是对行为的解释并对其后果负责，即因行为失误、权力或资源的误用和滥用而受到的惩罚和制裁。相比较而言，responsibility 的内涵要更为宽泛。在某种意义上，responsibility 包含了 accountability 之义，既包含了应当承担的责任与义务，也包含了对责任履行后果的负责，而 accountability 之义较为单一，主要强调的是对责任履行后果的解释和追究。据温特考证，“在伦理学术语中，‘责任’是一个较新的词汇。它出现在 19 世纪时，具有一定程度的野心勃勃的含义。它对行为进行评价，认为行为的动因在于行为者，而不在于义务本身的宇宙或自然结构”②。与此相类似，麦基翁的研究显示，在西方思想史中，“责任”一词最先出现在 1787 年的英语和法语中，最初被用来指美国和法国革命中出现的政治体制，当宪制得以不断实施和发展时，责任概念为不同文化和不同传统的人们界定了一套共同的价值标准③。

《现代汉语词典》对“责任”的解释主要有两层含义：一是指分内应做的事；二是指没有做好分内应做的事，因而应当承担的过失④。国内学术界对责任的探讨颇为丰富，其中具有代表性的观点认为，责任有广义和狭义之分，广义的责任是指法律、道德和政治等方面规定的行为程度和范围；狭义的责任是指违反法律的、道德的和政治的某些义务所应承担的后果⑤。张文显指出，“责任”一是指分内之事；二是指特定的人对特定的事项的发生、发展、变化及其成果负有积极的助长义务，如担保责任等；三

① 米勒，波格丹诺．布莱克维尔政治学百科全书［M］．修订版．北京：中国政法大学出版社，2002：701.

② 库珀．行政伦理学：实现行政责任的途径：第 5 版［M］．北京：中国人民大学出版社，2010：11.

③ 库珀．行政伦理学：实现行政责任的途径：第 5 版［M］．北京：中国人民大学出版社，2010：5.

④ 中国社会科学院语言研究所词典编辑室．现代汉语词典［M］．7 版．北京：商务印书馆，2016：1637.

⑤ 王成栋．政府责任论［M］．北京：中国政法大学出版社，1999：5.

是指应当承担的不利后果或强制性义务①。张贤明表示，“责任是社会成员对社会所负担的与自己的社会角色相适应的应为的行为和社会成员对自己的实际所为的行为承担一定后果的义务”②。叶贵仁表示，责任包含义务责任和角色责任。义务责任主要指人们的行为应该符合道义和法律的要求，否则就会受到道义或法律上的谴责和惩罚；角色责任主要指与特定的社会职务或机构相关联的责任，人们的行为应该符合该职务的相关要求，做职责范围内的事情，否则就会被追责③。总的来说，国内学者对“责任”的理解大多包含做好分内之事的职责与义务层面，以及对做不好分内之事承担相应后果的负责层面。

二、责任意识

国外相关研究中，详尽分析且直接使用“责任意识”的文献较少，大多是在论述中提及责任意识或流露出对责任意识的强调。如米勒表示，若说某人对某一行为应该“负责任”，那是说，他是出于某种意图，经过审慎思考与推论后选择这一行为的，也就是说，当我们说某人应该对某一行为负责任时，首先是指行为者“根据自己的意图，在理性的基础上履行这一行为的”④。可以说，责任与行为者的主观选择密切相关。弗里德里克指出，“责任不能用‘对某些人或某个人负责’这样的字眼来表达，责任是一种‘道德的或宗教的’责任以及一种理想化的政治责任。它是对于先验理念的一种责任情感和责任意识”⑤；马克斯认为，“手握行政责任的行政官员具有自主做出牺牲个人偏好以贯彻法规政策的决断，具有对人民及其公共利益的一种觉醒的遵从意识”⑥。

库珀指出，负责任的行政人员必须能够为自己的行为给他人造成的影

---

① 张文显．法学基本范畴研究［M］．北京：中国政法大学出版社，1993：184.

② 张贤明．政治责任与个人道德［J］．吉林大学社会科学学报，1999（5）.

③ 叶贵仁．行政领导责任：西方行政学的视野［J］．理论探讨，2007（1）.

④ 郭夏娟．公共管理伦理：理论与实践［M］．杭州：浙江大学出版社，2010：225.

⑤ 库珀．行政伦理学：实现行政责任的途径：第4版［M］．北京：中国人民大学出版社，2001：141.

⑥ MARX F M. Public management in the new democracy［M］．New York：Harper & Brother，1940：251.

响负责，这就意味着要能够解释和说明为何他们要采取会造成某种特定后果的特定行为。他们还必须能够把公共利益作为自己的职业指南，并把这一指南内化为自己的内心信念，以自己的行为方式体现行为与这一信念之间的一致。也就是说，“作为一个负责任的行政人员，一方面要在客观上为自己的行为负责，另一方面在主观上还要使自己的行为与职业价值观相一致”①。基于此，库珀提出了人们内心的情感和信仰所赋予的，来源于基本的、坚定的、可称为价值观的信仰中的“主观责任”②，在一定程度上具有责任意识的内涵。

国内相关研究中，很多学者阐述了“责任意识”的内涵。刘建军认为，“责任意识是指人们对自己的言行带来的社会效果进行自我判断后产生的情感体验，是履行社会职责和参加社会活动过程中把责任转化到行动中去的心理特征”③。王美文指出，公务员的责任意识和责任认同水平主要是指与公共行政职业相联系的道德认识、道德意志、道德信念与道德习惯等，“公务员的责任意识蕴含着公务员的职业认同、职业忠诚和职业荣誉感，它作为一种价值观念与信仰对公务员的行政活动产生深远的影响”④。

总的来看，学术界对责任意识涉及得较多，但迄今还没有形成一个权威性的定义。同时，概念本身没有统一表达，且存在混用情况，如“责任行政意识”“道德责任意识”“行政责任意识”“责任担当意识”等，这些词汇在内涵和外延上具有一定的联系，但也存在一定的区别。因此，本书需要对责任和责任意识进行明确的界定。

三、政府行政人员责任意识的界定

（一）关于政府的界定

本书从国家机构的意义上来界定“政府”。对政府作为国家机构的理

---

① 库珀．行政伦理学：实现行政责任的途径：第5版［M］．北京：中国人民大学出版社，2010：6.

② 库珀．行政伦理学：实现行政责任的途径：第5版［M］．北京：中国人民大学出版社，2010：84，88.

③ 刘建军．公务员责任意识培育机制研究［J］．成都行政学院学报，2010（5）.

④ 王美文．公共行政呼唤责任意识［J］．学习月刊，2007（22）.

解和界定有广义和狭义之分。广义的政府是指依法行使国家权力的一切机关，“包括国家立法机关、行政机关、司法机关等所有的国家机关”①，狭义的政府是指中央和地方行政机关②。本书研究的是狭义的政府，将“政府”看作国家权力的执行机关，即有别于立法机关和司法机关等其他国家机关的国家行政机关。同时，本书研究的是中国政府。因此，本书采用我国宪法对政府的界定，《中华人民共和国宪法》第八十五条规定：“中华人民共和国国务院，即中央人民政府，是最高国家权力机关的执行机关，是最高国家行政机关。”第一百零五条规定：“地方各级人民政府是地方各级国家权力机关的执行机关，是地方各级国家行政机关。”

（二）关于行政人员的界定

本书所探讨的“行政人员”是指中央与地方各级人民政府中作为行政主体、代表国家行使一定的行政权力、依法承担和履行一定的政府责任、从事政府相关任务和活动的工作人员。

政府行政人员是公务员，但本书没有选用“公务员”这个概念，原因在于，在我国，公务员的范畴较为宽泛，既包括各级政府系统的行政人员，也包括各级党群组织、人大机关、政协机关、审判和检察机关的工作人员。同时还有大量参照公务员编制管理的事业单位和群团组织的工作人员。本书选用“行政人员”这一概念，将研究聚焦于政府及其各个部门从事行政工作的人员，旨在使研究对象更具确定性和指向性。

（三）关于责任的界定

本书考察的“责任”是政府行政人员的责任，主要包含以下两方面内容：

一方面，政府行政人员承担的职责和义务以及对职责和义务的履行。具体而言，责任，一是指国家、社会等在政治、法律、制度、伦理道德等方面对行政人员设定的职责和义务，包括权力的行使、责任活动范围、责

① 高民政．中国政府与政治［M］．济南：黄河出版社，1993：3.

② 赵宝煦．政治学概论［M］．北京：北京大学出版社，1982：103；辛向阳．新政府论［M］．北京：中国工人出版社，1994：6.

任对象的设定等方面的规定和安排。二是指政府行政人员对承担的职责和义务的履行，包括履责过程、履责情况以及履责评价等，其中包含行政人员履责过程中的一系列意识和行为上的表现和结果，如履责方式、履责态度、履责作为等。

另一方面，政府行政人员在履行职责和义务后对结果的承担和负责，主要包括履行到位时所承担的肯定性结果，如奖励、晋升等，以及履行不到位时应承担的否定性后果，如谴责、处罚等。

本书对“责任”的界定，吸收了已有“责任”定义的科学内容，但也有一定的发展：一是对已有“责任”定义进行了更为清晰的论述。前人只是指出“责任”包括做好分内之事之义，但并未明确指出其具体内容和表现，本书对此进行了相应补充，强调行政人员意识和行为的现实表现和结果，使“责任”的含义更为具体详细。二是对已有“责任”定义进行了一定的增补。前人只强调做不好分内之事时所承担的后果，但实际上，做好分内之事时所承担的结果也应包含在内。因为无论是好是坏，行政人员都应对自己的履责过程及结果负责。因而本书认为“责任”也应包括对履责到位时的肯定性结果的承担。

责任与义务密切相关，责任内在包含着应尽义务之义，是对义务的履行以及履行义务后对结果的承担。若不履行相应义务，则要承担相应的后果。二者的不同在于，对政府行政人员来说，责任是履行岗位职责的必尽义务，不尽义务就是不负责任，就是失职。而义务则有道德义务和法律义务之分。道德义务可以履行，也可以不履行，出于自觉自愿；不尽道德义务不用承担任何实际后果，最多是当事人出于良心的自责和来自社会的道德谴责。法定义务则是法律规定的应尽责任。因此，我们这里所谈论的义务是指政府行政人员的法定义务。

那么，政府行政人员的义务有哪些呢？在我国，政府行政人员是整个公务员队伍的一部分，《中华人民共和国公务员法》明确规定，公务员应当履行下列义务：忠于宪法，模范遵守、自觉维护宪法和法律，自觉接受中国共产党领导；忠于国家，维护国家的安全、荣誉和利益；忠于人民，全心全意为人民服务，接受人民监督；忠于职守，勤勉尽责，服从和执行上级依法作出的决定和命令，按照规定的权限和程序履行职责，努力提高工作质量和效率；保守国家秘密和工作秘密；带头践行社会主义核心价值观，坚守法治，遵守纪律，恪守职业道德，模范遵守社会公德、家庭美德；清正廉洁，公道正派；法律规定的其他义务。毫无疑问，承担和履行这些法定义务，是政府行政人员的应尽责任。在本书后面对政府行政人员责任意识的论述中，都体现了《中华人民共和国公务员法》所规定的这些义务。

（四）关于责任意识的界定

“意识”一方面是指人脑的精神活动，它是人脑的机能和属性；另一方面是指人脑的精神状态，它是人脑关于客体世界、主体自我以及主体和客体相沟通的实践活动的主观映像，相应地，人的意识可划分为对象意识、自我意识和实践意识①。毫无疑问，意识在形式上是主观的，是存在于人脑中的精神活动和精神状态，但它在内容上是客观的，即意识是人脑对客观存在的外部世界、主体自我和实践活动的主观反映。意识一经产生就具有能动作用，主要表现在：一是意识具有目的性和计划性；二是意识具有创造性；三是意识具有指导实践改造客观世界的作用；四是意识具有调控人的行为和生理活动的作用②。

“责任意识”是我们从意识当中抽象、分离出来的一种专门意识，特指政府行政人员关于责任及责任履行的主体意识活动和主体意识状态，是包含责任认知、责任情感和责任意志在内的知情意的统一。这个定义表明：第一，本书中的责任意识的主体是政府行政人员，不涉及其他人员；第二，责任意识既指政府行政人员围绕责任所进行的主体意识活动，也指政府行政人员关于责任的主体意识状态，反映着他们探求责任真知、体认责任情感状态、激发和调节责任意志的意识活动状态、过程和结果，是他们面对责任时各种复杂心理状态和思维运动的统合。

① 周文彰．狡黠的心灵：主体认识图式概论［M］．海口：南方出版社，2009：61.

② 本书编写组．马克思主义基本原理（2023 年版）［M］．2 版．北京：高等教育出版社，2023：26－27.

第二节　政府行政人员责任意识的特性

政府行政人员责任意识，具有能动性、自觉性、公共性、价值取向性和个体差异性。

一、能动性

责任意识的能动性主要体现在：一是责任意识具有目的性和计划性。政府行政人员在反映客观存在的工作任务和要求时，会受到自身责任意识的影响，头脑中总会抱有一定的目的、意图和动机，因此，在履行责任之前，他们已经在意识里预先确定了任务的目标、履行方式、行动步骤等。可见，责任意识是有意识、有目的、有计划的能动性活动和状态。二是责任意识具有自主选择性。政府行政人员对客观责任的反映是主动的、有选择的，会主动对责任信息进行筛选，一些不符合自己责任意识的信息将被当作无意义的信息而舍去，即我们通常所说的“视而不见”“听而不闻”，只有符合其责任意识规范和标准的信息才会在主体的头脑中留下印迹。三是责任意识具有创造性。政府行政人员会对筛选后的信息进行分析与综合、归纳与演绎、从抽象到具体等一系列意识活动，会依照自己的责任意识对责任对象进行相应的加工和处理，赋予责任对象一定意义的解释和说明，获得对责任及责任履行方面的创造性理解，以及对责任的本质和规律的更为深刻的看法，并使之成为一定的知识形态，将其纳入自身结构中，成为自身责任意识的一部分。可见，责任意识本质上是一种不断发展的创造性活动。四是责任意识对责任履行具有指导作用。政府行政人员在责任意识的指导下能动地履行责任，履责活动是政府行政人员在责任意识指导下的有意识、有目的的活动。政府行政人员对责任具有一定的认知和理解，怀着一定的情感和意志，他们受此影响，会对责任履行及后果承担进行一定的自主判断。五是责任意识对行政人员的精神状态具有一定的调节和控制力。责任意识对政府行政人员的生理活动具有能动的反作用，强烈的责任意识使人积极自觉地承担责任，淡薄的责任意识使人在责任履行中消极悲观。

二、自觉性

责任意识的自觉性主要表现在以下三个方面：一是表现在政府行政人员履行责任的积极主动性上。强烈的责任意识使政府行政人员面对责任及履责时不是消极被动的心理状态，而是积极主动、自愿自觉的心理状态，使他们能够明确地意识到责任的意义，清楚地知道责任所在，以及不履职的后果，从而不再消极履责、被动履责，而是自觉地按照既定责任目标去履行责任，并在履责过程中收获愉悦与幸福。二是表现在政府行政人员履行责任中的高度"自律"。行政人员履行责任不再是出于外在强制性规定的"必须"考虑，而是出于良心指引和情感道德诉求的"应当"考虑，这就完成了一个从外在规约向内在自觉的转化过程，达成了履行责任的"自律"。强烈的责任意识使政府行政人员不再单纯地依靠外在力量的敦促，而是依靠内心的"道德法庭""自己为自己立法"，从一而终地遵守相关规定，公正、诚信、高效地完成任务，拒绝贪污受贿、以权谋私，避免出现不负责任、逃避责任等责任缺失问题，同时，在面对冲突时，自觉做出正确的判断和抉择，体现出高度的道德自律。三是表现在政府行政人员履行责任的求"善"之力上。责任意识使政府行政人员把履责的压抑性、束缚性力量转化为内生的主动追求善思、善觉和善行的驱动力，不断强化对人民、社会、国家乃至人类的伦理关怀，对自身担负的责任有更深刻的认知、更强烈的情感和更强大的尽责意志。此时，行政人员站在了更高的境界上，能够基于对人类、后代和未来的更高层次的关注，以及对国家政治、经济、社会、文化和生态的更深关切，自觉地履行责任，以追求和实现更大的价值。

三、公共性

责任意识的公共性主要体现在以下两个方面：一方面是责任意识以实现公共利益和公共目标为基本导向。政府行政人员将公共性作为责任履行的基本导向和基本价值取向。政府行政人员手中的权力来自人民的赋予和让渡，因此，他们肩负的责任服务于国家、社会和人民，他们对责任的理解、把握和履行要符合社会公共利益和人民的意志，他们履行责任的出发点和落脚点需要充分考虑到社会公正和公共秩序，责任履行必须紧紧围绕着社会发展、公共利益和人民意愿来展开，并以人民满意作为履行责任的最终标准，相应地，责任意识的价值导向是公共性质的。政府行政人员需要充分思量自己对责任的看法及自身履责言行是否符合人民的要求，从而不断增强自身提供优质公共服务的理念，提供更好更多的公共产品，积极自主地履行责任，最大限度地满足“公共性”的价值要求。另一方面是责任意识彰显公共理性，确保政府行政人员与社会和人民的良性互动。责任意识驱使政府行政人员在履行责任时自觉符合和彰显公共理性，保证思想言行的正当合理，注重人民作为责任价值评价主体的地位和作用，有意识地倾听人民群众的心声，积极争取他们的认同、理解和支持，保持一定的履责公开性，确保社会大众能够有合法、民主的程序和途径表达自己的想法，有效地监督政府行政人员的责任履行，从而使他们在与社会、人民的积极互动中不断增强自身对责任的认同和履责到底的决心和信心。

四、价值取向性

责任意识的价值取向性主要体现在以下三个方面：一是责任意识具有一定的价值态度和价值立场，蕴含着深刻丰富的价值理念。责任意识具有鲜明的价值属性，而它本身就是以价值因素为主要内容的，有自身的价值预设和价值倾向，本质上代表着责任履行过程中的一种价值规定性和价值输出形式。它是高度的“心灵化”创造物，无论是在认知、情感层面还是在意志层面，都充满价值取向性。责任意识使政府行政人员在履行责任时始终坚持以人民为中心，满足合法、合理、合情相统一的价值标准，将经济繁荣、社会和谐、环境优美和人民幸福作为主要价值目标，在履行责任时不断坚持和贯彻公正、诚信、高效、廉洁、节制、民主、自由、平等、以人为本等一系列价值原则和价值理念。二是责任意识对政府行政人员完善价值观、优化思维方式、塑造思想灵魂和提高道德素质具有重要的价值引导作用，对政府行政人员的责任履行、人生发展和精神成长具有重要的价值。责任意识使政府行政人员获得了一定的精神领悟、情绪体验和意志力量，同时，它在道德期许、伦理要求等方面给予政府行政人员以心理意识上的投射、启示、引领和规范，促使他们不断优化履责观念、工作态度、行为模式和思维方式，促使他们坚定政治信仰、理想信念和精神追求，提升他们的思想境界和道德情操，建构其观念、文化和价值系统，推动他们更好地完成肩负的使命，成为有理想、有追求、有纪律、有能力、有素质的新时代“行政人”。三是责任意识对精神文化基因的存续和社会道德意识的增强具有重要的价值导向意义。政府行政人员的责任意识是一个国家和社会精神文化的重要组成部分，它植根于一个国家和社会的精神意识行为，蕴含着民族和公共社会的普遍精神追求、情感态度、伦理评价、认知理念、价值观念和心理意识特征等价值性内容，反映着公共行政精神、人民集体心理倾向和政府行政理念。责任意识在一定程度上塑造着政府行政人员的形象、认知模式、思维方式和行为模式，能够在一定程度上维护和增强政府、社会、国家和民族的思想意识和道德文化中的价值理念和价值倾向。同时，责任意识还具有对公众道德意识的示范和导向作用，对提升人民群众的伦理道德水平、促进社会主义精神文明建设具有重要的意义。

五、个体差异性

责任意识的个体差异性主要体现在以下两个方面：一是不同的政府行政人员，其责任意识存在差异。从整体上讲，不同政府行政人员的责任意识存在有无之别和强弱之分。从内部构成上讲，他们对责任及责任履行的认知深度和广度、情感浓度和激烈程度、意志力度和强度都存在差别，有的政府行政人员责任认知强大，责任情感淡薄，责任意志薄弱，而有的行政人员责任意志强烈，责任认知不强，责任情感较为淡薄，这都会导致他们的责任意识有所不同。二是同一政府行政人员在不同阶段、不同时期的责任意识也会有差别。如有的政府行政人员起初责任意识淡薄，但经过自我修炼，或是受到监督规约和激励的刺激，或是受到伦理教育、行政文化和道德环境的影响，或是几方面兼而有之，他的责任意识逐步得到了增强，他便具备了比之前更强烈的责任意识。

责任意识的个体差异性在现实中的表现有很多：从构成上讲，政府行政人员责任意识不同，责任认知、责任情感和责任意志便会有差别，三者之间的相互对立和相互联系的状态便不同，反映出来便是政府行政人员在对责任的理解、态度以及达成目标的动机等方面存在不同之处。从责任履行过程上讲，政府行政人员责任意识不同，其履责前后及履责过程中的表现便有差异。责任意识强的政府行政人员，能够认真履行责任，圆满完成任务，并能对自己的意识和行为反应进行总结和反思。而责任意识薄弱的政府行政人员，往往不负责任、推卸责任、逃避责任，无法将责任履行到位。从面对冲突的选择上讲，责任意识不同，在面对困惑和矛盾时做出的判断和行为也就不同。具备强烈责任意识的政府行政人员能够对各种利益和行动方案进行综合的平衡和考虑，思索它们各自的实践后果，并估量其带给各方的影响，最终做出正当合理的选择和行动。而责任意识淡薄的行政人员，很容易跑偏、退缩、逃避责任，或是做出不符合规范要求和社会伦理道德的行为。可以说，责任意识不同，在具体的履责情境下，政府行政人员在应该坚守什么规范，应该坚持什么价值观念，在冲突中哪一个原则具有优先性等问题上就会存在差异。因此，增强责任意识十分必要也相当重要。

第三节　政府行政人员责任意识的功能

责任意识具有什么功能，对于政府行政人员履行责任起着什么作用，这是责任意识研究必须回答的一个基础性问题，也是一个重要问题。探讨这一问题，可以揭示责任意识的强大功能和作用。

一、引导功能

责任意识具有很强的引导功能：一是引导政府行政人员对责任的认识

和思考。责任意识引导政府行政人员正确地认识责任的具体内容、相关法律制度和道德规范，推动他们深化对责任及责任履行的认知、理解、把握和认同，从而明确自己的责任“是什么”“为什么”“怎么做”。引导他们怀有积极的情感和态度看待和履行责任，并在思考和践行责任的过程中，不断体验和加深责任情感。驱使他们以强大的责任意志开展行动，无论身处何种境况，面对怎样的矛盾冲突和履责困境，都能保持履责的信心和决心、百折不挠的韧劲和干劲，都能坚定履责的自觉性、果断性、坚定性和自制性，果断做出合理的决策，自觉将责任履行到位，在面对各种挑战和诱惑时，能始终坚持正确的方向和目标，抵制私欲私利作祟，时时刻刻走在履责的正确道路上。二是引导政府行政人员对责任的价值取向。行政人员在进行决策、做出履责判断和选择时，除了依据客观性、事实性的规范标准之外，他们还受责任意识提供的价值目标、价值标准和价值原则的支配，从而做出相应的选择和判断，呈现出符合履责要求的态度和作风。他们在责任意识的支配下，以社会和公众的利益为导向，在不同的价值准则或善恶冲突之间做出自主、自觉的选择，尤其是遇到紧急情况需要马上做决定时或具有较大自由裁量权时，责任意识的引导功能便更为凸显，会直接影响行政人员履责的动机、意图、方向、作风、行为和结果。三是引导政府行政人员的履责行为。责任意识引导政府行政人员自觉遵循关于责任的一系列外在性规定，自觉合乎自身岗位角色、权力内在要求、政府职能实现需要、社会期望和公共行政责任伦理规范，以科学合理的认知、积极正向的情感、坚强坚决的意志履行责任，坚持正确的价值取向，做出合理适宜的选择和行动，最终实现既定目标，并在这个过程中体验到成就感和愉悦感，获得自我实现，深化对责任的领悟，淬炼履行责任的意志，优化思维方式，使责任意识进一步增强。

二、约束功能

责任意识具有很强的约束功能：一是责任意识具有无可替代的管制力。相比于制度、法律、规章等外在强制约束，责任意识这一内在管制更为根本、无可替代。政府行政人员受制于外在约束会将自己的私欲隐蔽起来，这种私欲往往表现为物欲、情欲等。虽然可以隐蔽起来，但它们赖以发生的基础并未改变，一旦外在约束缺失或弱化，他们就极有可能被私欲征服。而责任意识这一内在理性，发挥着强大的内在管制力，能够补充外在约束的不充分之处，从源头抑制个体私欲的膨胀，管理并制约政府行政人员履行责任的思想言行，使他们发自内心地理解、认同和承担责任，增强他们的自律性，防止责任失范问题的发生。二是责任意识具有无处不在的调控力。责任意识调节和控制人的思维方式，操纵和掌控人的行为模式。具体而言，它能进行前瞻性调控，履责前支配着政府行政人员对责任的看法，左右他们的判断和选择。它能进行即时性调控，实时、及时地影响政府行政人员的履责观念和状态，促使其自觉做好工作。它能进行反思性调控，履责后敦促政府行政人员自我反省，自觉调整原有的思想和行为。外在强制约束尚存薄弱之处，无法充分发挥调控力量，无法涵盖所有情况，但责任意识却是全过程、全方位地发挥调控力，它贯穿责任履行的始终，无论何时何地何种情境都在其调控范围之内。政府行政人员只要具备责任意识，无论责任意识强弱，就必然受其调控。当然，责任意识强弱不同，其调控的效力也会不同，责任意识越强，调控效力就越强。

三、刺激功能

责任意识具有很强的刺激功能：一是激发。责任意识激发政府行政人员对责任的关注和探求，推动他们增强对责任的规律、范畴、关系等方面的理解，促使他们进一步丰富和深化自身的责任认知，不断完善自身的知识体系。责任意识激发政府行政人员对责任的积极情感，使其不断产生对责任的认同和热爱，不断产生履责的成就感。当履责完成、到位时，会滋生幸福感、满足感和自我实现感；当履责失误、未能到位时，会萌生愧疚感和自责感。责任意识激发政府行政人员的意志力量，使他们在强大意志下产生正确的履责意图和履责动机，采用正当合理的履责策略、手段、方式和方法，全心全意地将责任落实到底。二是调节。责任意识使政府行政人员自觉优化自身对责任的已有看法和观点，使之更加丰富、科学和深刻，以便更好地指导实践。它使政府行政人员不断调整自己的情感和态度，始终都能葆有履责的激情和热忱，以积极良好的心情、平和包容的心境和昂扬向上的态度履行责任。它能够调动政府行政人员的意志力量，端正他们履责的动机，优化他们履责的行动计划，使他们在任何困难和挑战面前都能够坚忍不拔、锲而不舍、毫不动摇地完成工作。它对于符合规范的信念和行为予以激励和强化，对不符合规范的予以纠正和祛除，当政府行政人员出现认识错误、情绪消极、信念动摇等情况时，能够及时纠正他们的问题，以避免他们违背责任规范要求。

四、评价功能

责任意识具有很强的评价功能：一是前瞻性评价。责任意识能够评价和预测政府行政人员履责行为的是非善恶和最终成效，预估他们行动的意义和价值，帮助他们端正履责的动机，秉持积极的情感态度，做出理性的判断和选择，确定责任履行的计划和安排，决定是作为还是不作为、怎样作为。这种前瞻性评价，能够使政府行政人员对将要开展的责任履行进行超前性的道德考量、伦理追问、现实评估和价值判断，要求他们对即将发生的行为和结果提前负责，做到深谋远虑、谨慎选择、严谨安排。二是追溯性评价。责任意识能够使政府行政人员主动承担行为结果，并对之进行自我反思和评价，考量结果的好坏、是非、善恶。评价行为结果，一方面肯定“功”，即正确积极的责任履行以及所带来的优良效果；另一方面反思“过”，即错误消极的履责以及所造成的恶性结果。这会使行政人员对责任的理解更加明晰和深刻，产生相应的情感波动，对自己的善行善果生出愉悦感、兴奋感和自豪感，对自己的过失、恶行恶果生出内疚感和负罪感，从而通过对自己的反思、总结和评估，不断修正对责任的错误观念，改变消极的情绪态度，纠正跑偏的履行动机，确保履责到位，坚持“真”、追求“美”、实现“善”。

第四节　政府行政人员的责任意识和其他意识

事实表明，政府行政人员的责任意识不是孤立的，它与政治意识、宗旨意识、法治意识、廉政意识紧密相关。责任意识离不开这些意识，没有这些意识，责任意识也就不完整了。

一、责任意识和政治意识

“政治意识是一定的政治主体所具有的政治认知、政治态度和政治信仰，它既包括民族和个人的政治心理（政治文化）又包括社会阶级集团的意识形态”①。2016 年 1 月 29 日，习近平总书记在中央政治局会议上首次提出“四个意识”，其中“政治意识”居于首位。随后在庆祝中国共产党成立 95 周年大会上，习近平总书记又强调，“全党同志要增强政治意识、大局意识、核心意识、看齐意识，切实做到对党忠诚、为党分忧、为党担责、为党尽责”②。

责任意识与政治意识既相互区别又相互联系。以下作具体分析：

区别之处在于：第一，从阶级性上讲，政治意识具有阶级性，是一种代表统治阶级利益、为统治阶级服务的政治力量，具有维护、巩固和强化主流意识的功能。责任意识面向社会公共领域，满足社会和公众的利益需求，不为单一阶级服务，虽然它辅助政治意识、巩固主流意识，但其本质上不具有阶级性。第二，从统治性和权威性上讲，政治意识在国家、社会和公众中居于领导地位，统领其他社会意识，在政治立场、信仰和阶级内容等方面总揽社会中的各种思想观念，具有强大的社会和群众基础，极具公信力。在我国，中国共产党主导的政治意识的历史地位和社会影响无可替代。责任意识不具备如政治意识一般的极强统治性和权威性，它与社会中的各种思想观念并肩，就目前来看，它本身的力量还需进一步强化。第三，政治意识具有一定的强制性和强势性。政治意识抑制和排斥其他非统治阶级的政治意识，在传播方式和灌输方式上具有一定的强制力，要求全社会遵从和认同。责任意识则需要靠外在规范和主体内在自律的共同约束才能不断增强，要求遵守和认同的强度和力度也不及政治意识。

---

① 杨光斌．政治学原理［M］．北京：中国人民大学出版社，1998：87.

② 习近平．在庆祝中国共产党成立 95 周年大会上的讲话［M］．北京：人民出版社，2016：23.

相互联系之处在于：

一方面，责任意识与政治意识有很多共同点。从地位上看，它们都是政府行政人员必须具备的意识；从内容上看，它们都包含主体对党和国家的一系列认知、情感、态度，同时，都具有一系列共同的价值理念，如民主、平等、自由等；从方向上看，它们指向一致，同向发力，都同党中央保持高度一致，都坚定不移维护党的领导，在应对重大挑战、抵御重大风险、克服重大阻力、解决重大矛盾等方面同向发力。增强政治意识和责任意识，是推进和发展中国特色社会主义伟大事业的题中应有之义，是推动责任政府建设、提升国家治理效能、优化政府行政人员思想意识的必然要求。

另一方面，责任意识与政治意识相互作用。具体而言，要想树立责任意识，首先就必须树立政治意识。这是因为：第一，政治意识为责任意识提供方向和立场的引导。政治意识是行政人员需要具备的首要的、基本的意识，具有鲜明的方向性，表现出对一定政治事件和活动的支持、欣赏、赞同或反对、批判、抵制。它使行政人员在面对责任时，自觉从政治上看待责任，自觉从政治意识要求和代表的方向和立场上思考、分析和履行责任，牢牢把握政治方向不动摇，坚决同党和国家保持高度一致。因此，具备政治意识的政府行政人员能够在履行责任时站稳政治立场，保持政治清醒和政治定力，增强政治敏锐性和政治鉴别力，旗帜鲜明地讲政治。

第二，政治意识为责任意识提供一定规范的约束。政治意识要求政府行政人员在履行责任过程中，必须严格遵守政治纪律和政治规矩，坚持政治原则，全面贯彻落实党和国家的路线、方针、政策，按照政治意识的价值标准和原则严格要求自己。同时，在责任履行中自觉按照政治要求去思考和行动。

第三，政治意识为责任意识提供理想信念的支持。政治意识提供了理想信念上的追求，使政府行政人员更加明确自己担负的责任在国家政治生活中的位置、意义，从而在履行责任时始终坚定政治信仰；政治意识带来了理想信念上的动力，促使政府行政人员以求真务实、昂扬向上的心理状态践行责任，为实现中华民族伟大复兴奋勇发力；政治意识提供了理想信念上的支柱，使政府行政人员有骨气、志气、勇气和锐气，使他们不会“缺钙”，不会得“软骨病”，使他们无论在履行责任时遇到什么困难和挑战，都能充满信心和热情，努力尽职尽责，努力将责任履行到位。

同时，责任意识反作用于政治意识。具体而言：

第一，政治意识能通过责任意识得到表现和落实。坚持和增强政治意识不能只停留在口头上，更重要的是要落实到实际工作中和具体行动上。正如习近平总书记指出的，“党中央权威，全党都必须自觉维护，并具体体现到自己的全部工作中去，决不能表面上喊着同党中央保持一致、实际上没当回事，更不能违背中央大政方针各自为政、自行其是”①。责任意识在一定程度上体现和反映着政治意识。政治意识通过政府行政人员的履责得到贯彻和落实，并通过责任意识表现出来。政府行政人员认真自觉地履行责任时，忠诚于党和国家，谨记自己的政治担当，恪守政治纪律，在大是大非面前和关键时刻保持政治清醒，敢于亮剑、表明立场、保持定力，做政治上的明白人，只有如此，政治意识才能在现实中真正落实，才能在人们心中扎根，才能让遵从和强化政治意识的理念在社会上蔚然成风。

第二，政治意识通过责任意识得以衡量和检验。习近平总书记强调，“是否具有担当精神，是否能够忠诚履责、尽心尽责、勇于担责，这是检验每一个领导干部身上是否真正体现了共产党人先进性和纯洁性的重要方面”②。责任意识是评判政治意识的重要因素。一个政府行政人员政治意识有无、强弱如何，可依据他的责任意识加以考察和检测，若他在面对责任时，对责任的理解同党中央的政治要求不一致，履责中对政治观点、政策、纲领等认知错误，并不认同政治意识的价值取向，肆意违反政治纪律和政治规矩，那么即使他口头上和表面上把坚持政治意识讲得多么坚定，都不能说明他真正具备政治意识。

---

① 习近平．在党的群众路线教育实践活动总结大会上的讲话［M］．北京：人民出版社，2014：20.

② 中共中央文献研究室．十七大以来重要文献选编：下［M］．北京：中央文献出版社，2013：828.

二、责任意识和宗旨意识

宗旨意识主要是指具备自觉坚持和践行中国共产党宗旨的意识。党的宗旨是全心全意为人民服务。马克思、恩格斯在《共产党宣言》中指出，共产党人“没有任何同整个无产阶级的利益不同的利益。他们不提出任何特殊的原则，用以塑造无产阶级的运动”①。随着时代的变迁、党和国家事业的发展，全心全意为人民服务的思想内涵愈发丰富深刻，始终都是党的传家宝，是党生存和发展的生命线。

责任意识和宗旨意识既有区别又有联系。具体而言，责任意识与宗旨意识有一定区别。从内容上讲，两者的侧重点不同。宗旨意识，要求共产党人自觉自愿地践行全心全意为人民服务的宗旨，始终坚持人民至上的理念，坚持群众观点和群众路线，牢固树立以人民为中心的发展思想。它以“为民”为中心，围绕为人民服务展开，而责任意识以“责任”为焦点，围绕责任及履责展开。

同时，责任意识与宗旨意识又相互联系，具体而言：一方面，责任意识与宗旨意识相互融合。政府行政人员要想牢固树立责任意识，就必须牢固树立宗旨意识。习近平总书记表示，“我的执政理念，概括起来说就是：为人民服务，担当起该担当的责任”②。宗旨意识内在包含着对人民负责的要求。政府行政人员需要真正担负起人民交托的责任，自觉把工作任务做好，这就要求他们具备责任意识，对责任的内容、目标以及履责的手段、途径等有清晰的认知，具备一定的积极性和意志力，在履行责任时践行党的宗旨。与此同时，责任意识也内在包含着为人民履责的要求。政府行政人员的权力来自人民，必须自觉地将为民履责坚持到底，这就必然要具备宗旨意识，自觉为人民服务。政府行政人员对人民群众实心实意、诚心诚意，从人民利益出发履行责任，力求人民满意，并主动自愿地将自己置于党和人民的监督之下，如此才能真正兑现自己对人民许下的庄严承诺。可见，责任意识与宗旨意识你中有我、我中有你、不可分离。如果宗旨意识

① 马克思，恩格斯．共产党宣言［M］．北京：人民出版社，2018：41.

② 习近平．习近平谈治国理政：第1卷［M］．2版．北京：外文出版社，2018：101.

淡薄，政府行政人员缺乏为民观念，那么他们的责任意识也是淡薄的，很容易出现责任缺失的情况。如果脱离了人民群众，履责将会遭受失败和挫折。若责任意识淡薄，政府行政人员缺乏主动履行责任的觉悟和担当，那么他的宗旨意识也就只是嘴上说说、挂在墙上、流于形式，实际上却是空空如也，并无实效，根本无法做到为人民服务。

另一方面，责任意识与宗旨意识相互强化。宗旨意识对于责任意识的重要性在于，它为责任意识指明了根本的目标追求和价值取向，是政府行政人员增强责任意识、充分履责的重要保障。为谁掌权、为谁履责、对谁负责，这是政府行政人员必须回答好的根本性问题。对此，宗旨意识给出了明确的回复，那就是人民。责任意识必须贯穿以人为本、以民为本的价值理念，它的根本价值目标在于人民幸福，最高价值标准是人民满意。行政人员在做决策时必须首先考虑自己是否站在人民立场、是否代表最广大人民的根本利益；履责过程中必须思考是否在为民谋利、是否符合人民的意愿和要求；责任完成之后必须反思自己的思想和行为是否始终坚持人民至上，是否将人民满意作为检验工作的最高标准，等等。在这样的意识活动过程中，他们的责任意识得以提升，责任得以圆满完成。

责任意识对于宗旨意识的重要性在于，它为宗旨意识提供了实现路径，是政府行政人员增强宗旨意识、提升为民境界的重要条件。“全心全意为人民谋利益，不能挂在嘴上，不能搞‘虚功’，而是要实实在在为群众办事，……把我们党的根本宗旨切实落实到各项工作中，落实到广大人民群众身上。”① 要真正做到为人民服务，需要责任意识的支撑。责任意识使政府行政人员明确要践行宗旨，就必须对人民负责，扎扎实实履行好为人民服务的每一项责任。否则，为人民服务就是一句空话。责任意识使政府行政人员明确自己肩负的责任从何而来，意识到自己有责任为民解忧、为民谋利、为民造福，必须始终坚持以人民为中心，以积极的精神状态、良好的情感态度和强大的意志品质为人民把责任履行好。它使政府行政人员认识到手中的权力和责任需要人民的监督，从而虚心听取人民群众的意

① 江泽民．江泽民文选：第2卷［M］．北京：人民出版社，2006：365-366.

见，主动接受党和人民的监督。在这样的意识运动过程中，政府行政人员将外在的要求转化为内在自觉，唤起对人民群众更深的情感，生发真切的为民意愿，不断激发和强化自己的宗旨意识。

三、责任意识和法治意识

法治意识是人们在内心深处对宪法和法律的认可、崇尚和遵守，是人们把宪法和法律规定内化为行为准则、积极主动地遵守宪法和法律的意识状态。

责任意识和法治意识有一定区别，同时又相互联系。具体而言，责任意识和法治意识的区别之处在于：从内涵和指向上讲，两者的中心内容不同。法治意识指向法律，代表着主体对法律发自内心的遵守和崇尚的意识状态和意识活动；而责任意识指向责任，代表着主体对责任的服从和认同的意识状态和意识活动。从现实目标上看，两者的关注点不同。法治意识的现实目标要求行政人员能够正确自觉地认识和运用法律，做到依法行政；责任意识的现实目标要求他们能够对责任具有正确的认知、积极的情感和强大的意志，具备积极主动、自主自愿履行责任的心理意识，最终圆满完成工作任务。

责任意识和法治意识又相互联系。一方面，二者相互渗透，存在共通之处。一是它们都具有约束功能。它们都能将外在性的规范转化为个人内在的心灵力量，形成自律。如果逾越界限、违背原则或规则，行政人员会感到愧疚和不安，内心将受到折磨，得到惩罚。二是它们都强调规则意识、权利义务意识。它们都强调依据明确的规则进行思考和实践，要求具备遵从准则的良好态度、思维方式和行为习惯。两者都强调尊重和理解权利与义务，都含有权利与义务相统一的原则观念。三是它们都包含着一系列相同的价值理念。它们都反映和展现着人们对民主、正义、文明、规则秩序和伦理道德的追求，共同维系着国家和社会的基本价值关系和价值取向。

另一方面，责任意识和法治意识相互促进。确立责任意识，首先要确立法治意识。法治意识为责任意识提供一定的要求和依据，丰富了责任意识的内容，为责任意识提供不可忽视的重要意识：一是法律权威意识。责任的履行必须尊重和坚持法律的权威，自觉维护法律尊严，做到法无授权不可为，法定职责必须为。二是守法意识。责任的履行必须以法律为依据，符合法律的相关要求，必须清楚地知道违法的后果和代价，并自觉将守法作为基本的行事准则。需要摒弃人治观念，祛除“权大于法”“官本位”等错误思想。三是契约意识。政府行政人员要有对法律是全体公民之合意这一事实的内心确认，思想上认同法律来源的正当性以及守法的应当性，积极主动地履行自己在契约中对人民群众的承诺。四是程序意识。政府行政人员需要具备遵循法律规定的次序和步骤来履行责任的自觉，严格遵守正当法律程序，既遵从过程中的程序，又服从程序后的结果。五是人本意识。政府行政人员在责任履行中需要秉承“法律面前人人平等”的信念，具备保障公民合法权利、尊重人的价值等意识。六是理性意识。政府行政人员需有意识地注重和培育理性，要有自觉运用理性进行责任的事实认定和价值判断的主观意识，同时需具有克服本能欲望，做出正当性选择和判断的心理意识能力。

同时，责任意识是法治意识的强力折射，促进着法治意识的发展。政府行政人员的责任受到法律的规范和制约，因此，他们在对其进行认知和理解时必然会关注和重视法律，会进一步思考为什么自己要执法、守法？法治下自己与他人、国家与公民之间的关系是什么样的？法的来源是什么？法是什么？……通过不断的思索，他们会对这些问题有更为清晰深刻的认识，对法律的评价和情感态度会更为正确理性，从而认同和接受法治精神，并通过责任履行将形成的法治意识展现出来、贯彻下来、发展起来。若政府行政人员成为法治意识的拥有者、推动者和实践者，那么以点带面，从个人到整个行政队伍再到全体人民的法治意识都会逐渐提升，法治意识能够更为深入人心、发扬光大。

四、责任意识和廉政意识

“廉政”一词最早出自《晏子春秋》：“景公问晏子曰：‘廉政而长久，其行何也?’晏子对曰：‘其行水也。美哉水乎清清！其浊无不雩涂，其清无不洒除，是以长久也。’”晏子将水喻为廉政，认为在位掌权之人的品性和行为应该如流水一般，保持清洁，洗去灰尘，如此才能长久。晏子特别强调，“廉者，政之本也”（《晏子春秋》）。宋朝包拯表示，“廉者，民之表也；贪者，民之贼也”（《全宋文·包拯三》）。廉政一直以来都是中国传统行政伦理道德的一个基本规范和要求，是为官者必须具备的最起码的道德品质，常常被视为官德的底线。当前，党和国家十分注重廉政建设和廉政意识的强化，“廉政，作为公共行政领域中特定的社会关系和伦理关系，在公共行政领域尤其是在行政伦理观中具有基础性的价值定位”①。廉政意识成为政府行政人员必须具备的基本意识，主要是指政府行政人员要具备和保持正确使用权力、行事清正廉洁、反对贪污腐败、坚持履职为民的思想意识。

责任意识和廉政意识既有一定区别又相互联系，具体而言：

责任意识和廉政意识的区别之处在于：从内涵要求上看，廉政意识基本上强调的都是主体的伦理道德规范，提供的都是基础性的道德要求。责任意识也同样包含着一系列道德原则，但同时也包含着对时间、质量和成效的要求等这一系列其他的价值取向和价值原则，这便需要政府行政人员不仅要具有伦理上的德性，还应具备一定的行政心理能力和职业意识素养。

同时，责任意识和廉政意识又互相联系。要确立责任意识，必须树立廉政意识。这是因为，廉政意识具有基础性道德意义，是培养责任意识的前提。一个政府行政人员只有具备了廉政意识，不以权谋私，不贪污腐败，自觉抵御和克服官僚主义、拜金主义、享乐主义和极端个人主义等错误思想的侵蚀，他才有树立和增强责任意识的可能，才可能认同责任，自觉承担责任。试想，如果一个政府行政人员腐败堕落，权力观扭曲，大搞权钱交易，他怎么可能有踏踏实实履行责任的想法和行为呢？他会想方设法在履行责任过程中为自己捞好处，把人民的利益抛在脑后，最大限度地满足自己的私利。若一个政府行政人员注重享乐，生活作风奢靡浮夸，那

① 王伟．行政伦理概述［M］．北京：人民出版社，2001：82－83．

么他肩负责任时，就极易受到权力和金钱的诱惑，无法自控和自制，从而出现思想变质、放纵自己、无视规则等情况，在履行责任时会出现挥霍公款、索贿受贿、贪赃枉法等行为，如此还怎么有责任意识可言？因此，只有当政府行政人员拥有了廉政意识，他才能切实地培养起责任意识。

同时，责任意识必不可少，它是树立廉政意识的前提。“廉政”是责任意识的重要价值理念，一个具备强烈责任意识的政府行政人员，能够自觉树立廉政意识，具备抵制腐朽思想浸染的觉悟，拥有敢于同不良风气作斗争的气魄和决心，能够发自内心地认同“廉政”所强调的价值观，自觉意识到自己必须坚持清正廉洁、克己奉公、光明磊落，以身作则地推动工作队伍和整个社会的风清气正。试想，若一个政府行政人员缺乏责任意识，在其位不谋其政、亵渎职位、任人唯亲，那么在他的意识观念中，廉政意识是极为淡薄的，严于律己、慎于小节、秉公用权等意识也十分微弱，不可能具备传承艰苦奋斗的优良作风和涵养浩然正气的自觉追求。如果各级政府中这样的行政人员很多，长此以往，带动人们忽视、轻视甚至无视廉政意识的要求，对失责失德行为逐渐麻木和放任，那么整个政治生态和社会风气都将遭到败坏。可以看到，若缺少责任意识的支持和推动，廉政意识很难真正确立和发展。

以上我们分别考察了责任意识和政治意识、宗旨意识、法治意识、廉政意识的关系，意在说明，责任意识不是孤立的意识活动和意识状态。这种论述是把政治意识、宗旨意识、法治意识和廉政意识当作责任意识之外的意识现象来论述的。当然，我们也可以说，责任意识内在地包含着政治意识、宗旨意识、法治意识和廉政意识。一个具备强烈责任意识的政府行政人员，必然是具备政治意识、宗旨意识、法治意识和廉政意识的人，否则，很难说他具备了责任意识。这两种说法，本书都是认可的。因为，这两种观点都证明，责任意识是与它们密不可分的。而且，在人的头脑中，各种意识本来就是混沌不分的，之所以分为各种不同意识，只是我们理论思维的产物。

第二章　政府行政人员责任意识的构成

深入责任意识内核探求其内部构成，把握构成要素之间的关系及其相互作用，是系统研究责任意识必须面对和回答的基础性问题。本书认为，责任意识是知、情、意的综合统一体，是责任认知、责任情感和责任意志的有机合成。本章的任务就是分别阐述责任意识的这些构成要素，并探索它们之间的运动过程和逻辑关系，即探索知、情、意在责任意识中的对立统一规律。

第一节　知：责任认知

“知”是个体获得认识的心理过程，是人们能动地把握客观对象并反映对象的状况、属性和规律的心理活动，同时也是一种认识状态或静态结果。“责任认知”主要是指政府行政人员对责任及责任履行的理解、对自身与责任的关系的体认，以及在具体情境下对责任履行状况的判断，既包括认知过程，也包括关于责任的认识结果。比如，面对洪涝灾害，政府行政人员首先要明白自己的责任是保护人民群众的生命财产安全等。不知道责任是什么，就根本无法履行责任。库珀强调，负责任的行政人员必须具备丰富系统的伦理知识，以便能够清醒理性地告诉别人，他们的行为是如何为公共利益服务的；才能够非常明确地告诉他人，他们自己的职业伦理使命就是维护道德准则和自尊感①。

一、责任认知的类别

（一）实践性责任认知与理论性责任认知

这是从责任认知的途径上所作的划分。

实践性责任认知是政府行政人员在履行责任的实践活动中形成的责任认知。“离开实践的认识是不可能的”②，“如果要直接地认识某种或某些事物，便只有亲身参加于变革现实、变革某种或某些事物的实践的斗争中，才能触到那种或那些事物的现象，也只有在亲身参加变革现实的实践的斗争中，才能暴露那种或那些事物的本质而理解它们”③。政府行政人员在工作中，在实际履责及与其他社会成员的交往中，获得对责任外部信息的感觉、知觉、表象以及概念、判断、推理等，认识到责任所在及其特性和外部联系，了解履责活动及其结果，从而形成对责任的理解，汲取责任履行的经验，丰富对责任的认知。

理论性责任认知是政府行政人员在学习有关责任的理论知识时形成的责任认知。政府行政人员通过对理论知识中包含的明确的概念、正确的判断、严密的逻辑判断的把握，获得对责任的更为深刻的理解，逐步建立自身有关责任的概念框架；经过一系列复杂的思维活动，探索责任的本质内涵和价值意蕴，逐渐形成自身关于责任的逻辑体系；以已有的知识作为基础和背景去获取新知识，而后又以丰富了的知识作为新的基础和背景去进一步获取新知识，不断完善自身关于责任的知识结构。

（二）感性责任认知与理性责任认知

这是从责任认知的阶段上所作的划分。

---

① 库珀．行政伦理学：实现行政责任的途径：第5版［M］．北京：中国人民大学出版社，2010：6.

② 毛泽东．毛泽东选集：第1卷［M］．2版．北京：人民出版社，1991：288.

③ 毛泽东．毛泽东选集：第1卷［M］．2版．北京：人民出版社，1991：287.

感性责任认知是政府行政人员在认识的感性阶段，通过感官获得的对责任的感性认知。它来自行政人员对自身心灵世界和外在现实世界的直接体认，是直观性的对责任的认知。康德认为，“通过我们被对象所刺激的方式来获得表象的这种能力（接受能力），就叫作感性”①。政府行政人员凭借感性直觉和潜意识经验，通过感觉、知觉、表象等感性形式，获得对责任的感觉和印象，并在感知过程中产生了一系列非逻辑性因素的认知，如产生一些想象、直觉、顿悟、灵感等。这时，责任认知处于感性阶段，这是第一个阶段，即感觉和印象阶段，此阶段中形成的是对责任的现象、外部联系、表面特征的认知，就是感性责任认知。

理性责任认知是政府行政人员在认识的理性阶段，通过思维获得的对责任本质和规律的理性认知。认识过程具有逻辑性、严谨性、明确性，包含着对责任的求真、求实、批判、扬弃的精神。“要完全地反映整个的事物，反映事物的本质，反映事物的内部规律性，就必须经过思考作用，将丰富的感觉材料加以去粗取精、去伪存真、由此及彼、由表及里的改造制作工夫，造成概念和理论的系统”②。在这个阶段，政府行政人员对感性认知的材料加以整理和改造，凭借理性的知识、清晰的概念和严谨的逻辑推理，对责任开展一系列的概括、抽象、反思等，从而使得对责任的认识从感性阶段上升到理性阶段，逐步了解责任的本质、规律和内部联系，获得的是关于责任的全面的、本质的认知，也就是理性责任认知。

（三）外在性责任认知与内在性责任认知

这是从责任认知的境界上所作的划分。

外在性责任认知主要指政府行政人员因外部力量而被动地、接受性地形成对责任的理解和认识。这种责任认知受制于外部因素，如政府规章制度、工作职责安排、上级命令等，政府行政人员明确了自己责任的内容和范围，认识到自身应该履行什么责任，为什么负有责任以及如何履行相关责任，等等。这种认知更多是为了达到外部控制的要求，满足“外界他律”，目的是在不违反规章制度、不侵害他人利益的原则下顺利完成自身

---

① 康德．纯粹理性批判［M］．北京：人民出版社，2017：21.

② 毛泽东．毛泽东选集：第1卷［M］．2版．北京：人民出版社，1991：291.

任务的责任。

内在性责任认知主要指的是政府行政人员自觉意识到自己所承担的责任，从而主动地履行责任，以责任约束自身。这时，政府行政人员对责任的认知不单出于外部加于自己的任务和要求，而是包含了对责任的自觉的、积极的认知，自己制定准则并要求自己严格遵守。这相当于主体自律性的认知和审视，它以不成文的规定和无形的方式存在于政府行政人员的心中，使他们对具体工作中自身是否负有某种责任等问题做出自我裁决。在内在性责任认知的影响和驱动下，政府行政人员能自觉怀有履行责任、服务人民的意识，实现了自我内部的约束，达成“依责自律”。

二、责任认知的主要内容

总的说来，责任认知主要包含两方面内容：一是对责任“是什么”的认知，主要是明确责任的任务和方向；二是对责任“为什么”的反思，主要思考责任的正当性与合理性。

（一）对责任“是什么”的认知

从总体上来看，政府行政人员对责任“是什么”的认知主要包括两类：一是在责任的规定和要求下，对自身所应负责任“是什么”“有哪些”的认知；二是在具体履责境遇和面临困惑时，对采取的行为“是什么”以及按常理可预见的实际后果“是什么”的认知。对责任“是什么”的认知指明了责任的应然任务和实际方向，让政府行政人员明确了自己有什么责任、需要做什么。

1. 对责任客体“是什么”的认知

责任客体指的是政府行政人员承担的责任所对应的责任对象，即他们应对之负责的所有人、事、物，例如防洪大堤、必须保护的古建筑等。责任客体不仅包含责任对象，还包含着责任的规定和要求、责任履行情况、执行境遇等。对责任客体“是什么”的认知主要包含以下几个方面：

第一，认识责任的外部设定。

政府行政人员要认清责任的构成、内容和范围，即清楚地认识到责任是什么、责任包含的原则和规范有哪些、责任范围是什么、责任赋予的权利和义务有哪些。

政府行政人员要认识到责任内容的复杂性。需要认识到责任既包括当前需要承担的“近距离”责任，也包括关乎未来的“远距离”责任；既包括在责任履行前已经预见的应该去做的“前瞻性责任”，也包括已经产生行为需要承担后果的“回溯性责任”。这些“是什么”的问题需要他们在头脑中有清楚的认识。

对责任规定和要求“是什么”的认知是对责任客体最基本的认知，能够使政府行政人员确定工作范围、明晰责任内容和要求、明确自己的任务和职责、认清自己拥有的权利和义务，从而形成对自身责任的整体的、基本的理解和认知。

第二，认识责任的服务对象。

政府行政人员要认识服务对象的地位、身份、关系等情况。具体而言，要认知责任的服务对象的具体状况、所处位置、与他人和社会的关系等情况，并将之与相关规定相结合，结合具体实际，以便更好地履行责任。

政府行政人员要认识到服务对象的复杂性。无论是从数量、身份、地位看还是从关系角度看，责任的服务对象都是复杂的，既有对个人的责任，也有对集体乃至整个社会的责任；既可能面对的是亲人、朋友、上级、下级等这些熟悉的人，也有可能面对的是从未谋面的陌生人；既可能是鲜活的生命，也可能是无生命的存在物；既可能是与自己利益一致的人或事，也可能是与自己利益相冲突的人或事；等等。库珀曾表示，行政人员要维护法律，还要对上级负责并为下级的行为承担责任，同时也要对公民负责①。

政府行政人员要认识服务对象的愿望和诉求。不同的服务对象受到不同环境、文化、生活习俗、价值观念等的影响，对责任履行当然有不同的期盼和诉求，政府行政人员要善于区分不同的期盼和诉求的正确性和重要性，在正确认知的基础上按照相应的规范和原则予以合理的处置。

第三，认识责任的具体实践。

---

① 库珀．行政伦理学：实现行政责任的途径：第5版［M］．北京：中国人民大学出版社，2010：74－84．

这是政府行政人员在一定履责境遇下或面对矛盾冲突时，对责任的目的、履行过程和效果的认知。它既包括先于实践产生的，在大脑中预先认识的关于责任履行方式、程序以及履责后果的认识，也包括后于实践产生的，事后对履责情况的总结和反思。

这一认知能够使政府行政人员减少行动的盲目性，明确行动的目的性，考量行为的可行性和科学性，从而推动他们的责任认知在广度上涉及愈发广阔的范围，在深度上获得愈发丰富的内容。

在实际的责任履行过程中，政府行政人员面对的境遇十分复杂甚至充满矛盾，需要他们结合具体实际，在头脑中思考自身所负的责任有哪些、对谁负责、应该做出的行为是什么、得到的实际后果是什么等。同时在面对各种责任客体间的冲突时，善于判读和理解面临的各种矛盾，区分各种事务的重要性和正当性，理性认识行动后的实际后果，从而做出正确的选择，以合理的认知引领正确的行为。

2. 对责任主体（自我）“是什么”的认知

责任主体是承担责任的人，在这里指的是政府行政人员。对责任主体“是什么”的认知，从表面上看是政府行政人员对自己的认识和评价，实际上也包含着他们对自己与责任的关系、自身与客观世界的关系的理解，所以此时自我认知不再是单纯的个体性认知，而是对自我的社会本质、自我的社会性认知。想要获得正确的自我认知，需要通过持续的自我观察，进行充分的自我认识和自我评价。

第一，责任主体的自我认识。这里主要指的是认知性的反映。一是指政府行政人员对自己在责任中的地位、角色、价值等方面的认识。如“对于承担的这份责任，我的作用是什么、我的意义和价值是什么”“这份责任赋予我的权利和义务有哪些”等一系列对自己“是什么”的定位。二是指政府行政人员对自身与责任的关系的认知。如对“我与政府的责任关系是什么”“当公共角色和私人角色发生权利冲突时我应负的责任是什么”“在这样的境遇下，我有什么权利和义务，我该采取什么行动”等一系列问题的理解和认识。只有自我认识正确充分，政府行政人员才能更清晰地意识到自己责任的目标和方向，并在不断认识责任、履行责任的过程中进一步认识自我，从而更好地完成责任。自我认识模糊不清，则易陷入盲目性和主观性，影响责任的履行。

第二，责任主体的自我评价。这主要指的是政府行政人员对自己的素质条件、意识动机和行为结果等方面的自我检查和判断。如对自己的素质条件的评价，“我所具备的履行责任的素质和条件有哪些”，又如对自己的行为效果的评价，“当前情况下，我的履责在哪些方面需要改进”，等等。自我评价可能会出现两种情况：一是恰当、公正、合理的评价，二是囿于评价者自身的局限而出现的不恰当、片面、主观的评价。自我评价具有自我监督机能，政府行政人员通过自我评价不断保持、更新和发展对自身的认识。

（二）对责任“为什么”的反思

对责任“为什么”的反思主要包括两类：一是在规定和要求下，对自身负有责任的正当性和合理性的认知，如对自身“为什么有责任”“为什么尽责”的认知，又如对责任客体“为什么有这样的目标和要求”的理解；二是在具体境遇和面临矛盾时，对所应负责任的解释，以及对自身选择和行为的反思，如对“在此境遇下，我为什么负有这些责任”“此时我为什么不仅要顾及我的行为是否符合责任要求，还要考虑可预见的行为结果如何”等问题的追问。对责任“为什么”的反思，解决的是政府行政人员履责理由的正当性和合理性论证问题，使他们达成对责任的主体必然性和合理性根据的认知和肯定，使他们对责任的认识实现从“是”到“应当”的转变。

1. 对责任客体“为什么”的反思

从责任规定上讲，反思责任规定背后的真实意图以及追求的目标，弄懂为什么会出现这些责任规定，为什么要履行这些责任；反思相关工作任务的作用，明白为什么这些工作能够推动责任落实；反思责任规定的意义和价值，理解为什么有这样的要求等。

从服务对象上讲，反思对其负责的理论基础、逻辑缘由和相关依据，为履责做论证；思考为什么要对他们负责、为什么对他们负责是正当的、出于什么根据和原因需要对他们负责；解释他们为什么会有相应的需要和权利等。

从具体责任履行上讲，反思责任履行的实际环境和客观条件，思索责任冲突和矛盾出现的原因，思考不同责任客体间的矛盾点和各自诉求的正当性与合理性等。

对责任客体的反思必不可少。只有这样，政府行政人员才会在意识上真正认可和接受责任的规约和要求，才会设身处地站在服务对象的角度考虑，才能有主动自觉地履行责任并以责任约束自身的可能。

2. 对责任主体（自我）“为什么”的反思

这是政府行政人员面对责任时的一系列对自我的反思和追问，如对自己与责任关系的反思，“我为什么应当负有这份责任”；在组织中的定位和角色反思，“为什么组织赋予我履责的使命”；对权力、利益和责任间矛盾的反思，“面对权力、利益、责任冲突时，我为什么选择这样履责，为什么我用这种方式履责是合理的，为什么我必须结合当前冲突现状做出判定并还要分析选择带来的后果”等等。

这些反思以足够的自觉和分辨是非、善恶、美丑的意识为重要前提，是政府行政人员对自身伦理道德必然性和合理性根据的认知。只有反思清楚，政府行政人员才能真正对责任履行是否正当做出判定和取舍，才能合理应答“为什么对‘我’来说这样履责是善的或恶的，是正确的或错误的”等一系列追问，才能在面对挑战、困境或诱惑时，坚持动机上的“善”，更为坚定地、自觉地做出正确的判断和行动。

第二节　情：责任情感

“情”是指人对客观对象和自身态度的内心体验，主要表现为快乐或忧愁、喜悦或悲伤、满意与不满意等。“责任情感”主要是指政府行政人员对责任的情感体验以及其所处于的情感状况和所持有的态度倾向。

一、责任情感的作用

责任情感在责任意识中的作用十分强大，主要体现在以下三方面：

（一）助推剂：推动外部责任要求内化为责任意识

责任的外部规定如果只是以主体之外的强制力量发挥作用，没有内化为主体的自身意识，那么，主体履责大都是被动的，缺少主动性和积极性。外在责任规定只有转化为内在自觉，责任履行才是发自内心的、真挚的。在内化过程中，责任情感起着重要的推动作用，拥有不同情感的人对责任履行会做出不同的判断和选择。现实中我们看到，责任的规定早已存在，但责任履行却因人而异，原因之一在于不同的政府行政人员对责任的情感不同。责任意识具有主体性，它受责任情感的影响。在责任履行中，政府行政人员获得了很多内心体验，他们的情感状况和行为取向受到一定的影响和冲击，如履行责任中的荣誉感和幸福感、完成责任后的自我满足感、在履责过程中产生的对服务对象的爱怜和同情、对逃避责任之人的厌恶等。这些真实发生在政府行政人员头脑中和意识里的情感体验，给他们对责任的定位和认知注入了情感的力量，能够推动他们将责任的外在规定转变为内在自觉，实现从“要我做”到“我要做”的转变。

（二）强化剂：巩固和强化责任意识

责任情感强烈的政府行政人员会怀着愉悦的心境和积极的状态履行责任，比如乐于负责、勇于负责，这往往会带来良好的履责效果。在这个过程中，政府行政人员体验到更多美好的情感，从而以更积极、更主动的态度履行责任，在履责中也会倾向于良善的选择和行为。在这样的情感活动影响下，政府行政人员在履责中感受到的不是负担感，而是一种幸福感，他们持续获得满足和愉快的情感体验，又凭借这些情感体验来巩固和强化自身的责任意识，从而以更为积极的情绪、更充沛的情感投入工作。在这种情感的正向循环过程中，政府行政人员的责任意识会随之不断增强。

责任情感的作用具有一定的持久性和稳定性，如满足、自信、钦佩、信任、感激、庆幸等，会持续地影响政府行政人员。当他们履行新的责任时，以往履责的积极情感便发挥作用，引导他们继续认真积极履责，帮助他们获得更多正向的内心体验，增强责任意识。同时，在面对诱惑和挑战时，对逃避责任怀有的负罪感和羞耻感便涌上心头，不断地警醒他们做出正确选择，强化责任意识，促使他们一直走在正确的道路上。

（三）强效剂：促使责任意识发挥效能

责任情感是责任意识发挥效能必不可少的因素，对政府行政人员负责行为起着激发和引导作用。当一个政府行政人员心境良好、情绪饱满，处于激情状态时，责任意识的效能往往能充分发挥，他能够热情积极地履行责任，心怀强烈的使命感；在遇到困境时，依旧能乐观自信、积极进取、充满热忱、敢于担当、勇于作为。如果政府行政人员心境很差，处于消沉、厌烦、忧郁的状态，那么即便他拥有再多再正确的责任认知，也难以激活责任意识的能量。以低落的情绪开展工作，面对责任时就会表现得冷淡悲观、消沉颓丧、缺少干劲，在面临困境时极易气馁、满心失望。

相比责任认知，责任情感的影响更为生动、鲜活、直接，可以说，只有责任认知不一定能使政府行政人员自觉履责，但若责任情感与责任认知结合在一起，责任意识的效能便很容易发挥，也很容易引发负责任的行为。梁启超表示，天下最神圣的莫过于感情，用感情来激发人，好像磁力吸铁一般，有多大分量的磁，便吸引多大分量的铁，丝毫容不得躲闪①。因此，责任情感是责任意识效能发挥的一大强效剂。

二、责任情感的主要内容

责任情感是对责任的各种情感的交织与组合，因此它的内容复杂多样、千变万化。责任情感对政府行政人员的责任履行具有激发、推动和引导作用，解读责任情感的内容，能更清晰地了解它发挥作用的机制，能为培养和增强政府行政人员的责任意识，激发和强化他们的负责任行为提供思路。总的来说，责任情感的内容至少包含以下几点：

（一）热爱：责任情感的内在源泉

热爱是责任情感的根。虽然责任情感多种多样、内容丰富，但无一例外都与热爱相关。比如，快乐和愉悦是因为爱得到满足，成就感、超越感是因为爱得以实行。热爱的缺乏会引发空虚感和愁苦，热爱的丧失会带来无尽的厌烦和极度悲哀。政府行政人员只有在心中怀有对责任的热爱，才

① 曹刚．美的伦理学：曾钊新伦理思想的审美维度［J］．伦理学研究，2017（5）．

能在履行责任时保持愉快的心境，才能对责任怀有崇高感和使命感，才能在工作中积极主动地面对服务对象，才能在困苦时依然乐观敬业地执行好任务，才能在顺利履责后产生满足感、欣喜感和自豪感，才能在没能完成好使命时出现失落感和不安感，才能有对认真履责的认可、肯定和赞赏之情，才能对逃避责任的行为生出厌恶感、嫌弃感和鄙视感。爱的对立面是恨，也是由爱而产生，有所爱必有所恨，恨也是因为爱的浓烈，如对不负责任的人的恨来源于对责任的爱，恨自己没能履行好责任是出自对责任的价值追求。热爱会产生巨大的情感力量，也会带来更多的责任情感，爱得越多越深，责任情感就越发稳固和强烈。而责任情感的愈发强烈，会反过来加深已有的热爱，热爱的能量也会增强。

热爱的内容也是丰富多彩的，有现实性的热爱，也有理想性的热爱。现实性的热爱主要是指对现实存在的客观事物的热爱，如对人民的热爱、对同志的热爱、对组织的热爱、对民族的热爱等。理想性热爱主要是指对观念的精神客体的热爱，包括对信仰的热爱、对理论的热爱等，如对马克思主义理论的热爱、对共产主义远大理想的热爱等。这两方面的热爱相互联系、互相影响，如对坚持以人民为中心的发展思想的拥护，来自对人民群众的无限热爱，而怀有对共产主义远大理想的热爱，便更容易增添对党、国家和民族的热爱。

热爱的产生既依赖于责任认知，因为有所知才能有所感，知之深才能爱之切；又依赖于外部要求内化为责任意识后所表现出的情感状态。责任中的热爱，一方面是政府行政人员对责任事务和责任对象的热爱，是一种道德之爱，是一种超越私利的无私之爱、超越私情的普遍大爱、必要时牺牲自我的崇高之爱。有了这样的热爱，行政人员会积极认真地履行自身责任。正如弗雷德里克森强调，公务员要有一种对他人的广泛而积极的爱，即要有一种乐善好施的意识，如果没有它，公共行政仅仅是一种政府的工作①。另一方面也包含着政府行政人员的一种自爱，理性地节制自我，敦厚宽容对待责任对象，“爱人不亲，反其仁”（《孟子·离娄上》），珍惜生

① 弗雷德里克森．公共行政的精神［M］．北京：中国人民大学出版社，2003：204.

活，热爱生命。有了这样的热爱，政府行政人员会不断地体察责任，增强责任情感，从而更为用心地履责。

（二）热情：负责行为的内在动力

热情是指政府行政人员在面对责任时所表现出的热烈、积极、友好、主动的情感状态和态度反应。热情的对立面是冷漠。马克思曾表示："激情、热情是人强烈追求自己的对象的本质力量。"①

热情是政府行政人员履行责任的内在动力，这主要体现在以下几个方面：

一是热情使政府行政人员以更为主动的态度履行责任。有热情才会有积极的行动，才会有专心致志的投入，才会有主动而持久的追求。对履行责任充满热情的政府行政人员，在意识里对责任及相关规范充满认可和肯定，对自身履行责任充满期待、跃跃欲试、兴高采烈、干劲十足。热情提供给他们工作的动力，使他们愿意主动自觉地承担和落实责任，在履行责任中认真、严谨、踏实、忠诚，在困惑时依旧葆有热爱、乐观自信、积极进取，在履行完责任后内心充满自豪感和幸福感。

二是热情使政府行政人员以更为真挚的感情履行责任。心怀热情的政府行政人员，开展工作时心境是愉悦的，内心是快乐的、兴奋的，面对服务对象时充满温情、全心全意，相应地，他的责任履行也会受到影响。若他对履行责任充满热情，他便会对有关事务很感兴趣，履行责任时充满积极性和主动性，情绪高涨、乐于行动，甚至还能创造性、超水平地发挥潜能。若他缺乏热情，则对履行责任提不起兴趣，履行责任时情绪低落，难以很好地履行责任。不仅如此，热情是具有感染力的，一个热情满满的政府行政人员通过交往和交流，传递在履行责任时获得的快乐、骄傲和幸福，他的这份热情会影响和感染身边更多的人，激发他们对责任的热情，引导他们更为积极地履行责任。

三是热情使政府行政人员及时调整状态从而更好地履行责任。热情对个人精神状态具有重要的调节作用。首先，热情促进个体的完善和发展。一个对履行责任有热情的政府行政人员，能怀着积极的情感和正向的态度

① 马克思，恩格斯．马克思恩格斯文集：第1卷［M］．北京：人民出版社，2009：211.

履行责任，在这个过程中，热情驱使他不断完善自我，以更专业的技能、更全面的素质、更突出的能力、更敬业的态度、更高尚的境界完成相关工作，热情的力量使他发挥能动性突破障碍、挖掘潜能、提升自我，以更好的自己把责任履行得更加出色。与此同时，热情帮助政府行政人员战胜困难。当他们面临问题和挑战时，热情展现出巨大的激励和治愈力量。一个具有热情的政府行政人员是不惧怕任何矛盾和困境的，因为热情会给予他巨大的精神力量，帮助他对抗紧张、赶走忧虑，支撑他战胜恐惧和焦虑，给予他不竭的动力，鼓舞他不断激励自己，积极思考解决办法，从而走出困境，化不利为有利，让艰难转变为美好。

（三）成就感：履责行为的内在标杆

成就感是政府行政人员在履责过程中和履责完成后，因自己的表现和结果而产生的愉悦感、满足感，是内在需求与责任完成平衡后的一种情感状态和心理感受。

从不同角度讲，政府行政人员通过完成责任获得的成就感内在包含着以下情感：一是自豪感，即很好地完成责任或在履责中获得阶段性成功后产生的骄傲和自豪的情感；二是自尊感，即履责过程中自我价值被肯定、人格被认可的心理感受；三是满足感，即在完成责任后所产生的自我满足的积极的情绪体验；四是胜任感，即在履责过程中认识到自身的力量和能力，认为自己有价值并足以担负相关责任的一种自我肯定的情感反应。

马斯洛需要层次理论指出，自我实现的需要是最高层次的需要，是实现个人理想和追求、充分展现潜能、发挥个人最大能力，完成与自身素质和能力相称的一切事情的需要。自我实现需要达成后引发的主要情感便是成就感。从责任方面讨论，之所以说成就感是政府行政人员履责行为的内在标杆，是因为通过完成责任所获得自我实现的成就感是个人所追求的一种重要的、基本的需求。很多时候政府行政人员勇于承担责任、积极践行责任，为此付出大量精力甚至自我牺牲，其中一个重要原因就是他们在履责时可以获得自我实现的成就感，可以有幸福愉悦的情感享受，他们会因为认真履责而感到开心和欣慰，也会因未能履责到位而产生内疚和羞愧。这种内在的成就感所激起的深层愉悦和快感，直接影响着他们的自我存在感和人生幸福感，同时，个人的这种情感需要又与党的宗旨和政府岗位职责高度一致，因此成为他们履责的一个内在动因。每个人都渴望成长、渴望成就，而越复杂的事情越富有挑战性，越能验证一个人的“卓越”，完成时越能给人快感。政府行政人员倾向于做让自己有成就感的工作，履责能否给他们带来成就感，能否达成自我实现，是他们情感上的一把标尺，在一定程度上影响了他们的履责行为。对成就感的追求和需要，使他们不再仅仅是为了履责而履责，而是有了目标和动力，在工作中愈发积极。

与此同时，成就感是个人在评价自己成就时的一种主观情感，因此它的评判标准不是普遍的、共通的，而是因人而异的，每个人都会有自己的成就评价标准。对于政府行政人员来说，履责的成就符合他自己的标准，也就是满足了他的成就需要，他就会产生成就感这一积极的责任情感，如果自己的成就没有达到自己的标准，即未能满足成就需要，他便无法生出成就感。

第三节　意：责任意志

“意”指的是个体自觉地确定目的，并根据目的组织和支配自己的行动，战胜挑战和困难以达成预定目标的心理意识过程。责任意志主要指的是政府行政人员为了达到责任的预期目标而自觉地调控自己的行动并克服种种困难确保目标实现的心理意识状态。它是政府行政人员意识状况见之于行动的过程，有坚强和脆弱之分。

一、责任意志的过程

责任意志的过程包括两个阶段：责任决定阶段和责任履行阶段。

（一）责任决定阶段

这一阶段是意志行动的准备和确定阶段，是确定和发动与责任预期目标相符的行动阶段。

这一阶段要解决以下问题：一是解决动机冲突，明确履责动机。恩格斯曾指出，“就单个人来说，他的行动的一切动力，都一定要通过他的头脑，一定要转变为他的意志的动机，才能使他行动起来”①。政府行政人员在采取行动之前，可能面对多种动机的取舍，由于个人愿望、需求和思想观念的复杂性，需要对这些动机进行分析和选择，这就涉及动机的冲突。政府行政人员最终的选择与他的立场、观点和理念密切相关，反映出他如何看待自身与责任的关系以及如何处理其中的矛盾。具有强烈责任意志的人能够在动机冲突中舍弃一些错误的、次要的、对自身和社会没有意义或消极意义的动机，而选择一些正确的、重要的、对自身和社会具有重要意义的动机。

二是确定责任的目标，选择实现目标的途径、策略和方法。政府行政人员明晰并正确选择责任的价值目标，围绕目标进一步对自身行动进行整体规划设计和细则制定，确定执行的具体流程、模式和方法，解决“怎么办”等问题，使自身有目的、有计划地开展工作。“意”是人类所特有的，正如马克思所言，“最蹩脚的建筑师从一开始就比最灵巧的蜜蜂高明的地方，是他在用蜂蜡建筑蜂房以前，已经在自己的头脑中把它建成了”②。政府行政人员把观念现实化，“行动就是为了实现目标”的这种意愿会化为行动的力量，在这个过程中，就是责任意志在发挥作用。

（二）责任履行阶段

这一阶段是政府行政人员在责任意志的作用下履行责任的过程，在这个过程中，责任意志主要帮助他们坚定地履行责任计划，克服主观和客观上遇到的各种矛盾，并抑制与目标相背离的愿望和行为，促使他们集中全部精力为目标而努力，排除障碍，战胜挑战，根据实际履责情况当机立断、攻克难关或及时做出调整、突破瓶颈，保证责任顺利落实。责任意志越强烈，政府行政人员完成责任的决心、恒心与信心就越强，就越能集中精力、越发善于调控自己、越发精益求精、越能抵御风险、越能克服困难。

---

① 马克思，恩格斯．马克思恩格斯文集：第4卷［M］．北京：人民出版社，2009：306.

② 马克思，恩格斯．马克思恩格斯全集：第42卷［M］．2版．北京：人民出版社，2016：168.

二、责任意志的主要表现

政府行政人员的责任意志主要表现为以下几点：

（一）自觉性

自觉性反映了责任意志的行为价值的目的性，即它能使政府行政人员在履行责任时始终都有预先设定的、清晰的、稳定的目标指向，能够有边界地、有规律地、明确地履行责任。自觉性强的政府行政人员，自始至终对责任以及责任履行都有明确的行为目的和方向，有坚定的责任价值追求，有鲜明的执行原则和立场，有严谨的执行标准，并认真遵守相关规范，行为有规律、不含糊、不跑偏。与之对立的是被迫性和盲目性。

（二）果断性

果断性反映了责任意志的行为价值的效能性，即政府行政人员对责任的决策速度、选择速度、判断速度，尤其是在紧急情况下做出正确有效行为的速度。果断性强的人在复杂多变的环境中能够快速精准地辨明是非，及时合理地做出取舍，迅速坚决地做出决断，在面对困难和挑战时能快速反应、积极应对、善于思考、敢于担当、理智作为。与之对立的，一是优柔寡断，在履责中畏首畏尾、顾虑重重、犹豫不决；二是武断草率，在履责时缺乏思考、妄下结论、鲁莽行动。

（三）坚定性

坚定性反映了责任意志的行为价值的坚韧性，即政府行政人员能否在履行责任时持续地、长期地保持充沛的精力和顽强的毅力，始终坚定不移、坚持不懈地履行责任。坚定性强的人面对挫折和阻碍时，毫不退缩，百折不挠，坚持把责任履行到位；在环境恶劣、工作压力大时，仍能不畏艰苦，排除万难，一如既往地履行责任。与之对立的是动摇，即见异思迁、随波逐流，在困难面前退缩，在压力面前倒下。

（四）自制性

自制性反映了责任意志的行为价值的克制力，即政府行政人员控制和调节自己并能够抑制与责任既定目标不相符合的愿望、动机、情绪和行为的能力。自制性强的人能有意识地克制、调整自己的履责状态、情感和思维。一方面能够管控自己很好地推进责任；另一方面能够有效地约束自我，在出现与目标相违背的思想时能及时刹车，抑制错误观念。在面对物质、权力、资源等方面的诱惑时，毫不动摇。与之对立的是任性，即履责过程中无法有效地控制自己和约束自己，在诱惑面前缴械投降，任性放纵、肆无忌惮、为所欲为。

第四节　知情意在责任意识中的对立统一

责任认知、责任情感和责任意志在责任意识中既相互区别，存在分离的情况，又密切相连、综合统一、共同作用。本节重点阐述三者在责任意识中的对立统一，揭示它们既矛盾又统一推动责任意识运动、变化和发展的规律。

一、知情意在责任意识中的区别与分离

三者在责任意识中的区别与分离，主要体现为它们之间存在的差异以及它们之间的互不协调和互相冲突。

（一）知情意在责任意识中的差异

责任认知代表着政府行政人员探求责任真知的意识活动的过程和结果，反映着责任意识中的理智状态，体现着一种求真的观念，即责任的真实面，在理论形态上表现为责任知识，在认识活动上表现为认知过程。它发挥作用主要是靠责任真理指导人，用正确的概念和逻辑说服人。从自我与责任的关系角度看，责任认知主要将责任客体性的一面作为尺度和标准，一方面理解和把握责任客观知识，揭示关于责任的真理，另一方面围绕责任客观存在，以责任的客观事实来认识和反思自我。它是对责任“应然”的理解和静态性的揭示，能引导政府行政人员对责任的理解和认识始终沿着正确的方向前进，但难以直接推动负责行为的产生，大多以精准的、概念逻辑推理的形式出现，它的最终目的是达到对责任的透彻认知，是政府行政人员与责任在思想、观念和理论上的统一。

责任情感代表着政府行政人员体验有关责任的情感的意识活动的过程和结果，反映着责任意识中的感性状况，体现着一种求美的观念，即带来积极的体验和愉悦的感受。它发挥作用主要靠激发美好的体验感染人，用美的魅力引导人。从自我与责任的关系角度看，责任情感虽然离不开责任客体，但它更趋近于责任主体，以责任主体的情感反应状况作为尺度，是政府行政人员自我产生的对责任的直接、真实的情愫，是责任“实然”层面的情感体验和动态性感受，对责任意识和责任履行具有驱动力，大多以直观的、主体性的、复杂模糊的形式展现，是政府行政人员与责任在欣赏和体验境界上的统一。

责任意志代表着政府行政人员追求预期责任目标的意识活动的过程和结果，反映着责任意识中的意志状态，体现着一种求善的观念，即责任主体和责任客体的和谐、完善。它发挥作用主要是靠意志调节人，靠善的呼唤来感召人。从自我与责任的关系角度看，责任意志以责任主体的意志素养为尺度，是政府行政人员对自我责任意识状态的控制和调整，是确定行为并且保证责任顺利完成的心理力量。它面向的是责任的“实然”层面，是对责任的动态性控制和推动，是责任意识和责任履行的动力性支撑，大多以能动的、自觉的形式出现，是政府行政人员与责任在具体行为层面的统一。

（二）知情意在责任意识中的互不协调和互相冲突

在责任意识中，知情意三者因强弱不同而互不协调，因发展程度和水平不同而不平衡，在同一问题上三者常常存在分歧、对抗和冲突。细加考察，大体存在以下六种情况：

1. 责任认知强大，责任情感强烈，责任意志脆弱

在这种情况下，政府行政人员对责任本身是认可的、支持的，但落实到具体行动上，不一定能够认真践行责任。这就导致认知与行为分裂、情感与行动分离。在现实中具体表现有：虽然在认知和情感上认同责任，却总不付诸实践，懒于行动；偶尔履行责任，或有选择性地履行责任；半途而废，无法将责任履行到底。责任认知和责任情感主要是头脑中的思想观念和情感状态，而责任意志与实践联系密切，履责的动机、意愿和目的，

都广泛涉及主客体之间的相互作用，政府行政人员会思量履责的内外部条件、执行的现实环境，以及具体行为对自己的影响等，因而会出现不愿行动，或因种种问题而放弃行动，或因外界诱惑而导致行动偏离等情况。

2. 责任认知强大，责任情感冷淡，责任意志脆弱

在这种情况下，行政人员怀有对责任的正确理解，明白自己有什么责任、为什么应当履行这些责任，但却没有相应的责任情感和责任意志作为支撑，因而不情愿去履行责任，不愿意付诸行动，出现了知与情、意相左的情况，导致知与行对立。政府行政人员明明懂得在履行责任过程中，当个人利益与集体利益冲突时，应放下个人利益，但情感上不接受，意志上不愿意，最终他便可能顺从了自己的欲念，偏向个人利益。在责任认知与责任情感、责任意志的力量对比中，履行责任的直接驱动力和内动力严重缺乏。这实际上反映了应然与实然之间的差距，以及人的社会性质与自然性质的冲突。

3. 责任情感强烈，责任认知薄弱，责任意志脆弱

在这种情况下，政府行政人员对责任及服务对象怀有深厚、浓烈的情感，但对责任的认知不够，意志不足，导致他们一方面容易忽视责任的范围和边界，忽略责任的规范和要求，出现认知不清、偏差、错误等情况，如内心生出想要突破制度规定去帮助服务对象的冲动之情，或缺少对责任的正确认知，空有执行的热血豪情等；另一方面又缺少将情感转化为实践的劲头，出现责任意志不支持的情况，因而责任情感再强烈，最终也只是头脑里的情感挣扎，无法化为实际的行动。这反映出个人感性与社会理性之间的斗争。

4. 责任情感强烈，责任认知薄弱，责任意志坚强

在这种情况下，政府行政人员主观上愿意履行责任，具有很强的积极性和主动性，履责中个人的情感状态积极、心理感觉良好，也能在实践中坚决将责任贯彻到底，但自身责任认知还有待加强，因而在责任履行过程中，容易出现只顾自身情感和意愿，而无视责任规定和执行条件、环境等情况。这与上条中提及的责任情感强烈，责任认知薄弱，责任意志脆弱的情况有部分相似，不同点在于此种情况是政府行政人员已经开展了具体工作，有了实际的行动，并且在意识上一直对责任保持认同和坚守。这主要

是在一定的外界刺激下或在特殊的履责环境下，个人自带的信念和价值观与责任客观规定之间产生了矛盾，也就是情与理、天然情感与社会规定之间的角力。

5. 责任意志坚强，责任情感冷淡，责任认知薄弱

在这种情况下，政府行政人员在意志的支撑下履行了应负的责任，但在认知和情感上不是特别地认同责任，也就是没有情感上的动力去主动自觉地理解责任的价值，只是被动地接受责任的外部要求，将责任单纯地当成一种任务来履行，履责行为依靠外部指令的强制力，而非内在的驱动力。换言之，他们没有把外部规定转化为内在自觉。此外，还有一些情况如政府行政人员从个人权利和利益出发履行责任，以个人的得失为标准，出于自我情感享受而行动，不在意对责任的正确理解，缺少对责任的热爱。这都表明他们将外部规定转化为内在自觉还不完全、不到位、不充分，并未清晰地意识到责任对自己真正的、积极的意义和价值，因而出现了外部控制与内在控制之间的矛盾。

6. 责任意志坚强，责任情感冷淡，责任认知强大

这种情况在现实中很少见，且一般不具有外显性，多是政府行政人员心中的情感波动和情感挣扎，同时，对责任的实际履行影响不大，因为心中的情感震动能够受到责任认知和责任意志的压制，所以政府行政人员还是能够履行责任的。出现这种情况，多数都是受到人的天然情感的刺激和影响，导致政府行政人员虽然有正确的认知和理性的行为，但内心情感中还有动荡，如面对自己的亲友时，我们明白必须一视同仁，现实中也是这样做的，但情感上还是会更偏向亲友一些。因而这主要是个人天然情感与社会理性之间的分离。

二、知情意在责任意识中的联系

知情意在责任意识中虽然存在差异、不协调、冲突的一面，但同时它们又是相互依赖、相互作用和相互转化的。

（一）知情意在责任意识中相互依赖

1. 责任认知与责任情感相互依赖

责任认知依赖于责任情感。一方面，有情，知才会积极。列宁曾指

出，“没有‘人的感情’，就从来没有也不可能有人对于真理的追求”①，没有责任情感，责任认知是缺乏主动性和积极性的，久而久之，政府行政人员对责任的求知欲望减退，认识活动变得被动和消极。另一方面，有情，知才能被内化。伴随着责任情感的责任认知才具有现实性力量。即便是获得了充分的责任认知，也要有情感的参与才能充分内化为心灵成分。缺乏责任情感的引导，责任认知便是无情的、枯燥的。现实中我们可以看到，有些政府行政人员具有深刻的责任认知，但因为责任情感冷淡，而毫无履责的热情，缺乏将责任认知落到实处的动力，甚至为了自己的私利逃避责任。

责任情感依赖于责任认知。一方面，有知才能准确地知情。只有怀有透彻的责任认知，才能如实地、深刻地体认自身关于责任的情感状态，才能认识到自身责任情感的强烈程度，检视自己的履责态度，因而有知才能精准地知情之浓淡。另一方面，有知才能正确地看待情。充分的责任认知能够使政府行政人员正确地理解和看待责任情感，从而在不断增强的责任认知的引导下，结合自身真实的情感体验进一步评价和反思自己的责任情感，使之更加真挚醇厚。

2. 责任认知与责任意志相互依赖

责任认知依赖于责任意志。一方面，有意，求知才有动机。政府行政人员开展责任认知性活动，需要求知欲、好奇心和探索欲等意志的参与和支持。另一方面，有意，求知才有行动，才能坚持。责任认知是不断发展的，不可能一蹴而就，仅有追求责任认知的想法，却缺少坚强的责任意志，便缺少了认识责任的行动力和助推力，很难持续深入或者很容易在认知过程中向困难屈服，半途而废，最终功亏一篑，无法获得完整的责任认知。

责任意志依赖于责任认知。有知，意才会有正确的目标和方向。强烈的责任意志必须立足于充分的责任认知上，立足于对责任“是什么”“为什么”的正确把握上。缺乏足够的责任认知，政府行政人员履责的目的、动机和意图可能会出现偏离甚至变为空想。有了较为充分的责任认知，他

① 列宁．列宁全集：第25卷［M］. 2版．北京：人民出版社，1988：117.

们便能明确自己应该坚定地履行什么责任，以及通过什么样的途径和方法实现责任。可以说，责任认知是责任意志发挥作用的必备基础，责任意志依赖责任认知给予着力的目标和方向。

3. 责任情感与责任意志相互依赖

责任情感依赖于责任意志。没有责任意志的伴随，责任情感最终会没有着落。责任情感强烈却缺少坚强的责任意志，在实际中表现为政府行政人员空有一腔热血，却不愿意通过艰辛努力将责任履行到位，虽然心中对责任不缺热爱，但缺乏意志力，不想通过实践完成责任以表达和实现心中之爱。这样的责任情感只能是空中楼阁。

责任意志依赖于责任情感。若没有强烈的责任情感，责任意志便可能枯竭。若政府行政人员在履行责任中只感受到辛苦和煎熬，缺乏责任情感的陪伴，那么他不会感受到愉悦和快乐。缺乏积极的情感体验，久而久之，他的责任意志也会变得脆弱，最终导致他放弃责任履行。

（二）知情意在责任意识中相互作用

1. 责任认知和责任情感相互作用

责任认知作用于责任情感。责任认知调节和控制责任情感。责任情感具有突发性，在特定条件下政府行政人员受到强烈刺激会突然爆发出超常的情绪，如一瞬间责任感的爆发、激烈情绪突然出现等，这时政府行政人员十分亢奋，一股脑儿地想要投入责任履行中，此时责任情感占据主导地位。在如此情况下，若缺少责任认知的调节，这份强烈的责任情感将无处安放。责任认知控制和引导责任情感，使其在规定范围内释放，引导其朝着持久稳定的方向发展。在责任认知的正确指引下，政府行政人员时刻牢记自身肩负的使命和责任，科学调控浓烈的情感使之能够发挥恰当的、合理的作用。

责任情感作用于责任认知。深厚的责任情感推动责任认知的发展。爱尔维修曾指出，强烈的热情促进崇高的思想的形成，激情“使我们的思想保持在经常的激动之中，使这些在冷漠的心灵里像是撒在石头上的种子不结果的思想能够开花结果”①。责任情感能在一定程度上增强政府行政人员

① 李茂，李文成，张曙光，等．哲学方法论纲［M］．西安：陕西人民出版社，1994：423.

的知解力、认知的积极性和敏感度，使他们有动力和热情分析和理解责任，积极地思索履责的合理性，从而使自身的责任认知不断丰富、深化和发展。

2. 责任认知和责任意志相互作用

责任认知作用于责任意志。责任认知支持责任意志发挥作用。当政府行政人员面对困难时，没有退缩和放弃，而是怀着坚强的信念，积极寻找方法，坚决履行责任，这背后就有来自责任认知的助力。正是相信和依靠自己的责任认知，科学地、正确地懂得了责任的真理，对自己与责任的关系有了正确的把握，政府行政人员才能在困难面前坚如磐石，才能始终相信责任履行必定成功，从而朝着既定的目标坚定不移、坚持不懈、百折不挠地行动下去。同时，责任认知能够促进责任意志果断性的增强，推动政府行政人员及时迅速地审视情况、分析客观条件和预想后果，为他们果决地做出判断和选择提供支持；不仅如此，当面对冲突和挑战时，责任认知促使政府行政人员更加充分地认识责任，分辨各种是非观念，克服困难和干扰，在一定程度上助力责任意志自制性的发挥。

责任意志作用于责任认知。责任意志推动责任认知落地。真知并不一定导致负责任的善行，想要将对规范的正确认知转化为自觉行为，必须要有坚韧稳定的责任意志作为助力。没有责任意志的支持，政府行政人员即使获得了完全的责任认知，也没有想要开展行动的动机和意愿，不能把对责任的正确认识转化为求善避恶的负责任行为。只有通过坚强有力的责任意志的推动，才有可能真正将知转化为行。

3. 责任情感和责任意志相互作用

责任情感作用于责任意志。责任情感滋养和温暖责任意志。责任意志在调控履责行为时，合理性地增添情感，能使责任履行不再冰冷机械，选取的责任履行方式和方法不再强硬暴力。对责任怀有深厚的爱能产生巨大的能量和温度，能够成为滋养责任意志的甘霖，也能为责任意志影响下的行动“加温”。

责任意志作用于责任情感，责任意志丰富和加深责任情感。政府行政人员在责任意志的引导下，会产生负责向善的动机，确定求善的履责目的，选取良善的执行模式和方法，并在实际行动中对责任表现出自觉、坚毅和果断的优良意志素养，这往往会丰富和深化他们对责任的热爱，增添他们履责的信心、成就感和自豪感。同时，当他们决心为责任竭尽全力，甚至做好倾尽所有、牺牲自我的时候，他们就会迸发无限的热爱和深切的真情，进一步加深自身的责任情感。

（三）知情意在责任意识中相互转化

1. 责任认知与责任情感相互转化

知化为情。随着政府行政人员责任认知逐渐加深，不断获得关于责任的真理，对责任的本质和规律、自身和责任关系等问题有了更为深刻的把握，他们能体验到获得责任真知的愉悦快感，从而引发和增强他们自身的责任情感。由充分的责任认知转化而成的责任情感，并非对责任盲目、迷茫和错误的爱，而是真诚、自觉的爱，它是依据科学责任知识进行正确认知的结果。

情化为知。深厚的责任情感激发政府行政人员的责任认知，对责任的热爱、热情、荣誉感和使命感促使他们不断去探索责任，不断去评价和反思自己对责任的理解，从而达成对责任的更为透彻的认识，增添新的、更深刻的责任认知。

2. 责任认知与责任意志相互转化

知化为意。充足的责任认知会使政府行政人员筑起坚强的意志信念，知解力转化为意志力，从而坚决地把责任贯彻下去。不仅如此，责任认知的获得满足了他们的探索欲和好奇心，使他们对责任产生了更多、更大的求知欲，从而更积极地开展认识活动，为获得更深刻的责任认知而努力。

意化为知。坚强的责任意志激起政府行政人员对责任认知的关注，推动他们结合客观实际来反思自身的履责动机、意愿和目标，发挥意志的能动性，为寻求责任认知的支持和依据而进一步深化对责任的认识，拓展对责任的理解，如此，新的责任认知随之产生。

3. 责任情感与责任意志相互转化

情化为意。当政府行政人员内心始终流淌着关于责任的爱的甘泉时，即使他面对艰难困苦也甘之如饴，虽苦犹乐。此时，责任情感转化为意志力量，使他在责任履行中面对挑战而毫不畏惧，面对挫折而毫不气馁，面对诱惑而毫不动摇，从而顺利战胜困难、走出困境、完成责任；不仅如此，强烈的情感能产生新的动机、目的和意愿，真情触动，善念萌发，一个对责任动了真情的政府行政人员，滋生出善良美好的意愿是自然而然的。深情积淀，长久持志，一个对责任具有深厚情感的政府行政人员，会产生向善的行为动机和意图。

意化为情。政府行政人员履行责任并非总能一帆风顺，总有一些矛盾和冲突需要面对，有的付出了极为艰苦的努力，甚至做出了巨大牺牲，这需要坚强的责任意志予以支撑。一旦使命达成，他们心中将会升起巨大的成就感和自豪感，而且中间过程越是困难，责任意志支持得越多，此时就越有快感，越是喜悦。这时候，意志力消融在愉悦的情绪快感和精神享受之中。此时，责任意志转化成强烈的责任情感体验。

三、知情意在责任意识中的统一

知情意在责任意识中综合统一、共同作用、和谐发展。周文彰《狡黠的心灵——主体认识图式概论》中论述的主体认识图式理论给本书研究知情意的统一问题带来了很大的启发，具有重要的参考价值。

（一）责任意识内部构成：责任知情意的综合统一

从内部构成上讲，责任意识是主体责任认知、责任情感和责任意志的综合统一体。这里讲的“综合统一体”，指的是责任知情意在责任意识中并非相互分裂、相互对立的，也并非简单的相加、并列和组合，而是指它们以极其复杂的机制和方式互相依赖、作用、融合而形成的统一整体。

需要指出的是，责任意识是非实体性的存在，无法通过视觉、触觉来测量，我们明白它的存在，但却难以在头脑中具体确定它的位置，它本身的特点决定了我们想要对其做出精准的划分实际上是不可能的。我们将责任意识内部结构划分为知情意，是理论上的分析和描述，具有假说性质，这种划分难免有些过于简单，因为责任意识本身就是一个极为复杂的系统，是一个难以从实际上具体分割的整体，它的运行远比这种划分要复杂烦琐得多。我们之所以如此讨论，是运用科学理论和自身思维能力，探求责任意识内部状况、分析各意识状态的存在意义和作用的一种尝试，也是尽量实现划分合理的一种办法和选择。

事实上，责任知情意在责任意识中是互相渗透、熔于一炉、浑然一体的，它们并没有自身独立的形态。没有单独的责任认知，没有孤立的责任情感，没有分立的责任意志，虽然它们自身有区别和差异，但它们是交织交融在一起的，仅仅在某些具体的情况下，其中一种对责任意识的影响占据上风，在主体行为和内心感受上较为突出。

（二）责任意识功能发挥：责任知情意的共同作用

从功能发挥上讲，责任意识功能的发挥是主体责任认知、责任情感和责任意志共同作用的结果。责任知情意并不是孤立地、静止地支配和制约着责任意识，它们产生的影响不是单独完成的，也不是直接达成的，更不是机械实现的，而是以复杂多样的相互联系、相互作用"综合统一"为责任意识整体发挥功能和作用。

由于责任知情意在责任意识中是综合统一的，它们对责任意识的作用就不仅仅取决于它们自身，还要取决于它们之间的关系状态和相互作用。三者所占的比重、所处的地位以及它们互相之间的制约作用，影响和调整着责任意识的整体功能。例如，责任情感十分强烈，就会激发和调动责任认知和责任意志，在一定程度上影响和加深它们，使它们随着一起活跃起来，并尽量协调起来，这个过程以一种不同于以往的状态影响和促进了责任意识功能的发挥。如果责任意志脆弱，那么责任认知和责任情感会受到压抑和制约，它们的功能可能就发挥得不充分，从而导致三者无法协调一致地运作，责任意识功能的发挥也会受限。

同时，责任知情意的共同作用并非一成不变、恒定如一的，在不同境遇下和不同责任履行中会有不同表现。它们中间任何一种的增强或减弱、活跃或压抑、兴奋与低落，如责任认知的深浅宽窄、责任情感的高亢低弱、责任意志的坚固松散等，都会改变它们之间的功能状态，从而引起责任意识内在结构的重组和功能的变更。这也说明了责任意识是可以被引导和强化的。现实中我们看到，有的原本责任意识淡薄的政府行政人员，由于某些经历，内心受到巨大冲击，激发出强烈的责任情感，从而比之前更为积极主动地理解责任、履行责任。在这个过程中，他的责任意识是不断提升的。

责任意识功能的实现绝不仅仅是责任知情意某一种作用的结果，也绝不仅仅是提高某一种或单纯对某一方努力即可，因为责任知情意单一状态只能起到引导和激发的作用，并不起决定性的作用。责任意识功能的任何变化，毫不例外都是它们相互配合、共同作用的结果。例如，责任意识的提升，既有责任认知加深的作用，也有责任意志的功劳，还有责任情感的推动。政府行政人员希望透彻深入地把握责任知识，希冀在履责中获得美好的情感体验，得到他需要和想要的一切。可以说，责任知情意状态十分丰富，它们之间的彼此互动和交织，使得它们的相互作用相当复杂、纷繁多样、纵横交错，有的直接、有的间接，有的强烈、有的微弱，有的激烈、有的平缓……这些作用结果形成了一套功能上相互依赖、相互制约、相互贯通的关系合成，即为责任意识的整体功能。

想要尽可能地充分发挥责任意识的功能，需要责任知情意在水平、程度和发展方向上协调一致，互相之间达成平衡的状态。如责任意志增强更有利于责任意识功能的提升，则责任意志成分增强便是一种达到平衡的做法，又如责任认知抑制住了过盛的责任情感，使之正确合理地发挥作用，这也是一种平衡协调。责任意识功能的充分发挥，需要它们之间形成最佳结构、实现和谐统一。因而，一个有着强烈责任意识的政府行政人员，应当在责任认知、责任情感和责任意志上都很出色且互相协调。

（三）责任意识优化提升：责任知情意的和谐发展

责任意识的优化提升是责任认知、责任情感和责任意志优化发展、配合默契、和谐共处所获得的成效。

当前，我们一般将责任意识当作一个既成状态来讨论，然而它本身是开放的，是处在不断变动发展过程中的，因而我们也需要对其进行动态性的考察，分析它的优化机制和提升契机。责任意识并不是孤立、静止、封闭的系统，而是一个与外界充分联系着的开放的、动态的系统。社会上关于责任的观念不断注入和渗透其中，责任客体不断反映在意识中形成新的知识和观念，这些都在影响和改变着它的状态。可以说，任何外部因素都推动着责任意识的变化，但这只是辅助性地促使它做出自我优化，无法包办和代替其本身的优化。责任意识的优化提升从本质上来讲，是责任意识的自我运动、自我发展和自我进步。

责任意识的自我优化提升，需要责任知情意的内容不断丰富和深化，组成的结构趋向优化，之间的关系和谐发展，从而使得责任意识功能效应不断增强并充分发挥作用，使政府行政人员越来越能正确地、出色地履行责任。

责任意识的优化，具体而言：首先，责任知情意各自要素要优化。一方面，三者各自的状态应该是更为丰富的、积极的、发展的，而不是萎缩的、消极的、退步的。例如，政府行政人员应获得更多的责任认知，应怀有更为深刻的责任情感，应具有更坚强的责任意志。另一方面，三者内部要素构成要趋向合理、不断优化，如既要强调责任意志自觉性，也要注重责任意志自制性的培养，且保持二者之间的稳定和谐，又如应该具有多方面的责任认知，责任知识结构要不断完善优化等。其次，责任知情意之间的组合和配合要优化，也就是说它们要以优化的结构组合起来，互相的配合要协调一致。如责任认知不断加深，但没有充足必要的责任情感和责任意志给予配合，那么它的加深所带来的积极效果也难以发挥出来。瞬间爆发的强烈的责任情感，如果没有充足的责任认知作为指导，没有坚强的责任意志帮助其转化，那么它也难以带来正确的、实际的成效。

政府行政人员的每一次履责都会给责任意识带来影响，给责任知情意带来变化。不断增添新的经验内容、注入新的理念、交流有关责任的精神文化内容，这些都对责任知情意产生作用。责任知情意的和谐发展，一方面，从成功的责任履行范例中获得动力去不断巩固自己，获得内聚力而不断完善相互之间的结构组合，如政府行政人员成功地落实了责任，那么这种成功的经历会作用于责任知情意，并使它们得到了一次积极的反馈，从而使责任意识获得一次正面的强化；另一方面，从责任履行负面范例中吸取教训，不断克服冲击和障碍，把负面内容剔除，维护三者之间的平衡，并以此作为警戒，提升三者之间的和谐度和一致性。责任意识就是在责任知情意不断地与外界相互碰撞、交流和融合中，在不断吸收正例和分析反例的过程中持续优化和发展的。

当然，责任意识的优化提升并非抽象性的，需要与一定的客观对象、社会历史现实相联系。这就需要责任知情意无论是在各自发展上还是在相互作用中，都必须顺应社会历史的发展和时代的进步，适应现实情况和责任履行的客观条件，结合政府要求，不断优化和强化责任意识，进而促使政府行政人员的责任履行始终指向良善，推动他们在完成责任的同时，自身向着自由而全面的方向发展。

第三章 政府行政人员责任意识的形成

研究了政府行政人员责任意识的内部构成之后，本书紧接着要探讨责任意识是如何形成的这一重要问题。我们将分别从责任意识形成的必然逻辑、过程和综合驱动三方面展开分析和论述，旨在揭示责任意识的形成规律，把握它与外部世界的逻辑关联，形成对它的更为全面系统的认知。

第一节 政府行政人员责任意识形成的必然逻辑

责任意识的形成具有不以个人意志为转移的客观必然性，这就是我们所说的必然逻辑。这种必然逻辑，就是岗位角色使然、公共权力取向和政府职能要求。

一、岗位角色使然

关于“角色”，国内外学者的观点众多，内容丰富。米德首次将“角色”从戏剧中引入社会学、心理学领域，用于分析个体在社会中的自我认知和不同境遇下的行为模式，从此以后，“角色”一词被深入理解和广泛运用。

在随后的研究中，学者的观点大致可分为两大流派：一是结构角色理论①，即关注角色在社会结构、社会规范间的位置和关系，强调结构、地位和功能，是对角色的静态结构解析。贝茨和哈维强调，角色是“为一项功能而组织起来的一套规范”②。帕克表示，“角色是与人在社会中的结构位置相联系的，自我是与在社会结构位置的限制下进行角色扮演密切相关的”③。童星指出，“人的一生要进入不同的社会位置（拥有不同的社会地位），因而要扮演各种不同的社会角色”④。

二是过程角色理论⑤，即关注行动主体互动的角色建构，强调主体与社会互动中的角色扮演、角色实践和角色创造过程，是对角色的动态性分析。布鲁默提出了符号互动论，指出“互动能够通过持续的角色扮演实现，社会主体使用共同符号实现互动，并通过角色扮演建立起社会关系”⑥。特纳批判前人对角色的行动模式化和泛结构化研究，强调从角色扮演过程出发来思考角色的本质⑦。角色与互动密不可分，一方面，互动是角色之间的互动；另一方面，角色的形成和扮演也是在互动中完成的⑧。

（一）岗位角色

角色理论为研究岗位责任问题提供了理论支持。我们将“角色”概念引入岗位中，来分析角色、岗位与责任之间的逻辑关系。

从岗位和角色的关系上来讲，一方面，没有角色就没有岗位。岗位的产生是角色拓展的结果，任何一个岗位的产生和存在都是由角色支撑的。另一方面，没有岗位就没有角色。社会历史发展需要形成千千万万个岗位，而人一旦走上某个岗位，就获得了某种角色。个人的角色有很多，但

---

① 特纳．现代西方社会学理论［M］．天津：天津人民出版社，1988：490.

② BATES F L，HARVEY C C. The structure of social systems［M］．New York：Wiley，1975：106.

③ 周运清，等．新编社会学大纲［M］．武汉：武汉大学出版社，2004：59.

④ 童星．现代社会学理论新编［M］．南京：南京大学出版社，2003：84.

⑤ 特纳．现代西方社会学理论［M］．天津：天津人民出版社，1988：512.

⑥ BLUMER H. Symbolic interactionism：perspective and method［M］．Oakland：University of California Press，1986.

⑦ 特纳．现代西方社会学理论［M］．天津：天津人民出版社，1988：512－518.

⑧ 郑杭生．社会学概论新修［M］．3版．北京：中国人民大学出版社，2003：124－127.

其中尤为重要的便是他的岗位角色，这是个人在事业上承担的主要角色，也是对社会具有重要价值的角色。

岗位角色的内涵是：第一，岗位角色是人在岗位上存在和活动的身份象征。不同岗位的人扮演着不同的角色，不同的岗位角色对社会的作用和贡献也不同。岗位角色如同人的社会面具，在什么岗位上，就要扮演什么样的角色。第二，岗位角色包含着与岗位相符的一系列权利、义务和规范。岗位角色要求主体按照相应规范去承担责任，按照角色的内在要求去思考责任，主体享有岗位角色赋予的权利，同时也必须履行相应的义务。第三，岗位角色需要人按照岗位要求来实践。只有行动，岗位角色才能真正发挥作用，只有在实践中，岗位角色才能为社会所承认。主体总是在行动中履行岗位角色、保持岗位角色、丰富岗位角色。

可见，主体一旦占据了某种岗位角色，就具有了相应的岗位责任。岗位角色和岗位责任是相伴相生、共存共亡的。主体一旦不再扮演某个岗位角色，也就不再承担相应的岗位责任。从岗位角色与岗位责任的关系上讲，第一，岗位角色是岗位责任的逻辑起点。没有公务员这一岗位角色，就没有公务员维护公众利益的相应责任，至少这不会是个人的分内之责。第二，岗位角色是人们认识岗位责任的中介。履行岗位角色没有的责任往往是越权、侵权和滥用职权，责任的多少、轻重和大小全系于岗位角色。第三，岗位角色是岗位责任为社会和公众所承认的标识。只有处于公务员这一岗位角色上，履行相应责任时才能被认同和支持，履责才能正当合法。

政府岗位的设置具有严密的规定，具有严格的法定程序。各级政府机构和岗位的设置经过相关程序的批准之后，再经过严格的选拔流程将选定人员安排到相应的岗位上。当一个人成为政府行政人员并被安排到相应岗位上时，也就意味着他要开始扮演与这一岗位相对应的角色，即岗位角色，他的言行要符合相应的规范和要求，履行相应的责任，即岗位责任。

（二）岗位角色与责任意识的形成

获得了岗位角色，这只是获得了一个头衔和资格、一种身份的确立和表征，能否真正成为这一角色，做到名副其实，还得看能否正确认同岗位责任，能否积极主动地履行岗位责任。岗位角色促使政府行政人员开展岗位角色学习，认清规范，实现自身角色转换、角色融合、角色实践，从而将岗位角色的客观要求转化为内在自觉，树立责任意识，能够自觉地扮演好岗位角色，在责任意识的影响和作用下，尽职尽责、保质保量地履行责任。

1. 岗位角色学习：促使政府行政人员学习岗位责任，形成责任意识

在一定岗位上扮演好岗位角色，就要履行好相应的岗位责任。岗位责任是指某一特定岗位角色必须履行的责任，它内在包含着关于岗位角色的法律规定、制度设计、职责任务、职业道德等。岗位责任是通过岗位角色的学习而认识的，它使政府行政人员意识到自己需要对之进行学习和理解，从而明白这一岗位角色需要承担什么责任，需要达成什么目标，如此才能符合岗位角色的要求，把责任履行到位。

对岗位角色的学习主要有以下几个方面：一是对岗位责任的认知。岗位责任确定了政府行政人员自身的位置、身份、尊严、正当性和合法性，让他们明白了岗位责任边界以及不能履行责任的后果，促使他们意识到只有符合岗位责任的行为，才是正确、合理、正当的行为，这就推动他们开始认识、感知、分析和理解岗位责任有什么规定和要求，明确需要履行什么责任，思考履责的方法和途径，以及要承担的后果，从而有意识地满足角色要求，积极地履行责任。

二是对岗位责任的领悟。对政府行政人员来说，岗位责任是外在性的客观存在，认知只是“知道”，领悟才能“入心”，从客观内化为主观。对岗位责任的领悟指的是主体的观念和看法，是在岗者结合自身思维方式和价值观念对岗位角色的更深入的理解和体验。如理解责任规则的价值意蕴，明白履责的意义和价值，思考履责应有的情感态度和行为取向等。有了领悟，感觉更真，体会更深，才算入了心，意识里才能留下印记。我们看到，有的政府行政人员认真负责，遵规守纪，努力使自己达到岗位角色的要求，而有的却态度消极，逃避责任，逐渐背离了规则，责任意识淡薄，这在一定程度上与他们对岗位责任的领悟有关。领悟不同，岗位角色扮演不同，履责便有所差异，只有做好领悟这一环节，才有将岗位责任内

化的可能，责任意识才会随着领悟的深入而确立起来。

三是对岗位责任的内化。内化就是把外在要求内化为主观自觉。一方面，接受和认同岗位责任相关规范，将之与原有意识状态融为一体，自愿将之转化为自己内在的价值标准和行为依据，并使之内化为自己的责任意识；另一方面，内化为自觉意识后，在新的意识指导下再一次外化，变为实际的履责行为，最终在岗位角色的扮演实践中体现出来。这是一次思想意识上的飞跃。实现内化，政府行政人员面对岗位责任时，不仅可以发挥内在驱动力圆满地完成岗位责任，同时还能超越岗位责任，把刚性的规范要求转化为负责任的道德源泉。

2. 岗位角色转换：实现从私人角色到公共角色的转换，增强责任意识

人从一出生就在社会中扮演着各种各样的角色，有的是与生俱来的、因自然联系而承担的角色，有的是社会赋予或强行分配的角色，有的则是自己选择和争取的角色……个人总是处于错综复杂的社会关系中，总是扮演着多重角色，如亲情角色、公民角色、岗位角色、社团角色等。任何一种新的角色的加入，都会与已有的角色发生联系和碰撞，产生角色间的相互作用和相互影响。

走上相应岗位，政府行政人员需要进行角色转换。政府行政人员属于公共角色，因而他们在履责过程中，需要从私人角色转换到公共角色，并不断协调两者之间的关系。“公务员公共角色的主导性意味着在公务员所具有的多重角色之中，其公共角色即政府代表角色是其主导性角色，公务员的一切行为活动都必须坚持公共性方向，与此同时，公务员其他身份角色都必须服从服务于其公共性角色的原则和方向”①。具体而言，就是要实现以下转变：

第一，从私人领域的个人责任转换到公共领域的岗位责任。在私人领域，个人可以按照自己的意愿承担责任，而不必严肃认真地从公共利益最大化的角度考虑履行责任，因为这是私人领域个人责任的偏好。但一个人一旦走上了政府工作岗位，他的角色便发生了变化，意识观念必须要转向

① 王美文．当代中国政府公务员责任体系及其实现机制研究［M］．北京：人民出版社，2008：76.

公共领域，因为他已经从私人领域进入了公共领域，此时他需要负责的不再仅仅是亲朋好友、私人团体，而是社会、政府和公众，需要承担起属于社会公共领域的责任。“一个已经接受公共职务的人就不再拥有私人领域中的某些自由，也不能自由地追求私人目标，更不能在职业行为中对服务对象表现出亲疏的差异。事实上，个人一旦进入公共职务，他就必须放弃作为私人的个人的某些自由与权利，不再保留私人生活中的自由”①。这种角色的转换推动着他重新认识自身的责任，时时刻刻用岗位角色的价值取向校准自己的责任履行，从而不断增强自身责任意识。

第二，从私人角色权利本位转换到公共角色责任本位。在私人角色里，每个人都拥有国家宪法所确认的权利，并且人人都必须承认和尊重这种权利。但当走上政府具体的工作岗位时，政府行政人员就比一般公民多了作为公共角色需要承担的责任，并且必须履行这些责任。在履行责任过程中，政府行政人员作为政府的代表者，是公共管理角色，必须履行相关法律法规专门规定的与其岗位相联系的那一部分责任。这就要求政府行政人员必须坚持责任本位的观点，要清楚地明白责任重于权利，权利服从于责任。责任本位的坚持，能够增强政府行政人员为国家、社会和人民服务的责任意识。不仅如此，政府行政人员在承担比公民更多的责任的同时，他本身的公民权利也会受到一定的限制。在我国，当自然人经过法定程序成为公务员后，他随之也就不能完全享有宪法赋予他的所有公民权利②。对于政府行政人员，国家通过制定相关法律、法规，对他们的某些宪法赋予的但却不利于他们履行岗位职责的公民权利加以限制和要求，而对这种权利限制的自觉接受和服从本身就是他们的一项重要的责任和义务。如政治方面，禁止组织或者参加罢工，禁止公开散布与政府政策相违背的或者有损于政府声誉的言论等；经济方面，禁止从事经商办企业以及其他营利性的经营活动等；公民人身权利方面，公务员的个人隐私、财产和家庭情况需上报，要接受政府和公众的监督，进出国（境）受到严格限制，不得

① 郭夏娟．公共管理伦理：理论与实践［M］．杭州：浙江大学出版社，2010：249.

② 王美文．当代中国政府公务员责任体系及其实现机制研究［M］．北京：人民出版社，2008：88.

利用自己的肖像权从事商业等；司法权利方面，公务员因违反法律法规受到行政机关处理时，不得请求公办救济，只能向本级行政机关或上级行政机关提起申诉，按行政机关内部规定程序处理等。角色的变化，需要政府行政人员服从这些规定，让渡自己部分私人权利，坚持责任本位，进而发自内心接受自己岗位的特殊性，以强烈的责任意识履行责任。

第三，从自我立场转换到他者立场。从私人领域进入公共领域，个人立场也转向为他者立场，政府行政人员观察世界、看待责任和审视自身的视角发生了转变。他者立场是指政府行政人员看待责任的关切点不再是自身利益，不用个人情感评判他人，不以自己的意志为准则，而是站在他人的立场上，理性地对待与自己无关的人，平等地对待社会中的每一个人。政府行政人员的岗位角色所蕴含的公共性促使他们转换价值目标的追求与实现，在处理人我关系、群己关系时以他者利益、公共利益为重，有为公共利益牺牲奉献的精神，在责任履行中贯彻克己利人的意识，从他者的立场出发，把目光锁定在全社会利益上，履行服务社会和人民的责任。面对岗位责任时，他们能站在他人的角度上思考责任的履行以及履行的后果，考虑自己的履责行为对他人的意义和价值，能更准确地把握服务对象的地位、关系和诉求。随着这一转换，他们将以强烈的责任意识对待公众，站在公平公正的立场上，更好地在履责过程中正确处理自我与他者的关系。

从政府与社会的关系角度看政府行政人员的岗位角色，可以看到，政府与社会本质上是一种契约关系，是一种委托-代理关系。相应地，政府行政人员是“公共人”，是一种代理人角色。因此，岗位角色要求政府行政人员履行相应的责任，推动他们从利己意识转化为利公意识。总之，岗位角色决定了政府行政人员是公共意志的表达者，这就需要拒绝私人意志的渗透，自己的意志应从属于公共意志、服从于人民意志；政府行政人员是公共利益的维护者，这就促使他们意识到自己必须摒弃个人私利，以社会和人民的利益为重，并正确处理好政府组织利益、个人利益与公共利益之间的关系；政府行政人员是公共情感的代表者，这就促使他们意识到自己必须超越私人情感，不断加深对人民的信任和热爱，怀有对公众的更高境界的责任情感；政府行政人员是公共行政责任的实施者，这就需要他们限制利己行为，做出利于公众的行为选择。政府行政人员的责任意识就是在这种理解、转换和融合岗位角色的过程中逐渐增强的。

3. 岗位角色实践：促使政府行政人员在履责中强化责任意识

角色学习和角色转换最终都是为了角色实践。政府行政人员是在与社会和人民的实践互动中不断反思责任、增强责任意识的。

在实践中，政府行政人员反复的责任履行会逐渐成为一种自然状态，持续秉承的责任意识也会成为一种思维习惯和定势。与此同时，他们在实践中总要面对新的困惑和矛盾，有时也会面对复杂的履责境遇，当他们努力扮演好岗位角色，一次次地克服惰性、战胜困难、化解矛盾、抵制住诱惑时，他们的责任意识会在这个过程中一次次地得到加强，并指导他们将岗位责任与自身价值、信念联系在一起，达成一种道德上的自觉，推动他们形成并不断强化自身的责任良知、责任信念和责任价值观，也促使他们形成稳定的责任评价机制和选择履责行为的内在道德标准。这时，在政府行政人员履责过程中，责任意识在发挥巨大引导作用的同时不断自我强化——对履责动机进行审查，对积极的动机予以自我肯定，对消极的动机予以否定；坚持符合规范的行动，消除和纠正不符合规范的行为；在面对履责困惑和矛盾时，能坚持符合公共取向和责任要求的履责行为，自觉纠正错误的履责行为；在充分履责时，体验愉悦感和自我实现的快感，激发下次履责的热情；在没有完成责任时，生出愧疚和羞耻感，为今后履责提供经验和内在动力；等等。

不仅如此，岗位角色实践也使政府行政人员在实践中不断反思自己的履责行为，通过反思进一步强化自己的责任意识。政府行政人员在多次的角色责任实践中，不断体验自己履责的感受，反思自己履责的意义，对自己的履责行为进行意识层面的理性审查。如对自己行为正当性和履责依据的反思，对自己遵守相关规范情况的反思，对自己履责的实践效果、情况和水平的反思，等等。在这个过程中，政府行政人员作为公共人，他们的公共理性和为人民服务的信念不断被激发，能更好地理解自己的岗位角色，更加具有自我规范、坚持人民至上的道德自觉，从而更好地将角色责任的相关要求转化为内在信念，不断增强责任意识。这样一来，政府行政人员受到强烈责任意识的指引，成为真正的“行政责任人”，推而广之，整个政府行政人员群体也会逐渐增强责任意识和道德意识。

二、公共权力取向

责任意识形成的第二个必然逻辑，就是公共权力取向。公共权力的性质要求责任意识的形成，公共权力的行使又在不断地促进责任意识的产生。

（一）公共权力伴随着公共责任

公共权力与公共责任是相伴相随、辩证统一的。首先，权力以责任的存在为前提。“人们在想到权力时不会不想到责任……凡权力行使的地方，就有责任”①。权力的授予必然伴随着责任的要求，拥有一份权力，便必须承担相应的责任；拥有什么样的权力，就担负什么样的责任。任何公共权力都应当处于责任状态，任何公共权力的行使者即政府与政府行政人员都应当是责任的承担者。每一个权力持有者在行使权力时都基于严格的责任要求。缺少责任的权力最终将异化为掌权者谋取私利的工具，会危害社会公平正义。同时，责任以权力相伴随为条件，通过权力行使而实现。没有权力的行使，责任无法完成。责任与权力二者统一于用权履责的全部理论和实践之中。当政府行政人员获得了与其岗位相称的授权时，也就意味着他获得了相应的岗位责任，他必须不断强化“有权必有责”“权责一致”的责任意识，最大程度地履行自己的责任。

（二）公共权力的公共属性要求确立责任意识

其一，公共权力是公共意志的集中体现。霍布斯指出，为了摆脱自然状态，人们在理性的指引下形成约定，个人把权力“托付给某一个人或一个能够通过多数的意见把大家的意志化为一个意志的多人组成的集体”②；洛克表示，需要一种公共权威，它凌驾于个体之上，支配着个体并代表着每个个体的意志，这种公共权威“起源于契约和协议，以及构成社会的人们的相互同意”③；卢梭认为，主权反映着人们的意志，是公意的运用，政

① 法约尔．工业管理与一般管理［M］. 北京：中国社会科学出版社，1982：24.

② 刘祖云．当代中国公共行政的伦理审视［M］. 北京：人民出版社，2006：71.

③ 洛克．政府论：下篇［M］. 北京：商务印书馆，1964：105.

府是公民与主权者的中间体，是为人民服务的①。可见，国家和政府的权力是一种合法的公共权力，集中代表的是公共意志，因此负有保障公共利益、反映公共意志、维护社会公正的责任，而这些权力的行使最终落实在政府行政人员身上，依靠他们的行政行为予以实现，因而政府行政人员运用公共权力的同时，也要对社会和公众承担相应的责任。

其二，公共权力来源于人民权力的让渡。马克思认为，“不是国家制度创造人民，而是人民创造国家制度”②；梅里亚姆表示，“人民是一切正当政治权力的基础……无论何种主权非经人民同意和批准，都无法存在或继续存在”③；毛泽东强调，“我们的权力是谁给的？是工人阶级给的，是贫下中农给的，是占人口百分之九十以上的广大劳动群众给的”④。由此可见，政府行政人员手中的权力是人民赋予的，他们必须清楚地认识到，接受权力就意味着要承担相应的责任，权力越大，责任越重。

其三，公共权力的性质反映着政府行政人员用权履责的身份和地位。卢梭表示，“行政权力的受任者绝不是人民的主人，而只是人民的官吏；只要人民愿意就可以委任他们，也可以撤换他们”⑤；马克思认为，国家机关及其工作人员应该是“社会的负责的公仆”⑥。我国实行人民民主专政，人民当家作主，宪法明确规定国家的一切权力属于人民，各级政府行政人员代表人民行使各种管理国家事务的权力。《中国共产党章程》规定中国共产党代表中国最广大人民的根本利益。可见，在我国，政府行政人员在政府中担任公职并不是一种纯粹的雇佣关系，而是一项肩负人民意志的岗位活动，是一个有着高尚的伦理精神意义的职业。政府行政人员是人民的“公仆”。公共权力的性质要求政府行政人员明确自己的权力来源和地位，

① 卢梭．社会契约论［M］．2版．北京：商务印书馆，1980：76.

② 马克思，恩格斯．马克思恩格斯全集：第3卷［M］．2版．北京：人民出版社，2002：40.

③ 梅里亚姆．美国政治学说史：从殖民地时期到内战结束［M］．北京：商务印书馆，1988：29.

④ 中共中央文献研究室．毛泽东著作专题摘编：上［M］．北京：中央文献出版社，2003：277.

⑤ 卢梭．社会契约论［M］．2版．北京：商务印书馆，1980：132.

⑥ 马克思，恩格斯．马克思恩格斯选集：第2卷［M］．北京：人民出版社，1972：376.

从而树立起承担公共责任、维护公共利益、促进社会公正等价值取向，需要秉承权为民所用的思想理念，形成强烈的责任意识，成为人民忠诚的代理人和服务者。

其四，公共权力的性质规定着政府行政人员用权履责的目的。《中华人民共和国公务员法》规定了忠于人民，全心全意为人民服务，接受人民监督是公务员应当履行的义务，以法律的形式确定了权力和责任的目的；毛泽东强调，共产党人的责任，是向人民负责，“每句话，每个行动，每项政策，都要适合人民的利益，如果有了错误，定要改正，这就叫向人民负责”①；习近平总书记强调，“引导广大党员、干部牢固树立法治意识、制度意识、纪律意识，懂法纪、明规矩，知敬畏、存戒惧”②，这种敬畏和戒惧便是清晰认知用权履责的目的所产生的责任意识的组成部分。作为公共权力的实际行使者，政府行政人员需要在履行责任过程中追求和彰显包括公平、民主、正义、秩序、人性等在内的公共价值，需要厚植为民情怀，履行为民用权的责任，树立起为民服务、对民负责的责任意识。

（三）公共权力的自生矛盾要求形成责任意识

公共权力具有一定的矛盾性，主要体现在：一方面，公共权力是“公属”的。社会想要保持和谐稳定，拥有良好秩序，需要一定的公共权力来管理和协调社会事务，实现权力与社会的统一状态。公共权力本身所追求的是社会公平公正、代表公共意志、维护公众利益等“善”的价值目的。另一方面，公共权力是被“私掌”的，它由特定的组织及其成员具体行使，这很有可能在实际运行中失去控制，出现膨胀和扩张的倾向，从而形成特权，异化为危害社会的消极力量，出现公共权力与社会相对立的状态，因而公共权力在实际行使中也潜藏着一种威胁社会的可能的“恶”。正如罗素所言，“一方面，统治是必要的……但在另一方面，有了统治，必然就有权力不平等现象；权力最大的人就要不顾普通公民的欲望，而利

---

① 毛泽东．毛泽东选集：第 4 卷［M］．2 版．北京：人民出版社，1991：1128.

② 中共中央纪律检查委员会，中共中央文献研究室．习近平关于严明党的纪律和规矩论述摘编［M］．北京：中国方正出版社，2016：89.

用手中的权力来发展他们自身的欲望”①。因此，为了防止权力扩张和权力异化，促使公共权力求“善”目标的实现，必须引入责任对权力进行约束，“把绝对权力放到责任的集中营里”②，授予多少权力，必须同时课以相等的责任，要求政府行政人员确立责任意识，防止公共权力异化。

（四）权力与责任的分离倾向要求确立责任意识

前面讲到，权力与责任是统一的，一定的权力意味着一定的责任，一定的责任需要一定的权力，这是从理论上讲的。但在权力的实际运作中，权力与责任之间则存在一种对立关系，具有分离的可能性。因为从人的本性上讲，人们追求和崇尚权力，却极易忽视和推卸责任，在行使权力的同时自觉、主动地承担相应责任并非易事。加之权力作为一种行动资源，它是自足的，可以在没有任何责任约束的情况下去改变条件，实现行动者的意志和目的，并且对权力的监督通常是在其行使中和行使后，且问责也主要是一种事后的责任追究，因而，极易出现权力与责任相脱节的情况。

在这种情况下，强化政府行政人员的责任意识尤为重要。责任规定权力的正当界限和合法范围，可以较为有效地抵制公共权力的非法扩张，使权力规范化、合法化。在责任的规约下，政府行政人员对权力行使的过程和结果承担切实的责任，负责对一切监督主体做出权力行使的交代和说明，为自身错误的用权行为承担相应的责任，在实践过程中逐渐将权力和责任转化为自身的意识和信念，从而具备更强的道德自律，用权履责的时时处处都受到良心的监督和审判，使自己始终处于一个负责的状态中，责任意识便是在这样的过程中不断生成的。

责任意识之所以重要，是因为外在关于责任的规定，是最低限度的规定，只规定了程序意义上的责任而无法规定积极意义上的责任，无法对政府行政人员的情感态度、思维方式和行为模式等做出具体的设计和安排，它能在一定程度上抑制“恶”的发生，却无法有力地促成“善”的追求。想要用好公共权力，绝不能只靠纯粹的外部性设置，必须把权力和责任转化为人的意识和信念，因为行使权力的并不是冰冷的机器，而是活生生

① 罗素．罗素文集：第5卷（权力论　权威与个人）[M]．北京：商务印书馆，2012：166.

② 阿克顿．自由与权力：阿克顿勋爵论说文集[M]．北京：商务印书馆，2001：342.

的、具有主体意识的人。因此，在权力运行中必然渗透和显现着人的认知状态、情感态度、意图动机等因素。如果没有建立起正确用权履责的意识，无论规定多么完善，政府行政人员在面对责任时都不会表现出热情，甚至会放弃责任，破坏公众利益。因此，责任意识的形成是公共权力的必然要求和前提条件。当前，党和国家十分注重对政府行政人员责任意识的培养，对承担责任给予嘉奖，对不承担责任给予惩罚，采用多种途径和方式，用正向积极的价值引导政府行政人员强化责任意识。在这个过程中，责任意识在不断地被唤起和加强，政府行政人员用权更加受到内在的、根本性的制约。

（五）公共权力价值取向要求强调责任意识

为了追求公共权力价值取向，责任意识逐渐形成并发挥作用。责任的存在，能够将权力与其所要实现的目的和价值联系起来，以公共价值证明其合法性和正当性。在我国，为民用权是不可改变的权力价值取向，相应地，完成人民交予的任务便是政府行政人员不可推卸的责任。这就要求政府行政人员在行使权力的全过程中都必须贯彻责任意识。与此同时，公共权力有维护社会公正、提供公共服务、符合公共利益的价值取向，政府行政人员在行使权力时需要时时处处坚持公共性的、善的价值取向。

政府行政人员在行使权力时，不断加深对自身权力性质和目的、自己的身份和位置以及存在价值、自己与社会和人民之间的关系等的了解，做出了一系列价值判断，在实际用权中逐渐明白自己应当持有的态度、应当采取的行为和应当承担的后果，更加明确了自己为谁用权履责以及如何用权履责，更加确定了怎样想、如何做才是正确合理的，在此基础上，形成了关于权力和责任的稳定的意识状态。他们通过自我意识的运动将权责的本质要求内化为自己的血肉，并使这些要求不仅成为本能的必需，而且带来内心的享受，在用权履责中不断注入从“善”的道德价值理念，真正成为一个“善”的权责执行者。此时，在行使公共权力时，公共利益至上、对人民负责成为他们的信念，他们手中的权力得到正确的行使，责任得以充分履行，他们的“公共人”特性不断强化，“公仆”身份不断加固，他们用权履责的自主性、积极性和主动性不断提升。这样，公共权力的行使在责任意识中获得了强有力的支持，责任意识在公共权力的运行过程中得以产生和强化。

三、政府职能要求

责任意识形成的第三个必然逻辑就是政府职能要求。政府职能要求确立责任意识，无论是政府的稳定性职能、建设性职能还是为民性职能，都要求并推动着责任意识的形成和发展。

政府职能主要是指政府依法对国家政治、经济、文化和社会进行管理时应承担的职责和所具备的功能。这一定义衍生出了政府职责这一概念，政府职责是指政府为完成目标和使命所承担的一系列工作任务和责任范围的总称。因而，政府职能涵盖了政府责任，规定着政府责任的范围、内容和目标。

政府职能的实现依赖于政府行政人员责任的履行。政府与政府行政人员之间关系密切、不可分割。第一，它们是建立在契约基础上的一种特别代理关系。政府是契约关系的主导方，在一定程度上具有单方面变更契约内容和终止契约及制裁等特殊权利，它的权力范围和作用力度均大于政府行政人员个体。同时，它是权力责任的交托方，将政府行政人员作为直接代理人。因而，它必然对政府行政人员提出更高、更为严格的要求。第二，政府行政人员是政府职能的具体实施者。政府的权力来自公民，集中代表着公共意志，政府职能面向和服务的是国家、社会和公众，因而政府是公共行政的主体，政府又是由政府行政人员构成的，因此政府行政人员是政府责任的实际履行者，是真正行动着的公共行政主体，政府职能只有靠他们的实际行动和具体实践才能真正实现。如此，政府职能内在包含了对政府行政人员的一系列要求，一方面，明确要求他们必须认真履行好政府规定的责任；另一方面，要求他们关于责任履行的理念、行为和价值追求均与政府职能保持一致，即履责既要在行为和结果上合法，也要在实质上合理。

想要政府行政人员合法合理地履行责任，仅仅靠法律、制度这些外部控制是无法充分做到的，必须要有责任意识作为支撑和约束。只有这样，他们才能充分理解政府职能的要求，深刻发现自己作为政府行政人员存在的价值，看清并认同自己作为政府成员与一般公民在价值追求方面的不同，从内心深处明确自己承担着政府职能实现的任务，承认自己肩负着对社会和公众的责任和义务，从而把责任履行建立在公共意志基础上，按照政府职能的内在要求去履行责任，保证责任实践的趋善性和道德化。因此，政府行政人员树立责任意识是政府职能的内在要求，是实现政府职能的必要前提条件。而政府职能也为政府行政人员责任意识的形成和强化奠定了基础，为政府行政人员自觉履责铺就了道路。

以下，我们具体分析政府的稳定性职能、建设性职能和为民性职能对责任意识的必然要求。

（一）政府的稳定性职能要求责任意识

政府的稳定性职能主要指的是政府具有维护包括政治秩序、经济秩序、文化秩序在内的整个国家社会秩序的责任和功能。

政府稳定性职能决定了政府行政人员承担着稳定社会秩序的责任。“政府应该做什么，如何做，如何对公民负责任，首先取决于能否维护个人权利和平等自由的社会秩序”①。政府稳定性职能服务于公共领域，促进公共利益的实现，保障公民享有自由、追求个人利益的权利，发挥经济调节和市场监管的职能，守住社会公平的底线，促进社会资源和财富占有的公平和收入分配的均衡，进而实现平等的政府-公民关系。因而，作为政府职能的实际运作人，政府行政人员有责任成为社会利益的代表者、社会稳定的维护者和社会公平的保障者。

政府行政人员要想有效维护社会秩序，只诉诸强权控制是远远不够的，还需要责任意识的加持。政府行政人员如果只利用公共权力控制社会公众，那么并不能化解一切社会冲突，因为权力这种暴力的强制性力量，只能让人们出于忌惮选择被迫妥协、忍受和服从。公众并非任权摆布的木偶，而是有着独立思维、多重欲望、多样情感和多样意图的现实的人，因而若只用强权控制和震慑，长此以往会造成公众心理上的挫折感和压迫

① 郭夏娟．公共管理伦理：理论与实践［M］．杭州：浙江大学出版社，2010：75.

感。基于强制力获得的社会秩序将会完全把社会推到对立的情境中，且强制力越大，社会就越被推到对立边缘，最终人们无法对政府及其行政人员的责任履行表示认同，政府职能将难以实现。因而，需要政府行政人员的责任意识发挥作用。只有具备责任意识的政府行政人员，才能从内心深处真正维护公众利益，才能在维护社会秩序中注入温情和道德的力量，才能用心履责，默默奉献，以理服人，以情动人，才能获得公众内心的真正认可，如此，社会才能平稳有序地良性运转。

不仅如此，责任意识还能有效防止政府行政人员滥用职权。一方面，历史事实说明，若政府行政人员缺乏责任意识，则很容易滥用社会资源的配置权，满足自身私利，逃避责任履行，实际上成为“恶”的力量，制造社会的不平等，这就会引起公众对政府的反叛情绪，使公众丧失对政府的信任。因此，不断强化政府行政人员的责任意识，能有效防止他们对权力的滥用，使他们符合“善”的秩序要求，成为维护“善”的秩序的力量。另一方面，单纯利用法律和制度规范，效果不尽如人意，因为法律和制度属于外在规范，可以管控人的行为却无法充分制约人的思想观念。我们常常看到缺乏责任意识的政府行政人员钻法律空子，出现腐败、责任缺失等各种问题，严重破坏公共秩序，造成社会公众的强烈不满。究其原因，很多都是因为政府行政人员责任意识不强，头脑里没有认真履责这根弦。不强调责任意识，难以从根本上杜绝错误行径。

（二）政府的建设性职能要求责任意识

政府的建设性职能主要指的是政府具有经济建设、政治建设、文化建设、社会建设和生态文明建设的责任和功能。政府的建设性职能呼唤责任意识。政府的建设性职能对政府行政人员责任意识的要求主要体现在以下两方面：

一是要求政府行政人员不断增强知责、爱责、负责、尽责的意识观念。政府行政人员需要以政府职能为导向，理解和认同自身肩负的责任和使命，应当明白，自己不是简单地为了自我实现而工作，而是对国家、社会和人民的发展具有一定的责任使命，自己不单单要履行好保障和维护性的责任，也需要将创造和建设性的责任履行到位。因此，要在责任履行中发扬乐于吃苦、善于服务、勇于斗争、敢于担当的可贵精神，积极地推动政府建设性职能的实现，出色完成自身肩负的使命，以自身的责任履行助力政治、经济、文化、社会和生态文明建设，为国家的繁荣富强贡献自己的力量。

二是要求政府行政人员在履责中坚持勤政、务实、高效、廉洁、创新等价值理念和价值取向。要求政府行政人员勇于担责，自觉践责，主动负责，一丝不苟地完成自己分内的工作，把每一份责任落到实处；责任履行要动作快、落实强、效率高、成效好，努力做出经得起历史、时代、人民和实践检验的工作实绩；清正廉洁，克己奉公，对自己高标准、严要求；秉持“发展才是硬道理”的意识理念，以不进则退的危机意识、抢抓机遇的紧迫意识、促成发展的使命意识和开展建设的自觉意识，与时俱进，奋发有为，开拓创新，千方百计地促进发展，创造性地完成政府交予的责任和使命，推动我国高质量发展和社会主义现代化建设向前迈进。

从现实实践和具体领域讲，政府建设性职能的发挥需要政府行政人员责任意识的不断强化。如在承担政府所具有的政治建设责任时，政府行政人员逐渐意识到自身责任对民主制度建设、法治建设等方面的意义，逐渐清晰地理解和界定自身所肩负的政治责任，成为政治发展的积极推动者。在承担政府所具有的经济建设责任时，政府行政人员逐渐意识到自身责任对提高国家经济建设水平和质量的作用和价值，意识到自己肩负着为发展生产、繁荣经济而奋斗的使命，从而在履责中认准并掌握市场发展规律，正确定位和处理政府与市场的关系，协助政府开展经济结构战略性调整和经济方式优化等方面的工作，以责任意识强大的引导力和感召力推动责任履行，完成自身肩负的责任和使命。在承担政府所具有的社会建设责任时，政府行政人员逐渐意识到自身作为政府成员，应当服务于公共利益的实现，不断提升公共服务水平和公共管理能力，必须把人民对美好生活的向往作为自己的履责目标，不断激发自身自主自愿的履责行为。在承担政府所具有的文化建设责任时，政府行政人员逐渐意识到提高社会的文明程度和群众的文化素养是政府不可推卸的责任，自身履责要致力于不断加强精神文明建设、文化建设和思想道德建设，推动文化产业的发展和新型文化产业的建设，推动建立健全国家文化市场体系，保护国家文化安全，为增强国家文化软实力添砖加瓦。政府行政人员要意识到自己应该作为社会的先进分子、社会公德的代表，意识到必须自觉主动地规范自身的履责行为，把助力全社会的道德素质和文化素质的提高、构建和谐美好的人文环境作为自己的自觉意识和自主行为。在承担政府所具有的生态文明建设责任时，政府行政人员逐渐意识到自己有责任将生态文明建设的战略部署转化为具体实践，确保生态文明建设相关政策法规落到实处，从而认真履责，监督各类主体遵守生态环境保护的法律法规，协调各方资源推动生态保护项目的实施，积极探索和创新生态文明建设的模式和方法，为解决复杂的生态环境问题提供新思路和新方案，同时，自觉做尊重自然、顺应自然、保护自然的生态文明理念的倡导者，带动广大人民群众增强生态环保意识，凝聚起全社会共同参与生态文明建设的强大合力，推动我国生态文明建设不断取得新进展。

在履行责任过程中，政府行政人员不断将政府建设性职能的要求内化为自身的价值观念和原则，增强了对政府职能和自身责任的认同。在不断建设和发展国家的实践中，化消极被动为积极主动，踊跃践行责任，主动承担错误履责的后果。在面对各种矛盾时，自觉做出与政府职能价值取向相匹配的抉择，不断形成和强化责任意识，从而在促进政治建设、推动经济建设、推进社会建设、助力中国特色社会主义文化建设、增强生态文明建设中尽职尽责。可以说，责任意识是实现政府建设性职能所必需的强大驱动。

（三）政府的为民性职能要求责任意识

政府的为民性职能主要指的是政府具有坚持以人民为中心、为人民服务、对人民负责、以人民利益为重的责任和功能。

为民，是政府职能的终极价值追求，也是政府行政人员责任意识的应有之义。政府接受人民的委托，代表人民行使管理公共事务的权力。这种委托-代理关系，一方面，决定了政府在职能上具有明确的为民性，要求政府始终坚持以民为本，全心全意为人民服务，尽心尽力为人民履责，自觉接受人民监督；另一方面，内在规定了政府行政人员责任的价值取向、原则和目标，要求政府职能实现和履行责任的具体承担者——政府行政人员必须具备和强化爱民、亲民、利民、惠民的责任意识，责任履行必须要让人民答应、满意和高兴。弗雷德里克森强调，“如果我们认为自己是为人民而工作，我们是代表性的公民或者公民的代表，那么，我们在工作中将不会失去方向”①。政府的职能定位始终强调以人民为最终依归，实现自身与人民的和谐统一，与之相应，政府行政人员在责任履行中必然表现出对人民的关怀和重视。一个好的政府能够充分实现为民职能，一个合格的政府行政人员能够顺利完成人民交予的责任。

强化责任意识是政府为民性职能实现的必然要求。习近平总书记强调，“必须做到责任过硬，树立正确政绩观，发扬求真务实、真抓实干的作风，以钉钉子精神担当尽责，真正做到对历史和人民负责”②。政府行政人员的履责立场、目标和价值取向需要与政府的为民性职能保持高度一致，积极洞察人民的喜恶，清晰知晓人民的愿望，正确理解人民的诉求，自觉实现人民的利益，一切责任履行都以符合人民的意志为依据，以满足最广大人民的根本利益作为履责的标准和动机，自觉地使自身责任履行符合人民的要求和政府职能的内在规定。想要达到以上要求，政府行政人员必须具备强烈的责任意识，如此才能具有履行责任的积极性、主动性和创造性，才能具有清晰的责任认知、积极的履责态度、端正的履责动机，责任才能履行到位。在责任意识的引导下，政府行政人员充盈着对人民的深情厚爱，充满着为人民谋幸福的豪情壮志，充溢着坚决完成责任的决心和意志；身处困境时，为人民服务的理想不动摇，对人民负责的信念不滑坡，以人民为中心的理念不丧失，始终忠诚于人民；面对问题和挑战时，拥有敢想敢干的闯劲和心劲，具有勇挑重担的担当精神、啃硬骨头的拼搏精神，能够出色完成任务，切实做到“责任过硬”。

具体而言，政府为民性职能对责任意识的要求主要包括以下三个方面：

第一，“为民谋利”对政府行政人员的责任意识提出要求。

---

① 弗雷德里克森．公共行政的精神［M］．北京：中国人民大学出版社，2003：203.

② 人民日报社评论部．论学习贯彻习近平总书记“1·5”重要讲话［M］．北京：人民出版社，2018：5.

一是要求政府行政人员充分认同、自觉维护、积极谋取人民利益。政府是为了人民而产生的，要为民谋利，相应地，政府行政人员也是为了人民而存在的，必须对人民与自身责任之间的关系有着清晰正确的理解和认知，始终自觉意识到自己是广大人民群众根本利益的忠实维护者和代表者，充分意识到自己肩负着捍卫和实现人民利益的责任和使命，秉承“群众利益无小事”的意识观念，将为人民谋利作为责任履行的重要意图和动机，将对人民利益负责作为责任行为选择的重大价值原则和标准，把解决好人民最关心、最直接、最现实的利益问题作为责任工作的重点，把人民利益至上作为责任履行中不懈追求的目标。

二是要求政府行政人员始终怀有以人民利益为重、利为民所谋的意识。政府行政人员必须把群众利益放在首位，凡是侵害群众利益的行为都要坚决纠正，自觉地使自身的责任履行更好地体现和实现人民的利益；必须意识到在履责时没有任何理由计较个人的利益得失，要摒弃自利意识，抛却以私利为重、谋求个人利益的思想观念，任何时候都不能与民争利、不能侵犯群众的利益；面对责任行为选择和利益冲突时，怀有强烈的责任意识，首先考虑人民的利益，自觉选择积极的责任动机，做出与为民价值相匹配的抉择，坚持为民的责任价值观。

第二，“为民造福”对政府行政人员的责任意识提出要求。

一是要求政府行政人员怀有为人民谋幸福、不断满足人民美好生活需要的责任意识。习近平总书记指出，“人民对美好生活的向往，就是我们的奋斗目标”①。政府行政人员是人民群众的忠实代理人，是人民幸福的支持者、为民造福的实践者，因此在责任履行中，需要清晰地意识到责任的落实要致力于让人民安居乐业，自觉地顺应人民求幸福的历史潮流，主动为增进人民福祉尽职尽责，积极促进人的全面发展和全体人民共同富裕，不断提高人民的物质生活水平、科学文化水平、健康素质和思想道德素养，实现发展成果更多、更公平惠及全体人民，使人民获得感、幸福感、安全感更加充实、更有保障、更可持续。

① 新华社中央新闻采访中心．深入学习习近平总书记重要讲话读本［M］．北京：人民出版社，2013：35.

二是要求政府行政人员以强烈的责任意识引领为民造福的责任履行。强烈的责任意识能够激发动力、启发思维、焕发生机、生发力量，政府行政人员需要有强烈的责任意识来指引责任实践的开展，这样才能始终与人民共谋幸福，不逃避责任、不推诿责任、不畏惧责任、不拖延责任，和人民群众肝胆相照、同心同行、同甘共苦、团结奋斗；这样才能逢山开路，遇水架桥，为人民的幸福而奋斗；这样才能以百折不挠的毅力、狠抓落实的韧劲和拼搏进取的劲头踏踏实实地为民造福，从而逐渐将自身的责任履行变成锐意进取、开拓创新、真抓实干的自觉行动，真正做到为民造福、勤政为民。在责任意识的引领下，政府行政人员能够提供真正惠及千千万万老百姓的现实服务，在密切关乎人民生活的民生事务上多花心思，在义务教育、医疗救助、社会福利、公共基础设施建设、社会保障、住房建设、就业服务、环境保护、社会安全等方面多下功夫，一步一个脚印地履责，让老百姓获得实实在在的好处。

第三，“为民解忧”对政府行政人员的责任意识提出要求。

政府行政人员有责任最大限度地解决人民遇到的困难，为民解忧。毛泽东指出，“我们一切工作干部，不论职位高低，都是人民的勤务员，我们所做的一切，都是为人民服务”①。习近平总书记强调，“想问题、作决策、办事情都要站在群众的立场上，通过各种途径了解群众的意见和要求、批评和建议，真抓实干解民忧、纾民怨、暖民心”②。具体而言：

一是要求政府行政人员强化亲民知民、为人民服务的意识，正确对待责任。毛泽东指出：“群众是从实践中来选择他们的领导工具、他们的领导者。被选的人，如果自以为了不得，不是自觉地作工具，而以为‘我是何等人物’！那就错了。”③ 政府行政人员是为民履行责任的，要为民解忧，必须从管制意识转变为服务意识，摒弃自己是统治者、管控者的错误认知，以服务人民、为民解忧的姿态出现，戒除形式主义、官僚主义和特权思想等错误观念，反思自身是否有空喊口号、做表面文章、搞面子工程、

① 中共中央文献研究室．毛泽东文集：第 3 卷［M］．北京：人民出版社，1996：243.

② 习近平．习近平谈治国理政：第 3 卷［M］．北京：外文出版社，2020：138.

③ 中共中央文献研究室．毛泽东文集：第 3 卷［M］．北京：人民出版社，1996：373.

做“官老爷”等负面想法，有意识地加强与人民群众之间的血肉联系，实现与人民之间的良性互动与沟通。这就要求政府行政人员具备亲民知民的责任意识。不具备亲民意识，政府行政人员会逐渐拉大与人民的距离，在履责中产生错误的优越感，难以真心实意、坚持不懈地为民履责；不具备知民意识，政府行政人员无法对人民实际情况做到心中有数、心中有底，难以对症下药，无法精准地做到急民所盼、为民所愿，容易出现履责偏差，甚至胡乱作为的情况。因此，想要尽可能地充分履行政府为民解忧的职能，政府行政人员必须强化责任意识，将群众观点、群众路线内化于心、外化于行。

二是要求政府行政人员重视责任意识，更好地履行为民解忧的责任。政府行政人员需要将为民解忧内化为自身的责任意识，使之成为行政人格的有机组成部分，从而在实际履责中能够真正地喜民之所喜、恶民之所恶、忧民之所忧、想民之所想、乐民之所乐，发自内心地尊重人民，对人民群众倾注真情、满怀热爱、真挚付出，以饱满的热情、积极主动的履责态度、满腔的奉献精神、强烈的公仆观念和以民为本的价值观念解决人民的忧苦，回应人民的诉求，把责任落实到位。

政府行政人员做好为民解忧工作，要从思想上关注群众，在感情上贴近群众，在现实中永葆对人民的赤子之心，时刻把老百姓的安危冷暖挂在心上，真心实意地对待人民，矢志不渝地服务人民；要真正知晓人民群众想什么、盼什么、急什么，从人民群众烦忧的事情抓起，从人民群众关心和期盼的事情做起。“要坚持工作重心下移，扑下身子深入群众，面对面、心贴心、实打实做好群众工作，着力解决群众反映强烈的突出问题”①，秉承方便于民的责任意识，积极推动解决人民办事难的问题，改进办事流程，破除“衙门”习气，提升行政效率，为人民提供优质的服务。同时，深入基层掌握民情，深入群众了解民意，躬身体察百姓的忧虑，真情关心群众疾苦，善于倾听人民的诉求，积极反映群众的意见，尽职尽责地为人民解决难题，诚心诚意地为人民办实事，坚持不懈地为人民做好事。

① 习近平．习近平谈治国理政：第3卷［M］．北京：外文出版社，2020：508.

政府为民性职能具有强大的正向价值和向善性，对政府行政人员责任意识提出要求。政府行政人员在责任履行过程中，自身强烈的责任意识成为他们为民履责路上不灭的灯塔，凝聚起他们内心对民负责的精气神，从而使他们真正做到对人民大爱无私，并能够在为民的履责中获得自我实现，达成政府职能为民的价值追求与个人人生追求的统一。

第二节　政府行政人员责任意识形成的过程

政府行政人员责任意识形成的过程，可分为三个阶段：内化责任要求阶段、树立行政良心阶段和追求行政价值阶段。政府行政人员接受和服从岗位责任，将关于责任的一系列外在设置内化为自身的责任意识和道德要求，成为内心的信念和信仰，并最终转化为负责任的行为，致力于追求行政价值。

一、内化责任要求阶段

行政责任的内化是责任外部性设置与政府行政人员主体认识图式之间的相互作用过程，也是一系列环节连续不断变化发展的运行过程。这一内化过程大致可分为接收与反应阶段、选择与认同阶段、反馈与发展阶段。政府行政人员主体认识图式是政府行政人员（主体）的大脑意识状态的总称。任何主体，在进行认识活动时，大脑都不是空白的，而是具有一种先已形成的意识状态，大脑是主体认识一切事物的精神器官。主体通过物质器官（眼耳鼻舌身）去感知事物，通过主体认识图式加工感官提供的信息，甚至感官注意什么、忽视什么也是由主体认识图式决定的。本书所研究的责任意识，在主体认识图式理论看来，就是一种关于责任的主体认识图式。有责任意识这种主体认识图式进行引导和把控，政府行政人员的行政行为就能合乎岗位责任要求。在本书中，政府行政人员没有形成责任意识之前，我们就使用主体认识图式这个概念；责任意识是责任的外在要求内化为主体大脑意识状态后的主体认识图式。在本书中，责任意识是与主体认识图式等同的概念。

（一）接收与反应阶段

这是政府行政人员主体认识图式对进入大脑的关于责任的规范、原则和要求等信息的能动反应阶段。有关责任的外部信息引起政府行政人员的注意并通过筛选进入其主体意识之中，成为他们的认识对象，形成表象责任认知。这些外部信息对政府行政人员完成工作具有重要意义，能够引起他们的关注，满足他们一定的需求，同时，外部信息能够对他们产生一定的刺激，极易引起他们的反应，促使他们提高认识，因而能够被他们的主体认识图式接收。接收这些信息后，主体认识图式对这些信息进行加工处理，形成一定的责任认知，但这仅仅是对规则浅层内容的认知，还未深入到责任的价值问题，并未对政府行政人员的精神世界产生深刻影响。这些责任认知仍游离于人的心灵之外，一些政府行政人员是出于对惩罚的恐惧或功利的目的去接受这些外在规范的，实际上并未深刻理解责任内蕴的伦理道德要求，这是责任意识形成的初始阶段。

（二）选择与认同阶段

政府行政人员的主体认识图式对有关责任的一系列要求进行理解和解释，经过分析综合、演绎归纳和抽象概括等方式，在已有图式基础上进行事实分析和价值判断，形成了有关责任的认知。主体认识图式通过同化和顺应两种方式加工信息：一方面是通过同化去把握信息，主体认识图式以自身为透镜和范本去理解对象，将其纳入自己的框架，获得符合自身需求的意识观念形式。另一方面是通过顺应去适应信息，即引起主体意识内在要素的变化，引发主体认识图式的结构重组和功能调整，以外部信息为依据改造自身，使自身与这些责任要求相一致。这时，政府行政人员会服从和适应这些关于责任的要求，按照信息调整意识状态以适应新的变化和需要。政府行政人员将责任的相关要求纳入自身的意识观念和道德体系之中，实现了对所接收信息的深度理解，认同其存在的正当性和合理性，并产生了一系列关于责任的情感、态度、动机和意图，外部责任获得了内化形态。在这一过程中，他们的主体认识图式不断优化，形成了较为稳定的责任思维模式，并产生相应的责任情感体验，逐渐形成稳定的责任意志。

（三）反馈与发展阶段

责任的内化不是一次就能完全实现的，过程中会面临很多矛盾和挑战，会出现反复的现象。但也正因如此，政府行政人员经历了一系列认知、情感、意志的冲突和斗争，不断确定、选择内化的内容和形式，通过持续的反馈来强化保护或纠正转换责任意识结构，扬弃原有主体认识图式，从而使责任意识形成和发展。面对新的关于责任的外在信息，主体认识图式利用强化机制吸取正例巩固自身，利用保护机制消化反例维护自身，改造信息摄入图式，使图式更稳定丰富，责任意识更强烈。同时，也通过疑惑、发散、转换三阶段的顺应机制，在无法同化的信息面前自觉调整自身，完成自我超越，突破原有的关于责任的价值观念和思维方式，增强责任意识，并在此基础上开展新一轮运作，如此循环往复不断发展。

根据外部性规定而设立的责任还只是一种消极的责任，是被动意义上的责任，只有被内化到政府行政人员内心中，被注入责任意识中的责任，才是积极的责任。政府行政人员逐渐认识到自己应尽的责任和义务，意识到自身所处的位置、拥有的身份和扮演的角色应该履行什么特定的责任、为什么要履行责任、怎样履行责任以及履行后要承担怎样的后果，具备了较为持久稳定的认知和评价的模式，不断增强责任意志和情感，树立起心灵中的原则和规范，实现人的意识系统的内在制约和对被动状态的超越，以形成的责任意识引导现实的履责行动。可以说，内化责任要求是政府行政人员对责任的认知心理过程，反映了责任意识形成的心理动态逻辑。

二、树立行政良心阶段

行政良心是政府行政人员在履行责任过程中形成的道德意识，它的作用是追求履责的“善”，是道德观念、道德情感和道德信念在责任意识中的统一。政府行政人员在责任实现过程中所形成的认识、情感、态度和意图等，都会以行政良心的形式出现。当将责任要求内化时，他们便意识到了自身在公共领域中的责任，明白了自己作为政府行政人员必须要承担的义务，此时他们便会产生一种对社会和公众的责任感，明白必须履行好责任，否则愧对各方的嘱托和信任，进而形成行政良心，随时对自己的责任履行进行调控和监督，如果符合伦理道德要求，就会感到满足和愉悦，否则就会感到内疚和痛苦，这便是具有行政良心的表现。在行政良心的影响下，责任意识形成并不断得到加强。行政良心既是责任意识形成的推动力量，也是责任意识的内在组成部分。

行政良心推动责任意识形成并增强的逻辑过程主要体现在以下三方面：

第一，行政良心发挥调控作用推动责任意识形成并增强。

行政良心对政府行政人员的调控作用，主要表现在三个方面：一是行政良心促使政府行政人员在履责中遵守伦理道德规范，逐渐形成责任意识。树立了行政良心，政府行政人员的意识里便有了要做一个好人、实施负责行为的意愿，便清晰地懂得了自己在行使权力时必须要遵守相应的道德规范和满足相应的责任要求，以此才能成为一个既符合道德要求又充满责任意识的公共行政人员。因此，在行政良心的引导下，如果政府行政人员履责的观念和行为违背道德，为社会和公众带来了消极影响和负面价值，那么他良心的目的便落空了，此时他便会产生内疚感和罪恶感，遭到良心的谴责。反之，良心的目的得以实现，他为自己一直都是一个好的公共行政人员而感到骄傲自豪，便会沉浸在对得起良心的满足之中。良心一方面通过产生积极助力，推动政府行政人员按伦理道德要求履责，另一方面通过产生消极情绪，阻止政府行政人员违背责任，从而使他们的责任认知更为深刻，责任情感更为浓厚，责任意志更为坚强。二是行政良心抑恶扬善，给予责任意识价值取向，促进责任意识的形成。行政良心能够抑制政府行政人员头脑中某些不利于公共责任的欲望和意念，能够在一定程度上防止他们做出不利于公共生活的行为，帮助他们明辨是非善恶，促使他们在履责中为当为之事、不为不当为之事，做到从善弃恶、近善远恶。政府行政人员面对多重欲望和需要之间的矛盾，很多时候他们的欲望不能全部满足，当行政良心与内心的私欲发生冲突时，行政良心便发出指令促使他们做出有利于社会和人民的负责行为，归依道德，以此获得内心的平静和快乐。在行政良心的作用下，政府行政人员对责任履行及后果承担有了更深的思考，更加确定了自己应该如何履行责任以及面对冲突时应该作何选择，并在行政良心所带来的强烈心理体验的驱使下选择良善行为，坚决抑制自身不良的思想观念，不断增强责任意识。三是行政良心能净化履责动机，强化责任意识。政府行政人员在履行责任前，行政良心能对他们的履责动机进行检视和调控，使其葆有道德上的正当和纯洁。如若履责动机符合责任的道德要求和职业道德意识，那么他们将会有安定和满足的感受，责任意志会更为坚定，反之，则会产生不安和不满的体验，从而抛弃不良动机。政府行政人员每次按照行政良心调控自身履责意图使之与责任伦理相一致的动机的过程，都是促进责任意识形成和强化的过程。

第二，行政良心发挥监督作用促使责任意识形成并增强。

一方面，行政良心充当着政府行政人员意识心理的监控器和警示器。行政良心对政府行政人员履行责任的监督是全方位和全过程的，无论是履行责任之前、之中还是之后，只要他们对责任的看法出现偏差或履责偏离了正确的方向，行政良心便会以强烈的愤慨、恼怒等一系列内在心理反应加以警告。此时，很多政府行政人员会因“良心发现”而修正自己对责任的理解，自觉放弃错误的履责观念。如果政府行政人员责任认知、责任情感和责任意志都很强烈且和谐统一，责任履行又始终处于合理正确的方向上，行政良心就会给予心理上的支持、激励和肯定，从而使他们不断生成和激发责任意识，更好地践行责任。另一方面，行政良心构筑了政府行政人员意识心理的防御线。行政良心植根于政府行政人员的意识中，一个人在独处无人监督、独自行动之时，仍能恪守道德规范，做到无愧于心，这便是良心发挥了监督作用。同样，拥有了行政良心的政府行政人员，在没有任何外部监督的情况下，或是外部监督无法起到有效作用的状况下，也能通过行政良心设立的心理防火墙成功地抵制私欲恶念，认真履行责任而不会徇私舞弊、贪赃枉法，也不会因为外在监督的缺失而违背伦理道德要求，而是自愿自主地践行责任。行政良心的存在使政府行政人员随时都能对自身的观念和行为进行管理。当意识到自己产生了与责任不相符合的妄念、私念时，能及时制止自己，克服本能诱惑，从而在源头上做到激浊扬清。当出现与责任所要求的伦理规范不相符的行为时，也能及时制止，“改邪归正”。在行政良心的影响下，政府行政人员有意识地不断激发责任意识，从而决心把自己的精力、创造力完全投入履责之中。

第三，行政良心发挥评判作用促进责任意识形成并增强。

行政良心犹如政府行政人员内心的伦理道德法庭，总是对其责任观念和行为进行着评判和裁决。具备行政良心的政府行政人员，总是能够认真客观地进行自我审判、自我反思和自我评价，自觉地在良心法庭上认真检查和审判自己的思想和行为，既充当起诉者又充当审判官。当发现自己关于责任的观念和行为符合相应要求时，他们内心便会感到欣慰和满足，反之则会感到汗颜和羞愧，深深自责并决心改变。在责任履行之前，行政良心提供善的指向和抉择，使政府行政人员从一开始就在意识上受到伦理道德的约束和影响，使其思考自己即将实施的履责行为的伦理道德善恶属性究竟如何等一系列是非问题，从而做出正确的决策。在责任履行过程中，行政良心发挥评判作用，促使政府行政人员不断反思和评判自己的履责行为是否符合责任要求，立足于具体履责情境进行一系列伦理道德思考和推理，对与伦理道德不一致的观念和行为及时刹车，不断增强责任意识，同时，推动政府行政人员将自己放到他人的境况中去进行反思，去发现自己的履责行为对他人的影响和意义，做到推己及人、设身处地、将心比心地履行责任。在责任履行后，行政良心对政府行政人员已有履责行为进行伦理道德审判，通过给予肯定，使他们获得心灵上的宁静和满足，即问心无愧，从而鼓励强化他们正当合理的责任履行，巩固符合良心的责任动机和行为方式，强化责任意识。反之，行政良心会唤起政府行政人员心理上的负罪感，使他们意识到自身的问题，自觉承担相应的道德过失和行为后果，并将内心的愧疚和悔恨化作动力痛改前非。因此，可以看到，行政良心的评判作用是双重的：既可能是前瞻性的，使政府行政人员增强责任意识，防患于未然，从根本上减少失责的发生；也可能是反思性的，使政府行政人员意识到自身在履责上存在的问题，为之后他们的履责观念和履责行为提供借鉴。行政良心的评判作用是通过政府行政人员的意识活动发生作用的，当行政良心持续发挥作用时，政府行政人员的责任意识随之不断增强和发展。

总的来说，树立行政良心是政府行政人员责任意识形成的一个重要标志，它发挥作用的过程，也是责任意识形成并增强的过程。

三、追求行政价值阶段

追求行政价值是责任意识形成的重要印证，它更多的是政府行政人员将责任要求内化后的外化表现，是他们拥有行政良心后所展现出的实际行为和现实追求，反映了他们境界的升华。追求行政价值使责任意识的形成从意识领域拓展到意识-实践联动的领域，使看不见、摸不着、难以量化的责任意识转化为了可视、可感知、可把握、可测量的外显履责行为。当政府行政人员内化责任要求并树立起行政良心时，他便具备了一定的责任意识，外化在现实中和行为上，就是在责任意识的指引下积极自觉地追求行政价值，而这个追求行政价值的过程会持续影响和反作用于政府行政人员本身，使其责任意识不断被激发和强化。

追求行政价值对责任意识形成和发展的作用，主要体现在以下几方面：

一是政府行政人员在追求行政价值的过程中，将个人的履责观念与公共行政价值要求相统一，推动责任意识形成和发展。追求行政价值要求政府行政人员对责任的认识和履行要符合公共行政的要求、规范、目的和价值取向，满足党和国家、社会和人民的期望，将自身的责任使命上升为崇高的职业追求和职业信仰，更为深入地将责任内蕴的道德观念、公共精神和行为标准转化为自我的意识信念、信仰追求和行为原则，并在具体的责任履行中予以落实和践行。在对行政价值的追求过程中，政府行政人员能够意识到自身的履责行为需要符合公共行政价值的理念、目标、取向和原则，从而将之内化为意识自觉并达到履责行为的外化。此时，他们积极主动地将自己的思想言行与责任要求统一起来，把责任履行看作为人民谋幸福、为社会历史发展做贡献的重要途径，把行政价值实现作为自己的理想目标，坚持道德正义高于现实功利，坚决实行与公共利益相一致的履责行为。追求行政价值使政府行政人员通过自身履责行为，坚定不移地捍卫公共利益、维护公众秩序、维持社会公平、增进公众福利，并在追求行政价值的过程中不断获得、增添满足和愉悦的情感体验。

二是政府行政人员在追求行政价值的过程中，将工具性价值追求与终极性价值追求相统一，推动责任意识形成和发展。政府行政人员的行政价值反映的是公共行政的“应然”，政府行政人员追求行政价值就是致力于将公共行政所追求的“应然”变为“实然”，使公共行政的希望、寄托、理想和信仰变为现实。追求行政价值的政府行政人员，一方面致力于追求公正、民主、秩序、诚信、高效、廉洁等工具性价值，坚持正确的价值取向，满足公共行政的期望；另一方面在履责中不断深化对责任的认知，增强责任情感和责任意志，将自身责任意识上升到一种终极性的高度，以促进经济繁荣、社会和谐、环境优美、人民幸福为己任，追求社会可持续发展和人的自由全面发展的终极性价值目标。政府行政人员将工具性价值追求与终极性价值追求统一起来，一方面在具体的责任履行中，积极追求工具性价值，自觉将每一份责任履行到位，服务于终极性价值的实现，为其奠定基础、提供助力；另一方面将终极性价值的实现看作职业信仰，把责任履行当成崇高的事业来做，从而激发自身的责任意识，指引自身现实的履责行为，从而为实现高远目标不懈奋斗。工具性价值与终极性价值相互影响、相互作用，会不断深化政府行政人员对责任的认知，强化他们对责任的情感，使他们有决心和信心坚持不懈地、持之以恒地把责任落实到位，在这一相互影响和作用的过程中，政府行政人员的责任意识将变得更为强烈。

三是政府行政人员在追求行政价值过程中，将自我实现与行政价值实现相结合，推动责任意识形成和发展。政府行政人员将行政价值追求与人生追求紧密结合，在实现行政价值中实现自我、发展自我、超越自我，在履责过程中成就高尚的人生。当政府行政人员将责任要求内化并拥有了行政良心后，他们就会在责任履行中自觉追求行政价值，并将这种追求视为自己的人生追求。此时，政府行政人员发自内心地认可责任、坚守使命、自觉履责，外在的一切制度和规章都不再是束缚，反而成了自由行政的必要手段和自我成就的条件。政府行政人员自觉合乎行政价值的目标指向，超越低层次的自我需要，追求更高层次和更高境界的自我实现，在自我与社会、个体与整体的融合统一中实现人生价值，为行政价值的实现贡献力量。在这个过程中，政府行政人员升华了对责任的认知，履责的成就感、自我价值的实现感和幸福感等情感体验不断滋生和发展，履责的动机、意图更为纯正，态度更端正，意志更坚定，他们的责任意识在不断地增强。

关于政府行政人员责任意识形成的过程，需要指出几点：第一，责任意识的形成是一个具有整体性和复杂性的系统过程，本书所论述的形成的三个阶段仅是学理上的分析，现实中它们相互联系、相互交织、相互渗透，没有清晰而严格的阶段划分。同时，本书阐述的是责任意识形成的逻辑过程，而非事实顺序，现实中这三个阶段不分先后甚至可能同时发生。第二，责任意识的形成是一个动态的发展过程，并非一蹴而就、一帆风顺，而是波浪式前进、螺旋式上升，因此，这三个阶段并非直线性的一步到位，而是一个渐进的、无限丰富发展的辩证过程，是前进性和曲折性的统一。第三，本书是从政府行政人员的道德心理机制上，即心理变化和道德完善的角度来确定责任意识的形成阶段的，参考了皮亚杰和科尔伯格的道德认知发展理论、周文彰的主体认识图式理论、凯尔曼的态度分阶段变化理论，具体分析责任意识形成的逻辑过程，厘清责任意识形成的内在理路，把握责任意识形成的规律和趋势，分析政府行政人员的心理动态变化和道德发展表现，从而为强化责任意识带来一定的启发，提供途径和方法上的指引。

第三节　政府行政人员责任意识形成的综合驱动

责任意识的形成，是政府行政人员岗位角色使然、公共权力取向和政府职能要求。此外，责任意识的形成还与公共行政相关的许多综合因素有关，这里我们分析一下社会期待、外部监督和行政文明对于责任意识形成的重要作用。

一、社会期待的驱动

社会期待主要是指社会、公众对政府和政府行政人员的责任及责任履行的期盼和希望。无论是与责任相关的文化理念、制度安排还是法律法规，都在一定程度上体现着社会期待。社会期待并不像规章制度一样具有强制性，它与社会文化、传统习俗、公共理念和价值观等一系列思想观念密切结合，它所反映的是社会公认的价值理念和行为规范，总是润物细无声地影响着政府行政人员的责任履行，以其特有的力量驱动责任意识形成。

（一）社会期待作为一种压力，驱动责任意识形成

社会期待是社会和公众的心声，是社会上大多数人的共同意见和智慧的结晶，体现着一种公共理性，暗含着对政府行政人员及其责任履行的诉求、要求和需求，这无形中给予了政府行政人员一定的心理压力，促使他们意识到只有符合社会期待的责任履行，才会得到认可、赞许和支持。若违背社会期待，置社会和人民的期盼和愿望于不顾，将使公众对政府失望和灰心，这样不仅责任履行会遭到排斥和阻碍，失去意义和价值，政府行政人员也将受到公众的批评、谴责和埋怨。因此，政府行政人员会迫于这种压力而有意识地把握、理解、满足公众对自身责任的要求和希望，有意识地约束和控制自己，使自身在履责中秉承正念、抵制诱惑、选择正当行为、坚持道德价值、维护公共精神，不断反思和优化履责目标、动机和态度，逐渐增强责任意识，自觉使责任履行符合社会期待。

（二）社会期待作为一种取向，驱动责任意识形成

社会期待包含着一系列关于责任及责任履行的原则、标准和价值取向，包括实现什么目标、达成什么愿望、想要政府行政人员如何履责等，这为政府行政人员履行责任提供了一定的行动依据和方向。社会期望就是责任之所向，它驱使政府行政人员在意识上明确社会和公众在责任及对自己履责方面想什么、盼什么、喜什么、恨什么、怨什么，从而依从社会期待，发自内心地做到想之所想、思之所盼、喜之所喜、恨之所恨、怨之所怨。社会期望什么，政府行政人员就按照期待努力保持好相应的形象，不断增强责任意识，开展与之相符的责任履行；与社会期望背道而驰的，无论是在实践中还是在意识里都要防范、纠正、抵制和排斥。当政府行政人员在履责中面临困惑和抉择时，社会期望中包含的善恶是非、应当与否、正当与否等价值观念便发挥作用，引导政府行政人员做出符合社会意愿、合乎伦理的选择。当政府行政人员充分履责并符合社会期待时，他能获得意识上的愉悦和自我价值实现的满足，反之，则会受到自己内心和良知上的谴责。可以说，社会期待的存在使政府行政人员在履行责任时能够获得相应的支持和指导，为他们责任意识的形成提供了条件。

（三）社会期待作为一种动力，驱动责任意识形成

社会期待带来一定的关注、信任、鼓舞和激励，它将社会和公众的盼望、诉求和愿望与责任履行交织、融合，驱动着政府行政人员不断去关注、在意和了解社会期待。在这个过程中，政府行政人员增添了对公共生活的热忱，不断生成和强化着对社会和大众的共同体意识和情感，唤起自身的良知，超越个人意志和情感，不断增强责任意识，逐渐成为实现和满足社会期待的真正促进者和实践者。

二、外部监督的驱动

这里的外部监督主要指权力机关、政党组织、社会团体、公民等多种政治力量、公共力量通过法定的程序和方式，以检查、批评、建议、揭发、检举、罢免等多种形式对政府及其行政人员的责任履行进行的监察和督导活动。外部监督主要包括执政党监督、立法监督、司法监督、人民群众监督、社会组织监督、社会舆论监督等。

（一）外部监督发挥"治疗"功能，驱动责任意识形成

一方面，外部监督通过客观有力地揭露履责问题助力责任意识的形成。外部监督的主体均独立于政府机关之外，能充分发挥独立化监督和异体监督的优势，能够对政府行政人员的责任履行进行充分的督查和客观的审视，从而有效地发现责任履行中的问题。政府行政人员自己意识不到的履责问题，自己妄图掩盖的履责过错，外部监督能够公正严明地揭露出来，能够帮助追查、惩处和制止责任失范行为。内部监督中整体利益牵扯、对成员的包庇纵容、监督体制机制不健全、监督执行不到位等导致的监督乏力甚至是监督名存实亡的问题，外部监督能在一定程度上避免。它凝聚多方力量，因而它的监督更为真实、有力、及时、精准、到位，更具公平公正性。它能及时发现责任失范情况，及时纠正不当的履责行为，及时指出政府行政人员消极的责任观念和错误的责任价值观，促使政府行政人员不断规范履责行为，并将监督的外在强制力量转化为内在价值，积极自觉承担责任。外部监督能促使缺乏责任意识的政府行政人员形成责任意识，推动具备责任意识的政府行政人员进一步加深、升华责任意识。

另一方面，外部监督通过抑恶扬善的价值观念推动责任意识形成。外部监督不仅在发现问题上具有显著优势，在解决问题上同样具有显著效能。外部监督通过表扬先进者，批评落后者，帮助政府筛选并淘汰不负责任的行政人员、斥责逃避责任的行政人员、警醒缺乏责任意识的行政人员，为政府治理种种责任失范现象提供有力的帮助。在这样的监督下，政府行政人员内心的荣誉感、使命感、羞耻感会迫使其做出符合公共行政要求的履责行为。外部监督营造出善恶分明的环境和氛围，涵盖了社会和人民群众的情感、意志和信念，在外部控制上实现了价值引导，以特有的督导机制和方式帮助政府行政人员做出正确的判断和选择，进而在责任履行中主动向善。它促使政府行政人员更加明确什么行为是符合社会道德要求的履责行为，更加明白应避免何种与公共价值不相符合的履责行为，更为深入地思考公共行政要求的责任意识具有什么价值取向、价值标准和价值原则，推动政府行政人员将外部督导转化为自主自觉的行动，使之不断增强责任意识。

（二）外部监督发挥“保健”功能，驱动责任意识形成

外部监督能够预防和减少责任缺失等问题的发生，有利于保障政府行政人员正当地履行责任。若缺少监督或监督不力，政府行政人员极易出现扩权避责的行为，产生懈怠思想，如此不仅责任履行不到位，责任意识更是缺乏。若监督发挥强大的保障作用，政府行政人员便受到压力，内心深处惧怕受到外部各方的谴责，不得不考虑和关注外部监督的评判和督察作用，从而谨慎履责，不敢违背社会和人民的意愿，不敢做出逃避责任的举动，在内心深处树立起对责任的敬重感和认同感，如此，责任意识不断地被激发。同时，外部监督能够提供有价值的意见，推动政府行政人员改进履责行为，增强他们对责任的回应性，提高他们自身的职业素养和道德素质，克服官僚主义、教条主义、主观主义等错误思想，从意识上提升觉悟，自觉地调控和约束履责行为，发自内心地尽职尽责，从而将责任使命升华为职业本能，不断增强责任意识。在外部监督的作用下，行政生态愈发良好，履责氛围更加浓厚，政府行政人员身处其中，受到感染和鼓舞，将以更积极的态度和更大的热情去完成自身责任和使命，责任意识也将更为强烈。狄马克曾强调公民对政府的监督作用，表示每一位公民都有责任去关心行政事务进而促进行政责任的实现，“假若一般人抱着‘让别人去干’的态度，则公民活动便将萎缩瘫痪……但如果大多数公民都抱持着要政府去做应该做的事，而且非要做好不可的态度，则一切社会活动及公共行政便可大大加强起来，每一个人都将努力于自己所应担负的任务。政府的专横跋扈，唯有在公民对政治抱持冷淡态度，以及没有尽到控制的责任等情况之下，才会发生”①。可以说，外部监督主体在法定范围内越是关心和过问政府及其行政人员的责任履行情况，越是发挥这种“保健”作用，责任就越能得到落实和执行，政府行政人员就越能做到负责，责任意识就越能被有效地激发出来。

三、行政文明的驱动

行政文明指的是进入文明社会以来，政府在适应社会历史发展规律的基础上，在管理国家、改造社会、完善自身的行政过程中创造、积累和发展的所有积极的行政成果和行政状态。行政文明内容丰富，主要表现在三个方面：一是行政风尚文明，即政府及其行政人员认可和弘扬的优良的行政风尚；二是行政制度文明，即政府及其行政人员依从和遵守的科学严密的行政制度；三是行政行为文明，即政府及其行政人员践行和推崇的积极的行政行为。行政文明是政府行政的重要组成部分，对政府行政人员个人而言，却是一个时刻施加影响的外部环境，它既促使政府行政向更好的方向发展，同时也对政府行政人员责任意识的形成起到了潜移默化的驱动作用。

（一）行政风尚文明驱动责任意识形成

行政风尚文明主要是指在政府机关内部，通过政府行政人员的言行所

① 韩志明．行政责任的制度困境与制度创新［M］．北京：经济科学出版社，2008：168.

表现出来的优良行政风气，包括行政状态、行政情感、行政效能、价值追求、行为习惯等，它反映着政府在实施行政管理、整顿行政作风和优化行政生态等方面取得的良好成效，也时刻展现着政府行政人员积极的行政作风、行政环境的良好状况和行政工作的有效运转状态。行政风尚文明是行政环境的一部分，是行政环境的“软件”构成。从环境对人的作用便可推知行政风尚文明对责任意识形成的重要作用。

行政风尚文明对责任意识形成的驱动，主要体现在：一是行政风尚文明为责任意识的形成带来激励和动力。身在一个重视责任、强调履责、注重问责的政府里，政府行政人员会从这种风尚里获益良多，其中重要的一点便是使他们明白必须要积极认真地履行好自己的责任，视完成责任为光荣，以逃避责任为耻辱，这种风尚必然激发他们履责的决心、诚心和信心，激励他们奋发有为、勤勉务实，提升他们为社会和人民践行责任的积极性、主动性和创造性，唤起他们不断认识和理解责任的认知动力，增强他们勤勤恳恳履行责任的情感，坚定他们踏踏实实履责的意志。二是行政风尚文明为政府行政人员责任意识的形成提供了一定的导向。一种以责任、贡献、实绩为价值衡量标准的行政风尚文明，会引导政府行政人员在责任意识上与之相符合、相适应，当政府行政人员广泛追求责任到位、责任落实、履责过硬时，就会带动更多的政府行政人员增强责任意识和履责觉悟。当政府行政人员普遍痛恨不负责任并强调责任意识的重要性时，会有更多的政府行政人员对此提高重视程度并进行反思，这种风尚会启迪和诱导政府行政人员对责任存在的意义做出正确的认知，树立正确的责任价值观，增强责任使命感，清理错误的观念和想法，抑制熏心的私欲，更好地完成责任。三是行政风尚文明为责任意识的形成提供了良好的氛围。不良的行政风气腐蚀人的心灵、压抑人的心境、挫伤人的干劲、抑制人的潜能发挥，而由积极的行政风气发展而成的行政风尚文明，使政府行政人员对责任具有正确积极的看法，处于良性的履责状态中，会吸引和熏陶他们培养自己的责任意识。大家争先恐后、你追我赶、力争上游地履行责任，这种良好的行政氛围和风气，使大家心境愉快、信心百倍、精神焕发，能最大限度地发挥出自己的全部价值和潜能，即使遇到冲突和麻烦，也能坚定不移地将责任履行到位，责任意识便在这个过程中不断被增强。

（二）行政制度文明驱动责任意识形成

行政制度文明主要是指国家行政机关在组成、体制、运作程序、权力划分、活动方式等方面形成的一系列科学的规范准则和协调状态。一方面，它反映着政府及其行政人员良好的行政管理运行状态，与行政客体和谐的关系状况；另一方面，它是有关政府行政的一系列智慧结晶，提供了一定的规矩和模式，深刻影响着政府行政人员的思想意识。

行政制度文明对责任意识形成的驱动，主要体现在以下几方面：一是通过管控和调节履责行为来影响责任意识。行政制度文明代表的是定型化、模式化、组织化的规范安排，为政府行政人员的履责行为确立了普遍标准，它具有任何政府行政人员都必须遵守的强制性、不以个人意志为转移的客观性以及提供行政活动底线和规则的普遍范式性，它要求政府行政人员毫无例外地遵守，否则必将受到谴责和惩罚。通过行政制度文明，政府行政人员在履责时，在意识上逐渐明确了自己承担什么责任、能履行什么责任、应该如何开展履责活动、做出某种履责行为将要承担什么样的后果等。行政制度文明在管理和控制政府行政人员的过程中，也使他们按照制度的要求来认识责任，在意识方面按照规矩思考责任，逐渐改变对责任的观念意识和思维方式，推动他们更新责任意识。二是通过将责任意识定势转化为个体责任意识定势来影响政府行政人员的责任意识。行政制度文明在一定程度上也代表和反映了责任意识定势，它的形成内在地以占统治地位的伦理价值体系为依托，因此，它实际上以某种方式为政府行政人员确定了责任意识的价值定位、价值取向和道德要求，把科学、正当、合理的态度传递给政府行政人员，逐渐渗入他们的心灵，成为他们的心理意识积淀，并以强有力的力量把政府行政人员对责任的认知、情感、意志和行为统一到行政责任制度上来，驱使政府行政人员从责任制度的角度来认识和理解责任，并逐渐加深责任情感和责任意志，从而在面对责任冲突时，做出正确合理的责任抉择。三是通过激励作用的发挥驱动责任意识的形成。公正、严明、完善的行政制度使人精神高涨，状态提升，刺激政府行政人员高度重视责任、真诚对待责任、坚决实现责任、自觉履行责任。反之，则令人感到沮丧、压抑和窒息，使人逐渐失去对责任的关注、热爱和信心，责任履行时责任意识处于非正常的状态。如行政制度文明中的干部晋升制度和激励制度，能够有效地激发政府行政人员责任意识的形成，鼓舞他们以昂扬向上、自强不息的精神状态，以夙夜在公、朝乾夕惕的工作干劲，以尽忠职守、任劳任怨的敬业意识，以不畏艰难、敢于拼搏的担当精神，充分完成责任使命。又如行政制度文明中的问责制度，能够刺激政府行政人员在积极、自觉地履行责任的同时，不断地明确履责行为所产生的后果和自身所要承担的责任，意识到责任的重要意义，升起对责任的积极情感和对履责的坚定信念。

（三）行政行为文明驱动责任意识形成

行政行为文明主要是指政府及其行政人员实施行政管理过程中所形成和表现出的优良的行为方式、合理的行政过程和高效有序的运行状态。主要包括行政决策行为、行政领导行为、行政指挥行为、行政执行行为等。这些行为中包含着一定的价值观念、道德标准和思维模式，它们通过行政行为文明影响和塑造着政府行政人员的思想意识。

行政行为文明对责任意识形成的驱动，主要体现在：一是政府及其行政人员共同推崇的行政行为所产生的强大导向力和号召力，驱动责任意识的形成。面对“官方认可”的行政行为，政府行政人员会以此为标准来对照和调整自己的行为，使自身与群体行为相一致，齐心协力实现行政目标。在这个过程中，行政行为中所蕴含的关于责任的价值观念和情感态度等将逐渐灌注到他们的意识中，并内化为责任意识，全体成员逐渐获得关于责任的共同的目标感和荣誉感。同时，在政府机关内部，大家共同认可和推许的履责行为，对身在其中、肩负责任的每一位成员都会产生巨大的感染力和感召力，使他们在与大家共感、共验、共识中不断强化责任认知、责任情感和责任意志，全方位、全过程地影响着责任意识的形成。二是领导者的良善行政行为起到了率先垂范作用。领导干部对行政人员具有很强的带动和感召作用，行政人员会效仿他们的行政行为。他们在履行责任中所展现出的价值观念、道德精神、办事风格、行为态度等，都会对行政人员责任意识的形成产生重要的导向和渗透作用。当领导干部履行责任时充满了责任感、使命感、正义感，展现出积极进取的意识状态和奋发向上的精神风貌，行政人员便会受到强烈感染，决心向之学习；当领导干部在履行责任时勇于担当、乐于奉献、敢于拼搏，表现出积极的行政态度和强烈的责任意志，行政人员便会有所感触，以他们为榜样；当领导干部面对责任时表现出良善的价值观、坚定的信仰和崇高的理想信念，行政人员便会见贤思齐，逐渐更新和修正对责任的理解，树立关于责任的正确的价值观。在这个过程中，政府行政人员的责任意识逐渐形成，并在领导干部积极的责任履行的带动和引领下不断得到强化。

第四章　政府行政人员责任意识的价值取向

价值取向反映着政府行政人员所持的基本价值立场和价值态度，蕴含着政府行政人员在面对责任使命、处理各种矛盾冲突时所奉行的基本价值观念、价值追求和价值原则，具有支配和调节意识活动和价值选择的重要功能。本章从价值目标、价值原则和价值标准三个方面来阐述政府行政人员责任意识的价值取向。这里，我们是把政府行政人员作为一个整体来看待的，我们希望每一个个体都应该把整体的价值取向作为个人责任意识的价值取向。

第一节　政府行政人员责任意识的价值目标

从宏观上讲，政府行政人员责任意识以经济繁荣、社会和谐、环境优美和人民幸福这四个方面作为价值目标。政府行政人员是公共行政的实践者、公共价值的维系者，以实现整个社会的价值目标为己任，相应地，他们的责任意识自然也是以此作为价值目标的。

一、经济繁荣

经济繁荣意义重大。发展生产，强盛经济，努力提高人民群众的生活水平，以满足人民群众不断增长的物质需要，这是政府及其行政人员承担的基本责任目标。满足人民群众的衣食住行等需要是政府第一位的责任，而这一责任的实现必须依靠国家强大的经济实力作为支撑。与此同时，经济繁荣是我国建成富强民主文明和谐美丽的社会主义现代化强国和实现中华民族伟大复兴的必然要求和关键支撑，也是我国在激烈的国际竞争中赢得主动、屹立于世界民族之林的根本力量。肩负着党和人民赋予的使命，政府及其行政人员对发展国民经济、促进经济高质量发展负有不可推卸的责任。“只有推动经济持续健康发展，才能筑牢国家繁荣富强、人民幸福安康、社会和谐稳定的物质基础。”① 因此，政府行政人员必须将经济繁荣作为第一个价值目标来追求。

经济繁荣这一价值目标，包含着以下内容：

一是经济实力增强，物质财富丰富。依靠科技创新，深化经济体制改革，持续解放和发展社会生产力，大力发展经济，创造出更为丰富的物质财富。国内生产总值和人均国内生产总值稳定提高，经济保持持续健康的增长态势，国民经济中的资本、劳动力等经济资源得到充分有效的利用；同时，开放型经济水平在更大范围、更宽领域、更深层次得到提高，在经济全球化中占得先机、赢得主动，国家经济实力不断提升。

二是社会主义市场经济良性运转。市场秩序更加规范，市场规则更为统一，市场竞争充分，市场环境更加公平，市场监管体系不断优化，行业垄断、市场壁垒、地方保护被打破，统一开放和竞争有序的市场体系不断完善。同时，正确定位和处理政府与市场的关系，既要“有效的市场”，也要“有为的政府”。政府“在尊重市场规律的基础上，用改革激发市场活力，用政策引导市场预期，用规划明确投资方向，用法治规范市

① 中共中央文献研究室．习近平关于社会主义经济建设论述摘编［M］．北京：中央文献出版社，2017：3.

场行为”[①]，最终，“形成市场作用和政府作用有机统一、相互补充、相互协调、相互促进的格局”[②]。

三是经济保持协调发展。社会总需求和总供给平衡，国家经济避免大起大落；区域间经济协调发展，落后地区的后发优势逐步彰显，城乡区域一体化发展步伐不断加快，区域间经济发展不平衡问题逐步得到解决；收入分配体系不断优化，收入分配格局不断完善，收入分配制度的合理性不断增强，防止个人收入差距过分悬殊而造成严重的两极分化，保证和促进国民经济稳定健康发展。

四是经济结构更加合理。持续进行科学的经济结构战略性调整，“坚持以新发展理念引领经济发展新常态，加快转变经济发展方式、调整经济发展结构、提高发展质量和效益，着力推进供给侧结构性改革，推动经济更有效率、更有质量、更加公平、更可持续地发展”[③]，我国经济向着形态更高级、分工更优化、结构更合理的阶段演进，国家经济行稳致远。

五是国家经济更加安全。在经济全球化过程中国家经济安全具有充分的保障，能够应对各方挑战，抵抗外来势力的打击，防范潜在的风险，以确保国家经济主权不被分割和侵占，国家经济利益得到有力的维护。

经济繁荣的目标要求构建理性、法治、民主、协作的责任政府，相应地，也要求政府行政人员贯彻和体现自由、平等、效率、法治、理性、协调等价值理念。政府行政人员需要逐渐意识到自身责任对提高国家经济发展水平、促进国家经济繁荣的作用，意识到自己承担着促进经济健康发展的具体责任，肩负着为经济繁荣而奋斗的使命，从而以责任意识强大的引导力和感召力推动责任的落实、使命的达成。

具体而言，经济繁荣这一价值目标对政府行政人员增强责任意识的要求在于：一是政府行政人员必须自觉地遵从政府的安排，通过履行责任来

---

① 中共中央文献研究室．习近平关于社会主义经济建设论述摘编［M］．北京：中央文献出版社，2017：69-70.

② 中共中央文献研究室．习近平关于社会主义经济建设论述摘编［M］．北京：中央文献出版社，2017：58.

③ 中共中央文献研究室．习近平关于社会主义经济建设论述摘编［M］．北京：中央文献出版社，2017：13.

协助政府宏观调控经济秩序，促进社会主义市场经济良性运转。政府行政人员在履责时需认准并掌握市场发展规律，正确定位和处理政府与市场的关系，积极主动为政府促进市场体系的完善、整顿市场秩序、完善市场监管体系而履责。同时，自觉履行政府应对市场无法解决的困难，以及保护市场竞争中的弱势群体的责任，避免市场分配不均带来的贫富差距过大的问题，促进社会经济的整体繁荣。二是政府行政人员要自觉地通过自身履责促进经济协调发展。政府行政人员履行责任时要贯彻落实党和国家的政策要求，如维持社会总需求和总供给平衡，防止国家经济跌宕起伏。促进区域间经济协调发展，支持和帮助落后地区的经济发展，建设彰显优势、协调联动的城乡区域发展体系，逐步解决区域间经济发展不平衡问题。建设和完善收入分配体系，保证收入分配的合理性，防止因个人收入差距过分悬殊而造成的严重两极分化，促进国民经济稳定健康发展等。三是政府行政人员以自身强烈的责任意识和积极的履责行动助力国家经济体制改革，协助政府开展经济结构战略性调整等方面的工作，为国家转变经济发展方式、优化经济结构、转换经济增长动力，加快实施创新驱动发展战略，贯彻新发展理念，建设现代化经济体系履行好自己肩负的责任。四是政府行政人员要增强保护国家经济安全的意识。在经济全球化过程中做国家经济安全的保卫者，积极有效应对各方挑战、抵抗外来势力的打击、化解潜在的风险，以确保本国经济主权不被分割和侵占，维护好国家的经济利益。

二、社会和谐

社会和谐主要是指社会系统的内在结构、各要素组成、各方面关系相对协调有序、融洽均衡。和谐社会一直是人类向往的美好社会，也是我们国家发展的奋斗目标。和谐社会的主要特征是民主法治、公平正义、诚信友爱、充满活力、安定有序、人与自然和谐。因此，社会和谐这一价值目标，主要包含以下内容：

一是民主法治。法治社会是确保生命的尊严和价值、注重公民权利的社会，每位公民的诉求、意愿、权益都能得到尊重，社会中的每一位成员的合法权利都能受到保护。社会有法可依，以法律作为明确的规范，没有肆意践踏和侵犯公民权利的现象发生。人民民主得到法律的充分支持，公民参与政治、行使主权的民主权利得到法律的充分保障，国家权力严格依照法律运行。社会主义民主得到充分发扬，依法治国基本方略得以切实落实，人民民主发展水平不断提升，公民的主体性地位得到凸显，公民参与公共生活的积极性提升，自由、平等、民主、法治等精神被不断地宣传和弘扬，在人们心中扎根，社会、公民与政府之间形成了互动和谐的信任关系。

二是公平正义。一方面，公众利益得以协调。社会公私界限严格，把公众利益放在优先考虑的位置，各方利益关系能够得到妥善的调控。能够提供充分的公众需求的供给，合理均衡地体现有关阶层和群体的利益，使公众在利益协调中获得满意感。公众利益得到有力的维护和发展，整个社会充盈着和谐精神，展现出合理、和谐的社会局面。另一方面，社会公正得以确保。社会再分配公正合理，不断消除公众参与市场经济、分享社会经济发展成果方面的障碍和分歧，注重经济与社会、城乡、区域的协调发展，缩小贫富差距，避免社会利益过多地倾向高收入者，消减社会分层造成的不平等，避免严重的两极分化破坏社会公平。同时，突出保证公平、正义的标准，传递和倡导公平、正义的思想观念和社会公德。社会成员追求共同的善，维护公共精神，用公平的理性来警戒市场经济带来的私人物欲膨胀，成为社会公正的促进者，最终，整个社会充分体现着公平、正义的价值。

三是诚信友爱。社会成员能够通过正当途径而无需越轨就能满足自己的需要，他们之间关系融洽，大家相互信任，相互关心，互帮互助，各取所需又和谐共处，没有根本的对抗和利益冲突，出现的矛盾最终能在发展中达到双赢或多赢的结果。社会中平等意识突出，大家都能从意识上认可个人价值与他人价值完全对等，因而能够将心比心、平等待人、一视同仁。社会人际关系良性互动，人与人之间充盈着“爱”与“善”。

四是充满活力。“让一切劳动、知识、技术、管理、资本等要素的活力竞相迸发，让一切创造社会财富的源泉充分涌流。”① 社会的开放性和竞

① 习近平．习近平谈治国理政：第 1 卷［M］．2 版．北京：外文出版社，2018：93.

争的活力在制度和政策方面得到支持，形成人民积极进取、开拓创新、与时俱进的社会风气，培养激发活力、尊重创造、鼓励成功、肯定财富的社会氛围，调动一切积极因素，凝聚广大人民的智慧，团结一切可以团结的力量，不断提高人民的素质，增强人民干事创业的主动性和积极性，尊重人民群众的首创精神，不断激发全社会的创新意识。

五是安定有序。社会管控制度体系健全，社会组织机制完善，国家机构高效运转，能够充分发挥对社会的整合能力和协调能力；社会结构富有弹性，社会成员具有流动的权利、自由和途径。不同利益群体、不同阶层之间协调有序，不会发生重大的社会冲突；社会所倡导的核心价值观念富有强大的凝聚力，能够被广大人民群众认同和支持，社会成员在意识形态和精神理念上具有一致性和共融性；社会秩序平稳，治安防控体系健全，犯罪率低，人民团结，形成了政治、经济、文化、意识形态领域的稳定有序、相互配合的局面，同时，各个领域的内在结构也能相互协调、相互融合。

六是人与自然和谐。提高社会生产力，注重发展，提升人民群众的生活质量和水平，促进社会成员在教育、就业、收入分配、社会保障、医疗卫生、住房、生活环境等方面诉求的实现，使人民在社会经济发展中获得幸福感，从而朝着共同富裕的目标不断迈进。同时，尊重客观规律，注重环境的保护，维护生态平衡，寻求生产发展、生活富裕、生态良好之间的平衡点和最佳结合点，实现经济社会与资源、环境、生态、人口的和谐发展，坚持走人与自然和谐相处的可持续发展道路。

社会和谐这一价值目标，要求政府行政人员履行好自己肩负的责任，尽心尽力保障公民权利、维护和促进公众利益、确保社会公平正义；助力和谐社会秩序的保持，使社会中的所有人和事都能得到相应的保障，使社会各要素、各环节有序结合、有序运转，同时又能优势互补、合作共赢，共同创造和谐社会，共同推动社会的发展和进步。具体而言，政府行政人员需要明确以下几点：

第一，保障公民权利。一是在意识上重视公民权利。政府行政人员需要意识到自身的责任对保障公民权利的意义和价值，在履行责任过程中，确保生命的尊严和价值，重视公民的权利和利益，在思想上坚持一切从人民出发，重视人的存在与价值，强调人是目的而不是手段。二是秉承平等意识，保障好每个人应享有的公民权利。政府行政人员需要从意识上认可和承认个人权利与他人权利同等重要，个人价值与他人价值完全对等，无论人在外貌、能力、智力、身份地位、社会资源占有上有多大差异，本质上人在人格上是平等的，因而在履行责任中应该将心比心、平等待人、一视同仁，尊重每个人的人权。三是在思想上充分理解、尊重和支持公众的权利和社会地位。政府行政人员要明白政府、自身与公民在法律面前是平等的，不可利用职权干涉他人自由，不能肆意践踏和侵犯公民的尊严、价值和权利，并有意识地培养和强化公民的主人翁意识和权利义务观念。四是需要政府行政人员意识到自己在维护和发展社会民主方面的责任，推动自身在履责中保障公民参与政治、行使主权的民主权利，凸显公民的主体性地位，将自由、平等、民主、法治等精神内化为自身责任意识，贯穿责任履行始终，使自身与公众、政府与公民之间形成互动的、和谐的信任关系。

第二，维护和促进公众利益。一是需要政府行政人员增强自身对公共利益和社会整体利益的责任意识。政府行政人员需要清晰地认识到自身责任与公众利益之间的关系，要深刻理解自己的职责对维护公众利益的重要作用和意义，也要对自身负有的责任的本质、属性、目标和价值取向有充分的认同。政府行政人员需要意识到自己已经是公共利益的代表，自己没有任何特殊利益，一切以公共利益为重。与此同时，政府行政人员必须要懂得自己应该是经济秩序的调节者，在市场经济活动中自己不是为自身服务的，而是为社会利益和全体民众服务的，不能将自己作为市场经济的直接参与者和积极的趋利者，不能成为特殊利益的主张者和追求者。这就需要政府行政人员在主观意识上排除个人动机，克服自利倾向，在利己私心上能够做到自制和自控。二是需要政府行政人员意识到一切履责行为都必须以维护和促进公共利益为依据。一方面，政府行政人员需要在思想上清楚地明白自己必须抛弃私利，严格公私界限，在社会多元利益之间保持中立，协调好各方利益，按公共价值要求行动。在市场经济环境下履责时，政府行政人员需要始终把公众利益放在优先的位置，做符合公众利益的工作。如果缺乏相应的责任意识，政府行政人员在责任履行过程中往往会无法克制自己，依旧按照“经济人”的思维行事，在市场经济中把自己的利益放在优先的位置，利用职权便利为所欲为、假公济私，还可能出现曲解公共利益、腐败、颠覆等破坏社会和谐的行为。另一方面，政府行政人员必须意识到自身应当服务于公共利益的实现，提供社会需求的供给，不断提升公共服务水平和公共管理能力，怀着强烈的责任意识，积极回应公众利益诉求，致力于社会成员利益的实现，把肩负的教育、就业、收入分配、社会保障、医疗卫生、住房、生活环境等方面建设和发展的职责使命转化为内心的责任意识，激发出自主自愿的履责行为。最终，使公众在利益协调中获得满意感，推动实现合理、正常、和谐的社会秩序，使和谐精神在社会中高扬。

第三，确保社会公平正义。市场经济有重强轻弱的倾向，讲究优胜劣汰，因此，若没有政府的干预，单靠市场调节，社会利益会过多地倾向于高收入者，长此以往，贫富差距逐渐加大，会出现严重的两极分化，最终破坏社会公平，造成社会失序和混乱。因此，政府行政人员需要清楚地明白，自己应该成为社会公平正义的维护者，在责任履行中坚守和确保社会公平正义，守住社会公平的底线，积极致力于实现社会再分配的公正合理，自觉地落实党和国家制定的相关政策，用公平的理性来警戒市场经济带来的私人物欲膨胀，防止社会贫富差距拉大，促进社会资源和财富占有的公平和收入分配的均衡。具体而言，在做履责决策时，政府行政人员要做到在思想上注重公平正义，全面、正确、系统地考虑决策内容和决策问题，做到整体筹划，全面考量，兼顾各方；面对社会失序和社会冲突时，政府行政人员应拥有全体社会成员的利益高于一切的价值取向，强调和凸显公平正义，发挥自身在社会利益中的平衡作用、在社会冲突中的协调作用、在社会矛盾中的化解作用，让社会秩序充分体现出公平正义的价值。在履责过程中，政府行政人员需要有认同和促进社会公平正义的意识，需要自觉合乎社会和谐的价值目标要求，约束和控制自己，使自身秉承正念、抵制诱惑、维护公共精神，使自己能够积极、正确、自觉地履责，在责任履行中以身作则，带头在全社会传递和倡导公民公平正义的价值理念和社会公德；在调节社会关系时，政府行政人员在意识上要首先考虑公平，最大限度地追求正义。

三、环境优美

环境优美这一价值目标具有重要意义。第一，环境优美对于我们当今社会的发展尤为重要。一是环境优美能够促进人民生活质量的提高。“良好生态环境是最公平的公共产品，是最普惠的民生福祉。”① 人民盼望喝上干净的水、呼吸到新鲜空气、看得见蓝天……生态环境是关系民生的重大社会问题，“广大人民群众热切期盼加快提高生态环境质量。我们要积极回应人民群众所想、所盼、所急，大力推进生态文明建设，提供更多优质生态产品，不断满足人民群众日益增长的优美生态环境需要”②。二是环境优美能够推动经济社会可持续发展、绿色发展。唯 GDP 论英雄，以及片面强调经济增速而忽视经济增长的效益，造成了经济发展与生态环境、自然资源之间的矛盾，导致社会经济可持续发展动力不足，制约国家的永续发展。习近平总书记表示，“杀鸡取卵、竭泽而渔式的发展是不会长久的”③。因此，我们要摒弃建立在大量能源消耗和环境污染基础上的经济增长方式，“既要看速度，也要看增量，更要看质量，要着力实现有质量、有效益、没水分、可持续的增长，着力在转变经济发展方式、优化经济结构、改善生态环境、提高发展质量和效益中实现经济增长”④。在经历过以损害环境资源为代价换取一时经济发展的阶段之后，把环境优美作为价值目标显得更为重要。环境优美能够产生很大的经济效益，只有保持环境优美才能实现社会经济的健康良性运转和中华民族的永续发展。习近平总书记多次强调，“绿水青山就是金山银山；保护环境就是保护生产力，改善

---

① 中共中央文献研究室．习近平关于社会主义生态文明建设论述摘编［M］．北京：中央文献出版社，2017：4.

② 新华月报．新中国 70 年大事记（1949.10.1—2019.10.1）：下［M］．北京：人民出版社，2020：1869.

③ 习近平．习近平谈治国理政：第 1 卷［M］．2 版．北京：外文出版社，2018：345.

④ 中共中央文献研究室．十八大以来重要文献选编：中［M］．北京：中央文献出版社，2016：778.

环境就是发展生产力”①。三是环境优美能够助力社会文明的兴盛。尊重自然、热爱自然、按自然规律办事是中华民族的优良传统。生态优良、环境优美代表着人类社会历史发展的成果，彰显着人与自然的和谐发展，也是对未来人类文明发展的必然要求，因此，“历史地看，生态兴则文明兴，生态衰则文明衰”②。四是环境优美能够助力我国展现负责任大国形象。对于共建生态环境良好的美好世界，推动构建人类命运共同体，中国承担着一定的国际责任。我国与各国一道，“共谋全球生态文明建设，深度参与全球环境治理，形成世界环境保护和可持续发展的解决方案，引导应对气候变化国际合作”③。中国在保护生态环境上做出的努力有目共睹，彰显了负责任的大国形象。

第二，环境优美对于我们后世后代人与自然的发展也尤为重要。我们应该考虑到人们的实践活动对大自然、对长远未来和人类后代的生存所负有的责任。从时间上讲，我们不仅要顾虑到行为自身的当代善恶，而且要顾虑到行为对未来的善恶、对后代的善恶。从空间上讲，人们的行为所应当追求的不只有人类之善，而且还有超出人类之外的自然界的事物之善，使人类之善中也包含对人类之外的自然事物的关心。环境优美的保护和实现，不仅与当今同代人密切相关，同时也与未来人类生存、与人类所有事务、与自然界整个生物圈都息息相关，关乎人类生存境况之善恶优劣，是人类可持续发展、人与自然和谐共生共存必须追求的目标。因而，政府行政人员应该重视这一价值目标，以人类-自然界整体框架进行思考，以人与自然界相互关系的全部范围和长远的未来视角看待自身对环境的责任，增强对整个自然界和人类长远生存的责任意识，逐渐意识到把环境优美作为价值目标对自己、对他人、对我国，乃至对整个世界的重要意义，以及对当前时代、未来时代、对整个人类及整个自然界的重要价值。

---

① 中共中央文献研究室．习近平关于社会主义经济建设论述摘编［M］．北京：中央文献出版社，2017：37.

② 中共中央文献研究室．习近平关于社会主义生态文明建设论述摘编［M］．北京：中央文献出版社，2017：6.

③ 全国干部培训教材编审指导委员会．新时代　新思想　新征程［M］．北京：人民出版社，2019：142.

正如习近平总书记所指出的那样，“生态环境保护是功在当代、利在千秋的事业”①。政府行政人员应该高度重视环境优美这一价值目标，在看待自身责任和履行责任时，必须将其置于更具高度、更为长远和更加重要的位置。

环境优美这一价值目标，包括以下内容：

一是外在之美与内在之美相统一。环境优美既包含体现环境风貌和氛围的外在之美，也包含反映实际环境质量的内在之美，追求形式与内容相统一的内外兼备之美。外在之美主要表现为：整体环境干干净净、整洁有序、清清爽爽，让人有美的体验。没有污浊的空气、黑臭的河流、暴露的垃圾、飞扬的尘土，有的是清新的空气、肥沃的土壤、清澈的水源、良好的生态，让身在其中的人们对环境美有直观的、实在的感受。内在之美主要表现为：科学真实数据所体现出的环境品质的优良，如实际监测数据所反映出的环境质量的明显改善和提高，水、土、大气、生态环境和居住环境等环境品质的显著提升，单位国土面积污染排放强度持续下降，空气质量达到二级标准以上天数比例持续增高，集中式饮用水源地水质全部达标，林木覆盖率显著上升，等等。环境优美是外在之美与内在之美的统一，外在之美与内在之美要做到相互协调、表里如一。

二是自然之美与人文之美相辉映。环境优美既包含整个自然界之美，也包含人类居住环境之美，注重自然之美与人文之美交相辉映。自然之美主要表现为：绿水青山，蓝天白云，葳蕤的森林，富饶的土地，绿油油的草原，清澈干净的山川湖泊等，这是“大环境”之美。统筹山水林田湖草沙的修复，生态多样性的保护，生态系统稳定的维持，生态服务功能的改善，等等。人文之美主要表现为城市、乡村、社区、室内等“小环境”之美。加强社区环境基础设施的建设，推动生活方式绿色化，倡导绿色建筑、绿色装修、绿色消费和绿色出行，弘扬节约资源、保护环境、垃圾分类回收等绿色理念，等等。人文之美还需要处理好城市美与乡村美的关系。一方面优化城市文明之美、都市风情之美、宜居舒适之美，另一方面

① 习近平．习近平谈治国理政：第1卷［M］．2版．北京：外文出版社，2018：208.

也要发展田园风光之美、乡土风情之美、秀丽村庄之美。实现城乡和谐统筹的立体之美，使得人们无论是居住在城市还是居住在乡村，都能感受到环境的美好。环境优美是人与自然和谐、自然之美与人文之美交相辉映下的美好画卷。

三是传统之美与现代之美相协调。环境优美既包含展现历史沉淀、文化传承的传统之美，也包含与时俱进、追求发展的现代之美，聚焦传统与现代充分融合之美。传统之美主要表现为：生态印记和生态遗产的保护、历史风貌的维持、地域生态文化环境的优化等。现代之美主要表现为：绿色化发展新潮流、现代景观、人造山水、当代建筑、时尚展览等之美。环境优美既是沿袭传统、传承经典之美，又是体现现代化发展、展现现代文明之美，是传统与现代相得益彰之美。

四是当前之美与未来之美相承接。环境优美既包含立足当下、着眼现实的当前之美，也包含永续发展、高瞻远瞩的未来之美，追求当下美与长远美的动态发展之美。当前之美主要表现为：解决当前生态环境中最为突出、棘手和强烈的问题，出“硬拳”、出实绩，做到立竿见影、卓有成效，把当下环境建设得更美好。未来之美主要表现为：放眼未来，着眼战略全局，完善顶层设计，建立长效机制，规划好未来一段时间甚至更长时期的生态文明建设工作，加大对生态资源的保护力度，促进生态资源的可持续利用，避免对自然资源的过度开发、粗放利用和奢侈浪费，为子孙后代打造可持续发展的美好家园。正如习近平总书记所指出的那样，“资源开发利用既要支撑当代人过上幸福生活，也要为子孙后代留下生存根基”①。

环境优美这一价值目标对政府行政人员责任意识有一定要求。具体而言，一是要求政府行政人员在履责过程中强化保护自然生态环境、节约资源、促进环境优美的意识。习近平总书记指出，“要把生态环境保护放在更加突出位置，像保护眼睛一样保护生态环境，像对待生命一样对待生态环境，在生态环境保护上一定要算大账、算长远账、算整体账、算综合

① 中共中央文献研究室．习近平关于社会主义生态文明建设论述摘编［M］．北京：中央文献出版社，2017：78.

账，不能因小失大、顾此失彼、寅吃卯粮、急功近利”①。政府行政人员要把生态环境保护放在更加突出的位置，将“战胜自然、夺取自然”的思想观念彻底转变为“保护自然、尊重自然”的思想观念，在履责中增强合理利用资源、不浪费资源的意识。我们国家要求落实领导干部任期生态文明建设责任制，强调“对造成生态环境损害负有责任的领导干部，必须严肃追责”②，广大政府行政人员必须重视对生态环境的保护。

二是要求政府行政人员强化自觉履行生态文明建设责任的意识。习近平总书记强调，“全党同志都要清醒认识保护生态环境、治理环境污染的紧迫性和艰巨性，清醒认识加强生态文明建设的重要性和必要性，真正下决心把环境污染治理好、把生态环境建设好，为人民创造良好生产生活环境”③。政府行政人员要充分意识到自身肩负着实现环境优美目标、推动国家生态文明建设、助力国家绿色发展的责任，从而自觉为营造绿水青山的环境、构建人类美好家园尽责尽力。在履行责任中“坚持绿色富国、绿色惠民，为人民提供更多优质生态产品，推动形成绿色发展方式和生活方式，协同推进人民富裕、国家富强、中国美丽”④，同时，要自觉带头制止社会公众对生态环境的破坏，引导全社会共同为实现和保护环境优美而不懈努力。

四、人民幸福

人民幸福是责任意识的根本价值目标，具有重要意义。实现人民幸福是中国共产党的初心和使命，是中国特色社会主义建设的出发点，是政府履责的根本目的和归宿，同样也是政府行政人员履行责任的出发点、落脚点和根本目标。习近平总书记指出，“让人民过上好日子，是我们一切工

---

① 中共中央文献研究室．习近平关于社会主义生态文明建设论述摘编［M］．北京：中央文献出版社，2017：8.

② 习近平．习近平谈治国理政：第2卷［M］．北京：外文出版社，2017：396.

③ 中共中央文献研究室．习近平关于社会主义生态文明建设论述摘编［M］．北京：中央文献出版社，2017：7.

④ 中共中央关于制定国民经济和社会发展第十三个五年规划的建议［N］．人民日报，2015－11－04（1）.

作的出发点和落脚点”①。同时，这也是实现中华民族伟大复兴的根本目标和追求。“全面建成小康社会，实现中国梦，就是要实现人民幸福。”②

（一）人民幸福的价值内涵

从内容维度看，人民幸福是人民日益增长的美好生活需要得到满足。随着经济发展和社会进步，人民对生活的期待更为丰富、广泛，并随着物质、精神和文化等方面需求的满足而日益提升。这一价值目标就是要解决人民日益增长的美好生活需要和不平衡不充分的发展之间的矛盾，全面充分地满足人民的各项需要。不仅要实现人民对物质文化生活的需要，而且也要满足他们在民主、法治、公平、正义、安全、环境等方面日益增长的要求。要让人民享有更好的教育、更稳定的工作、更满意的收入、更可靠的社会保障、更高水平的医疗卫生服务、更舒适的居住条件、更优美的环境，让人民有更加美好的生活。

从体验维度看，人民幸福是让人民拥有更多的获得感、幸福感和安全感。这反映的是人民内心中的主观感受，代表着他们对现实生活的满意程度和愉悦程度，是他们幸福与否最为直观的体现。这一价值目标就是要让人民在劳动与回报之间的比例等方面达到主观预期，得到应有的、充分的回馈；就是要让人民持续产生各种要求得到全方位满足的喜悦之情，有美好愉快的体验；就是要满足人民对于稳定、安全、和平、舒适等的殷切向往，让他们充满归属感和安定感。一切责任履行都要让人民拥护、赞成和高兴，使人民怡然自得地工作和生活。

从目的维度看，人民幸福的终极目的是实现共产主义和人的自由全面发展。共产主义是人类社会历史发展的必然，代表着人类社会的美好未来，是党和政府的最高理想和终极目标。共产主义社会是真正幸福的社会，它经济发达，不断增进全体成员的福祉；它充分民主，为人民的幸福提供了有力的政治保障；它文化先进，构筑起人民的美好精神家园；它环

① 习近平．抓住世界经济转型机遇 谋求亚太更大发展：在亚太经合组织工商领导人峰会上的主旨演讲［N］．人民日报，2017-11-11（2）．

② 习近平．携手消除贫困 促进共同发展：在2015减贫与发展高层论坛的主旨演讲［N］．人民日报，2015-10-17（2）．

境良好，社会环境优越，生态环境优良。“共产主义人的全面发展是从现实中发展出来的一种合理的幸福目标，也是人类最崇高的理想，是共产主义幸福实现活动的终极价值目标和最重要标志”①。这并不是简单地满足人们现有的多重需要，而是从根本上彻底改变人的需要的单向性，使人们从自我实现和全面发展中获得幸福。

（二）人民幸福的本质特征

一是个体幸福、全民幸福和人类幸福相统一。从微观层面讲，个人是人民幸福的载体，是幸福的具体享受者，是全民幸福和人类幸福的基础和表现。每一个人都幸福，每个人都“共同享有人生出彩的机会，共同享有梦想成真的机会，共同享有同祖国和时代一起成长与进步的机会”②。只有人人获得幸福，人民幸福才会真正实现。从中观层面讲，全民幸福即全体中国人民的幸福，它并非个人幸福的简单相加，而是社会整体的幸福，是最大多数人最大幸福的反映。从宏观层面讲，人类幸福即世界各国人民的幸福，习近平总书记指出，“中国共产党从人民中走来、依靠人民发展壮大，历来有着深厚的人民情怀，不仅对中国人民有着深厚情怀，而且对世界各国人民有着深厚情怀，不仅愿意为中国人民造福，也愿意为世界各国人民造福”③。中国共产党人的这一庄严承诺需要政府行政人员去践行。

二是物质幸福和精神幸福相统一。就是说，各级政府“一方面要让人民过上比较富足的生活，另一方面要提高人民的思想道德水平和科学文化水平，这才是真正意义上的脱贫致富”④，“全国各族人民物质生活和精神生活都改善”⑤。人民幸福这一目标，既内含了人民在物质层面的满意度，也蕴含着人民精神世界的满足感，这是物质生活和精神生活高度统一的幸福。

三是创造幸福与分享幸福相统一。全体人民共同奋斗，合力创造丰富

---

① 王鲁宁，李海青．马克思主义的幸福观及其中国化何以可能：基于“中国梦”人民幸福内涵的理论渊源及实践价值视角［J］．理论界，2014（12）．

② 习近平．习近平谈治国理政：第1卷［M］．2版．北京：外文出版社，2018：40．

③ 习近平．携手建设更加美好的世界：在中国共产党与世界政党高层对话会上的主旨讲话［N］．人民日报，2017－12－02（2）．

④ 习近平．摆脱贫困［M］．福州：福建人民出版社，1992：111．

⑤ 习近平．习近平谈治国理政：第1卷［M］．2版．北京：外文出版社，2018：153．

的物质和精神文化财富，把幸福的“总量”做大，程度提高。同时，让全体人民共享发展成果，把幸福分享得合理、到位，“让全体中国人民和中华儿女在实现中华民族伟大复兴的历史进程中共享幸福和荣光”①。

四是理想幸福与现实幸福相统一。一方面，在理想层面，强化为人民谋幸福的意识，树立共产主义远大理想，追求人民幸福的价值目标，用以指导现实实践；另一方面，将人民幸福落到实处，要让人民得到真切的、具体的、现实的幸福。

人民幸福，不是未来某一天要实现的幸福，而是党和政府带领人民沿着过去、现在和未来的时间维度接续创造和分享的幸福，特别重要的是立足当下去创造与分享。为人民谋幸福，这是政府行政人员当下就要履行的责任，当下就要追求的价值目标。人民幸福这一价值目标，要求政府行政人员面对责任时具备主动谋求民生之利、认真解决群众之忧、积极增进人民福祉的意识，从而让人民体会幸福、获得幸福、分享幸福。

需要指出的是，以上价值目标都与国家政治密切相关，我们需要从政治高度去理解和认识它们。经济是否繁荣、社会是否和谐、环境是否优美、人民是否幸福，这些都关系到党的执政基础和国家发展根基，反映着党的执政能力和执政水平，反映着政府效能和服务水平，也反映着国家治理体系和治理能力现代化的发展程度和水平。政府行政人员在追求这些价值目标的过程中，需要保持坚定的政治立场、锤炼实干负责的政治担当、保持清正廉洁的政治作风、提升自身政治能力和素养，充分落实党的基本路线、政策纲领，巩固党的政权，做政治上的明白人，踏踏实实履行好自身的责任。

第二节　政府行政人员责任意识的价值原则

前面论述了政府行政人员履行责任所要实现的价值目标，是经济繁

① 习近平．习近平谈治国理政：第 3 卷［M］．北京：外文出版社，2020：142.

荣、社会和谐、环境优美、人民幸福。现在我们要研究，政府行政人员在思考责任、履行责任时应当秉承的价值尺度或价值准则。无论在什么情况下，无论是对任何人，无论处理任何问题，政府行政人员都要奉行这些价值尺度或价值准则，这就是我们现在要讨论的政府行政人员责任意识的价值原则。在这些原则中，最重要的就是公正原则、诚信原则和高效原则。

一、公正原则

（一）公正作为责任意识价值原则的内涵

公正一词源于古希腊文“orthos”，指的是置于直线上的东西，后引申为真实、公平和正义的东西①。公正是伦理学追求的最高价值之一，是古今中外普遍认可和崇尚的基本伦理美德。亚里士多德表示，“公正常常被看作德性之首”②，他将公正看作一切德性的总汇，是最完全的德性。很多学者对公正有自己的界说，康德表示“一个人的意志得以同他人的意志依自由的普遍法则相统一的总合状态，谓之公正。任何行为本身或者它所遵循的准则如果能使得行为者的意志自由同一切人的意志自由在普遍法则的前提下和谐共存，那么，这一行为就是公正的”③。尼布尔强调公正的价值，认为社会需要实现的最重要的道德理想，“与其说是无私，不如说是公正”④。罗尔斯则以社会基本权利和义务分配公平与否为依据来界定公正，认为公正即为“对基本权利和义务的分配没有任意在个人之间拉开差距”并“使各种相互冲突的对社会生活利益的要求之间有一种恰当的平衡”⑤。国内学者大多认为，公正包含了“公平”和“正义”两重含义，如程东峰表示，“公正是公平和正义的结合”⑥。

公正对于公共行政的意义重大，是政府行政人员责任意识价值原则的

---

① 拉法格．思想起源论［M］．北京：生活・读书・新知三联书店，1963：57.

② 亚里士多德．尼各马可伦理学［M］．北京：商务印书馆，2003：130.

③ 罗国杰，宋希仁．西方伦理思想史［M］．2版．北京：中国人民大学出版社，2010：336.

④ 诺兰，等．伦理学与现实生活［M］．北京：华夏出版社，1988：405.

⑤ 高湘泽．一种可能作为比较纯正的规范伦理的原义“责任伦理”纲要［M］．武汉：武汉大学出版社，2015：278.

⑥ 程东峰．责任伦理导论［M］．北京：人民出版社，2010：129.

题中之义和必然要求。孔子曰："苟正其身矣，于从政乎何有？不能正其身，如正人何？"（《论语・子路》）"政者，正也。"（《论语・颜渊》）周文彰指出，"公正是社会制度的首要价值，当然也是政府行政的首要价值。没有公正的行政，是没有价值的行政"①。对于政府行政人员来讲，公正是其责任意识不可回避的价值原则。杜威指出"公正即是德行，并非德行之一种。公正的行为，即是应该的行为，公正即是责任之履行"②。弗雷德里克森表示，行政人员"负有使公共行政公平、公正及平等对待的责任"③。政府行政人员只有在履责中时刻注意自己的言行，秉承公正理念，坚持公正的价值原则，才能获得人民群众的拥护和信服，才能更好地在全社会传递和引导公正之风。

公正作为政府行政人员责任意识的价值原则，主要包括三层含义：

第一，不偏不私，保持公道。"公正"中的"公"代表着数量之众，与"私"相对，同时代表着方位和程度上的中心和中央，与"偏"相反。政府行政人员要具备公正的价值原则，即要求他们怀有不偏不倚、不事偏袒、不带偏见、不谋私利、不徇私情的责任意识，在履责过程中将心比心、推己及人、维护公道，使相关各方"各得其所"。一方面，政府行政人员应从意识上克服自身的私欲和偏见，任何履责行为都需要具有无私动机并出于公共意志的考虑，排除私心和特殊利益的考虑，责任履行做到实事求是，不夹杂私人情感，不产生偏曲之念，秉公履责；另一方面，保持中正与公道，始终怀有处理好公众利益和私人利益的责任意识，不倾向于利益冲突的任何一方，在面对利益矛盾和冲突时头脑里始终绷紧公正这根弦，自觉以是否符合公正的价值原则来引导和规范自己的责任意识和履责行为，从而在履责过程中，秉公处理和解决各种矛盾和问题，坚持用公正来合理调节社会成员的利益关系，最大限度地维护和发展每位公民的权益，促进社会秩序和谐，推动社会可持续发展。

---

① 周文彰．为民・务实・清廉：做官做事做人 60 讲［M］．北京：中国方正出版社，2013：275.

② 杜威．道德学［M］．北京：中华书局，1935：407－408.

③ 弗雷德里克森．公共行政的精神［M］．北京：中国人民大学出版社，2003：203.

第二，坚持平等，促进公允。公正也内含了平等之义。无论亲疏远近、对人对己皆秉承同一原则、皆遵循同一道理、皆使用同一标准。对平等的追求，以及努力实现全社会真正的平等，本就是政府的目标，责任是集责、权、利于一体的，责、权、利的公平分配，本也是平等的一种表现。可以说，平等是支撑责任的内在框架①，是责任内蕴的价值取向，这就要求政府行政人员必须加深对平等的理解，履行责任时充分考虑平等，追求和实现公共领域的平等，用公平的价值原则指导责任履行，尽可能地实现平等，而决不能用手中的权力破坏平等，不能成为制造不平等的人。遵循公正价值原则的政府行政人员，会平等对待不同身份、性别、民族和宗教信仰的行政相对人。与此同时，平等还有更深一层的含义，在公共行政上，政府行政人员所要实现的平等，是公允的，即公平而恰当的。追求公正价值原则的政府行政人员，看重平等，注重公允，拥有大局观和整体意识，坚守公正的价值原则，能发自内心地去协调和平衡社会利益分配，在责任意识的支配下自觉地去保障每个人的应得、调整每个人的所得、惩治不合理的获得。政府行政人员意识到自己有责任助力政府合理分配各种资源，把公众的收入控制在合理范围内，维护基本的收入公平，同时促进公众能平等地享受医疗、教育、住房、就业、选举和社会保障等基本权利。

第三，心正意正，坚守正义。“正”与“歪”“斜”相对，与“邪”相反。“公正”内含“正义”之义，即符合社会成员共同意愿与利益的义理、正确的价值取向以及由此所达到的公正的状况与合理性，是基于一定衡量标准的“正确无误”和基于一定道理的“理所当然”②。对于政府行政人员来说，“正”既指自身在责任立场、观点、方法上的正心正意，也指自身责任情感和态度的平和正气，用“心正”崇尚和坚守正义、指导“身正”追求和实现正义。崇尚公正价值原则的政府行政人员，一是能够带着对正义的正确理解、对责任正当性的认知、怀有强烈的正义感、秉承坚定的正

① 程东峰．责任伦理导论［M］．北京：人民出版社，2010：128．

② 高湘泽．一种可能作为比较纯正的规范伦理的原义“责任伦理”纲要［M］．武汉：武汉大学出版社，2015：279．

义原则去履行责任。当正当履责并坚守正义时，他们会产生强烈的满足感和成就感，从而进一步增强正义感和责任意识。二是他们会以公正作为价值原则主动自觉地考量自己的责任意识和履责行为，认知和识别哪些是合乎公共行政的正义观念的思想言行，哪些是有损于公共利益的不义行为，进而通过自我认知和反思，矫正自身不正当、不合理的观念和思想，加强对善恶是非的辨别意识，深化对正义的情感，强化对正义的坚守，做出符合社会和公众正义的履责行为。三是他们会把自己的正义意识注入责任履行中，用正义的力量解决社会纷争，致力于社会正义的维护和善的宣扬。追求正义的政府行政人员，具备公正地评判他人的意识能力，能够依照法律制度给予他人应得的赏罚；在分配和使用公共资源时，能提供正义的思想方案；当社会弱势群体利益受到侵害而陷入无助时，能伸张正义，弘扬正气，敢于斗争，保障公正；在面对复杂多样的冲突时，能秉持公正原则，主持正义；在处理问题时，能以保障公共行政的公正作为重要的价值原则。

（二）公正作为责任意识价值原则的要求

在履行责任过程中能否做到公正，是检验一个政府行政人员是否合格的基本标准。相应地，合乎公正是对其履行责任提出的必要准则。公正作为责任意识价值原则的要求，主要包括以下三方面内容，具体而言：

第一，具备和增强保障和维护公正的责任意识。

政府行政人员作为政府职能的实际践行者，手中握有人民赋予的权力，肩上担负着保障和维护社会公正的责任和使命，因此，他们必须意识到自身有责任为追求和实现社会公正尽心尽力。一方面，增强保障人民公正地享有权利和义务的责任意识。无论是对责任正当性与合理性的认知，还是对责任的情感体验和情绪反应，抑或是对履责的动机意图的考察和自我意志的调节，政府行政人员都要以保障公共行政的公正作为重要的价值原则和依据，用确保公共行政公正的责任意识引领维护社会公正的履责行为。另一方面，积极勇敢地同各种不公正的现象作斗争，增强维护公正的责任意识。政府行政人员需要有意识地不断激发和强化自己维护和保障公正的责任意识，从根本上优化自身的思维方式，深化对公正的理解和认知，增强对公正的情感认同，坚定维护公正、抵制不公的意志。面对不公正的社会现象，政府行政人员能意识到自身对社会公正的责任，唤起自身勇于向一切非公正行为作斗争的正义感和坚强意志，高扬公正的价值理念，坚持公正价值原则，自觉主动地维护公正的社会秩序。

第二，具备和增强履责合乎公正的责任意识。

一方面，政府行政人员要具有服膺公正的责任意识，自觉把公正标准作为参照系，调动责任认知作为引领，激发责任情感作为驱动，善用责任意志调节和控制履责行为，将公正这一价值原则牢固嵌入责任意识之中，以此驱动自己在责任履行中时时处处做到公正履责，约束和防止自己产生和出现不公正的行为，不开展有悖于公正的履责活动。另一方面，政府行政人员要具备在冲突中做出公正裁判和选择的责任意识。如果责任意识不强，公正价值原则不依从，道德自觉性不够，那么政府行政人员很容易在面临困境时做出错误选择。因此，需要政府行政人员加深对公正的认知、区分和判断，能对局面和现状做出客观的、恰如其分的结论和决断，面对外在压力和挑战时，具有坚定的信心和勇气，相信自己能够克服和战胜自身人性的弱点，坚定不移地做出公正的决断，始终信守公正。

第三，具备和增强促进社会公正的责任意识。

社会公正的发展，需要政府行政人员的支持、践履和促进。一方面，这需要政府行政人员意识到自身对促进社会公正的责任，并以身作则，带头弘扬公正之风。政府行政人员需要进一步理解和把握自身责任对促进社会正义的价值，明确把握责任履行的正当性，把追求社会公正升华为人生理想，把公正精神转化为自我内心的价值和信念，将公正作为责任意识不可或缺的价值原则，并将之外化为责任履行，自觉地依法履责、公正履责，彰显政府和自身的公正形象，带头在全社会促进公平正义的实现，积极主动地创造和优化社会公正氛围，让公正引领社会风尚。另一方面，政府行政人员要自觉助力社会公正体制机制的健全和完善。这要求政府行政人员在责任及责任履行上具备反思的觉悟和创新的意识，主动及时地发现社会公正问题，反思现有体制机制的缺陷，有意识地为其完善提供相应的思路、方法和决策。要做到这些，就需要政府行政人员拥有关于公正的丰富知识储备、正确科学的认知、良好深刻的情感体验和坚定的意志素质。

因此，政府行政人员应不断强化自身责任意识，从而更好地推动“公正”在社会中的落地和发展。

二、诚信原则

诚信在我国传统道德体系中具有崇高的地位。诚信包括“诚”和“信”两方面，既可以分开以两个独立的规范出现，也可作为一个统一的范畴出现。《说文解字》中讲道，“诚，信也”，“信，诚也”，两者含义相近，密切相关，可互训互用。最初，先秦孔孟并未将其作为一个合成词来使用，从先秦荀子“诚信生神”（《荀子·不苟》）一语开始，“诚信”便作为一个完整范畴而不断被阐释和运用，“诚”和“信”也就组成了诚信的基本含义。

（一）诚信作为责任意识价值原则的内涵

第一，真诚无欺，真实准确。诚信中的“诚”指一种优良品质和美德，它强调个人意识信念的真诚。从“诚”的地位和价值讲，《中庸》把“诚”看作天道，将“诚之”看作人道，从本体论上强调和彰显了“诚”的地位，认为“诚”是自然的本真，而“诚之”是做人的本质道理。《大学》将“诚意”作为修身、齐家、治国、平天下的基础，《中庸》强调，“诚者，物之终始，不诚无物。是故君子诚之为贵”。荀子强调“君子养心莫善于诚，致诚则无它事矣”（《荀子·不苟》），从德性论上突出了“诚”的作用，将其看作德性根基和德行之本。《中庸》还讲道，“唯天下至诚，为能尽其性。能尽其性，则能尽人之性；能尽人之性，则能尽物之性；能尽物之性，则可以赞天地之化育；可以赞天地之化育，则可以与天地参矣”，从价值论上强调依“诚”立德、处世、至善的意义。从“诚”的伦理内涵上讲，如何理解“诚”？朱熹解释“诚”，“诚者，真实无妄之谓”（《四书章句集注》）。“诚”的本义是真实不妄、诚实不欺。

诚信作为责任意识的价值原则，其所蕴含的“真诚无欺、真实准确”主要表现在以下几方面：一是对自己“诚”，即内心诚实，不自我欺骗和自我掩饰，认清自己的真实想法和意愿，表达内心真实的思想和情感，忠诚于自身的真实状态，关心和关注自己的道德素质和观念意识。政府行政人员要做到诚信，首先应该直面自己的思想意识，因为只有对自己的责任观念有真实的把握、准确的理解和清晰的认知，才能在此基础之上，比对诚信的准则和要求，进行自我反思、自我修正和自我完善，反思自己是否在责任观念和履责行为上都遵从了诚信的准则，履行责任的情感、态度、动机和原则是否符合诚信的准则和要求，是否在责任履行中忠诚于公共行政事务等，从而使自身的思想观念更加符合诚信这一价值原则，对责任的认知更为真实准确、深刻透彻。与此同时，诚信也要求政府行政人员内诚于心，对自身的行政人格尊重和负责，这就要求政府行政人员将诚信作为自己的价值追求，有意识地在履责中按照诚信原则锤炼自己的道德品格，优化自己的思想观念，强化诚信在责任意识中的地位，从而发自内心地在责任履行中发挥诚信的价值功能。二是对他人“诚”，即真诚对人，不隐瞒、欺骗和愚弄他人，不说假话，据实以告。我们看到，现实中存在一些政府行政人员为了推卸责任而对行政相对人避重就轻、谎话连篇的情况，面对上级不敢讲真话，面对人民企图蒙混过关，在对履责进行评价时讲些不温不火、浮于表面的话，没有将诚信作为自己责任意识的价值原则，面对行政相对人，政府行政人员决不能有弄虚作假、欺上瞒下的想法，内心要坚守不说假话、据实以告的诚信理念，必须按照诚信准则，讲真理、说真话、吐真情。三是对责任事实“诚”，即尊重事务的本真状态，准确真实地把握关于责任的全部实情真相，不掩盖、不歪曲、不隐藏责任的本身要求和真实状况。在履责事实面前，政府行政人员要想践行诚信理念，必须先在意识中对实情有真实而精准的认知、理解和掌握，这样才能真正做到真实无欺。政府行政人员要将自己的责任履行情况和全部履责事实如实反映和呈现，不能有瞒报、虚报、篡改、伪造履责行为的侥幸心理和不当行为，在履行责任中自觉坚守不掺杂使假、不虚假浮夸、不夸大成绩、不缩小问题、不乱搞花样的诚信理念，做到诚实无欺。四是对责任履行“诚”，即自己在责任履行过程中要具备诚心诚意、诚实诚恳、真心实意、真抓实干、精益求精的责任意识。政府行政人员对责任具备正确认知、怀有真挚情感、持有服膺态度，在履行责任中始终贯彻真心实意的精神意念，自觉遵从诚信、信守诚信、彰显诚信，从而让诚信的责任履行成为他们意识层面理性思考后所产生的必然行为，而非为了功利目的、迫于外界压力而压抑自身所做出的无奈选择，让诚信成为他们积极理性的选择，成为其责任意识中不可缺少的价值原则。

第二，表里如一，言行一致。诚信中的“信”代表着个人意识上的真实无妄的态度，是对某种原则、意识理念、责任义务的忠实，是对“诚”的坚守，同时也强调传递信息的真实性，要言语真实、说到做到、说话算话。“信”的本义是“人言”，即“人言为信”。孔子强调“君子耻其言而过其行”（《论语·宪问》），认为君子若言过其实应感到羞耻，强调信德。

诚信作为责任意识的价值原则，其所内涵的“表里如一，言行一致”有以下四点要求：一是不讲大话空话、踏踏实实履责。政府行政人员必须摒弃好大喜功、搞“面子工程”的错误观念，自觉摒弃浮夸的履责作风，有意识地按照诚信的要求来思考和行动，自觉结合履责现实和自身素质能力踏实履责、谨慎履责、严肃履责，不讲不切履责实际的话。二是不许空愿、说一不二、言出必行。讲诚信就务必讲究信誉、一诺千金。政府行政人员必须意识到，自己许下的承诺必须要去实行，且要实行到位，与言相称，决不能做表面文章，不能让承诺沦为“空头支票”，不能让许下的约定在履责中变形、变调、走样和消失，始终贯彻“言必信、行必果”的思想理念，绝不能以为说过就是做过、做过就算做好，绝不能说一套做一套、不作为乱作为。三是表里相符、前后一致、心口如一。现实中一些政府行政人员台上讲官话套话，台下讲鬼话浑话，表面表示坚决履责，实则争名夺利、乱搞特权，对群众敷衍塞责。对外道貌岸然，扮演着贡献者和奉献者，私下却腐化堕落、消极履责甚至逃避责任，这归根结底是他们责任意识不强，没有按照诚信价值原则对自身加以引导和约束，从而出现这种人前人后两副面孔、两套话语的错误言行。政府行政人员必须从思想观念上积极主动抵制阳奉阴违、两面三刀、口是心非的错误状态，不断告诫自己要在履责中时刻按照诚信的原则去思考和行动。四是不可口言善而身行恶。诚信要求的表里如一、言行一致是指向善的，因此，政府行政人员对待责任必须以善为出发点和落脚点，始终把自己的意识理念约束在诚信所要求的道德准则之内，锻造自己履责的坚强意志，牢记自己的责任义务，在责任履行中讲操守、重品行，做到内外兼修、身心皆善。

第三，信守承诺，受人信任。孔子表示："人而无信，不知其可也。大车无輗，小车无軏，其何以行之哉？"（《论语·为政》）强调了若缺乏诚信，人会无所适从，什么事也干不成。从社会性上讲，诚信是建立在承诺双方交互作用和契约双方责任要求基础之上所引发的依靠主体意识控制的自律自觉行为。只有把诚信放到特定的社会关系中去考察，并根据特定关系中的要求去履行承诺或契约，才是真正的诚信①。政府行政人员承担着公共行政的责任，是政府与社会公众之间契约的实际执行人，对国家、社会、公众和组织许下了庄严的承诺，因此必须坚定信守诺言、履行契约、完成使命的思想意识，将诚信看作履行责任、建立信任、促进和谐的道德基础，努力修炼自己诚信履责的道德意识和行政素养，成为受人信任、值得托付、得人支持的合格的"行政人"。一方面，要做到坚守诚信，恪守责任，不辱使命。诚信内在地包含着践行诺言的伦理要求，即有约必践、有诺必行。孔子表示，"道千乘之国，敬事而信，节用而爱人，使民以时"（《论语·学而》），荀子表示，"政令信者强，政令不信者弱"（《荀子·议兵》），都强调诚信是为政之道。古希腊时期，苏格拉底、柏拉图都曾强调守约的重要性，随后格劳秀斯、霍布斯、洛克、卢梭等所倡导的社会契约论，都内在包含着恪守诺言、遵从契约的规定性，都强调守法践约的重要意义。另一方面，要做到值得信赖，取信于民。《论语·颜渊》讲道"民无信不立"，将诚信作为协调君臣关系的重要准则，强调诚信是为政的基本要求，是公共治理的根基。只有崇尚诚信，才能得到人民真心实意的支持。司马光表示，"夫信者，人君之大宝也。国保于民，民保于信；非信无以使民，非民无以守国"（《资治通鉴》），只有树立信誉，才能赢得人民的拥戴，才能治理好国家，成就一番大业。诚信内在包含着政府行政人员履行责任的信誉情况，即社会和公众对其是否诚信的反映和评价。政府行政人员应基于诚信价值原则，以自身责任意识引导合理良善的责任履行，切实提高政府的公信力，增进政府和人民的信任关系，自觉促进社会和谐

① 程东峰．责任伦理导论［M］．北京：人民出版社，2010：140.

稳定和可持续发展。

（二）诚信作为责任意识价值原则的要求

诚信对责任意识的要求，我们可以通过责任意识的三大构成要素，即责任认知、责任情感、责任意志来分析。

第一，诚信与责任认知。

“欲诚其意者，先致其知，致知在格物。物格而后知至，知至而后意诚，意诚而后心正，心正而后身修，身修而后家齐，家齐而后国治，国治而后天下平。”（《礼记·大学》）要“诚意”，必先“致知”；欲“致知”，必先“格物”①。这里要说的是，没有知识，不对事物的客观规律加以认知，就不可能真正做到“诚意”。仅靠内心一腔热血和坚强意志是无法达到“诚”的，必须充分把握规律并按规律办事，如此才能真正做到“诚”。对于政府行政人员履责来说，诚信是他们掌握履责规律并获得丰富的关于责任的知识后所做出的合乎逻辑的理性判断，是他们基于对现实履责要求和履责情境的确切认识所做出的合乎伦理的价值选择。

政府行政人员按照诚信履责，首先必须保证对责任的认知要正确，对履责规律的把握要科学，如此才能获得诚信的“资质”。因为坚持诚信的前提是要利用科学知识准确认识责任，理解和遵从了客观规律后，才能进一步讨论伦理道德问题。换言之，坚持诚信首先应该是在正确把握责任并掌握履责规律后所做出的合乎逻辑的理性决定。如若责任认知薄弱，则很容易出现盲目执行、愚忠履责、按个人意志行事、好心办坏事等情况。愚信导致轻易受欺骗、受蛊惑，履责也极易跑偏、出差错。因此，政府行政人员要不断增强责任认知，不断提升自己把握规律、认清本质、辨别善恶、辨别是非的思维水平，把诚信建立在自身对责任的实际观察、理性思考和科学判断上，做到坚持履责规律的客观必然性与自身价值选择性的辩证统一，从而能在纷繁复杂的履责情形中始终坚守诚信。

第二，诚信与责任情感。

诚信对于责任情感的影响巨大。孟子指出，“万物皆备于我矣。反身

---

① 程东峰．责任伦理导论［M］．北京：人民出版社，2010：136.

而诚，乐莫大焉”（《孟子·尽心上》）。这是说，诚信有致乐的功用，个人依靠“反身而诚”，即通过反求诸己能够获得诚信之乐。君子“耻不信，不耻不见信”（《荀子·非十二子》），这是说，个人也会因为自己不守诚信而感到羞耻。可见，诚信不仅是外在的伦理道德规范，也是个体主观内心的真情实感。对于政府行政人员来说，诚信是一种积极理性的情感意识，是责任情感的重要组成部分，反映出他们内心所坚守的伦理道德准则。诚信作为价值原则，便是要求政府行政人员在履责中不断生成和加强这种积极理性的情感。巴纳德以“情意丛”[①] 来阐述一系列价值观和原则，将其描述为控制个人行为的私密的、不成文的“法”。诚信便是如此，它是使客观原则与内在情感相融合、个人情感机制与社会情感机制相结合、客观责任履行与内心禀性相一致的一种价值原则，是政府行政人员内心“法”的重要组成部分。总体而言，政府行政人员需要依照诚信原则不断生成和强化责任情感，使自己心甘情愿地、满怀激情地投入责任履行中，发自内心地感受责任完成的愉悦，感受责任主客体关系中的温情与幸福。一方面，以诚信之情增强责任情感，引导自觉的履责行为，让履责活动成为真正的道德情感活动；另一方面，通过在履责中满足诚信的价值原则而获得更多的积极情感体验，进而不断增强责任情感。

第三，诚信与责任意志。

政府行政人员对诚信价值原则的遵守，需要责任意志发挥作用。《中庸》将“诚之”看作一种道德锤炼的功夫，指出“故至诚无息。不息则久，久则征，征则悠远，悠远则博厚，博厚则高明”。也就是说，只要不断地、持续地“诚之”，个人是能够达到“至诚”之圣人的至高境界的，这就强调了个人意志对达成诚信的重要性。“曾子曰：‘十目所视，十手所指，其严乎！’富润屋，德润身，心广体胖，故君子必诚其意。”（《礼记·大学》）强调要想做到诚信，必须做到慎独，要具备良好的自制力，用坚强的意志品质约束自己。对于政府行政人员来说，无论是在意识上还是在实践中，想要全过程、全方面地贯彻诚信价值原则，必须依靠责任意志的

① BARNARA C I. The functions of the executive [M]. Cambridge: Harvard University Press, 1964: 262.

强大助力，使自身能够坚定不移、持之以恒地遵从诚信，即使在陷入困难或出现麻烦时，仍能百折不挠地坚守诚信。与此同时，诚信的价值原则引导和影响政府行政人员的履责动机和目的，因而需要增强责任意志，使其始终秉承真诚良善的动机和向善致信的目的，忠诚地履行责任。

要实现诚信履责，完成使命，政府行政人员在面对责任时，应该先考虑自己的心、口、意、行是否真诚，同时必须意识到自己的责任观念和履责行动对社会和公众的实际影响，面对具体履责情境时，能从诚信出发对其加以客观准确地认知、鉴别和判定。具体而言：第一，不能违背承诺，要信守诚信原则，要意识到自己应忠于党和国家、社会和人民，要满足党和国家的要求，回应社会呼吁，不负百姓期盼。第二，不能与民争利，履责要一心为民，要维护和促进公共利益，要不断强化爱护、依靠和信任群众的意识信念。第三，不能轻率决定、朝令夕改、见风使舵，摒弃以个人意志为转移、在履责中随意变动的错误思想。第四，不能目无定见，私欲缠心，必须坚定理想信念，始终将诚信作为履责的准则，无论面对何种挑战和困境，都能自控、自省、自警，能够刚正不阿、坚持正义、言而有信，具备正确的意念，做出正确的抉择。第五，不能违反责任要求和履责规范，必须具备忠于职责、遵守法律、依从规律的信念，对一切责任及责任履行抱有真诚认同、不辱使命的积极态度。第六，不能丧失对责任履行效率和效果的关心和关注，要有意识地反省和提高自己履责的时效性，避免在履责中出现滞后性、盲目性等失信现象。

三、高效原则

高效是指政府行政人员用较少的行政投入得到较大的行政产出，及时有效地实现目标、产生行政效能并带来较高的效益。

高效是一个相对的、较为模糊的概念，我们难以对其做出精确的界定和判断。大体来说，高效中的“高”表示在一般标准或平均水平之上，是衡量履责行为和结果的尺度，反映着速度、力度和程度，代表着责任履行很快、很好、很有效力。高效中的“效”主要指效率、效益和效能，是政府行政人员履行责任的重要依据和指标。

（一）高效作为责任意识价值原则的意义

第一，高效是政府行政人员履行责任的必要前提。能否做到高效关系着责任履行的成败。改革开放初期，深圳创业者提出的“时间就是金钱，效率就是生命”，迅速传遍全国，让人精神振奋，彰显着全社会对高效的期盼。坚持“高效”是政府行政人员充分实现履责目标的必要条件和前提。没有高效的意识和观念，在履责中不贯彻落实高效原则，那么责任和任务往往无法完成。没有高效意识，履责做不到高效，履责就没有质量，甚至会错失履责的宝贵时机，导致严重危害。当高效作为价值原则与政府行政人员责任意识紧密结合时，政府行政人员便能够在履责中始终追求和坚持高效，能够积极、按时、有效地完成既定目标，达成使命。具体而言，一方面，高效作为价值原则，能够调动政府行政人员履责的积极性和创造性，激发他们对责任履行的高效化、科学化的主观追求。将高效融入责任意识的政府行政人员，形成了对高效这一价值原则认识上的自觉、情感上的认同和意志上的坚守，能够以强烈的高效观念为引导，积极主动地开展履责工作。在责任履行中，会有意识地提高办事效率、加快工作节奏、优化工作作风、简化不必要的工作流程，能更有效率地完成责任。另一方面，高效作为价值原则，能为政府行政人员在做出选择和决策时提供准则。责任履行中面对各种选择时，依据高效原则，政府行政人员会思考如何才能通过最低的行政成本来获取最大的行政产出，估量各种行动方案的投入与产出比率，确定各种任务的相对重要性并合理地分配可利用的资源，从而倾向性地选择最有可能达到成功、最为便利、收到的成果最大的行为过程和行为手段，做出符合高效的最优价值选择。

第二，高效是衡量政府行政人员是否称职的基本标准。高效是一种显性的、有效的标准和尺度，能折射出责任履行的速度、时效、投入成本、质量等，反映其科学化、技术化和有效性的水平和程度，能检验责任完成过程是否具有较高效率、是否产生较大效能和良好效益等。不仅如此，也能体现出政府行政人员对高效的认知、情感和态度，并以此作为一个标准来考察他们责任意识的强弱。可以说，是否做到高效，展现着一个政府行政人员履责的意识、素质和能力。一个合格称职的政府行政人员，首先必须是一个履责高效的行政人。

第三，高效是政府行政人员树立良好形象、政府提升公信力的必然需要。政府行政活动是否高效，就是看政府行政人员的履责效率。若政府行政人员办事效率低，不追求履责的质量和效果，就不能及时有效地回应和满足公众的需要，让公众办事吃尽苦头、费尽周折，使一些企业无法及时立项以致影响地区经济发展，一些问题拖着不解决最后酿成更为严重的群体性事件。效率低下，也无法及时纠正不良风气，难以树立社会正气……这不仅直接损害了政府行政人员这一群体在人民心中的形象，也必然会影响政府的公信力。长此以往，人民将会对政府丧失信任和信心。因此，政府行政人员需要重视高效原则，践行高效原则，通过高效的责任履行实现人民的利益和愿望，树立起良好形象，促进政府与社会的良性发展。

（二）高效作为责任意识价值原则的追求

既然高效原则对于政府行政人员履责如此重要，那么，应该从哪些方面去追求高效、实现高效呢？这就要始终抓住效率、效能和效益三方面。政府行政人员必须事事以高效率、高效能和高效益作为履责追求，从而成为一个履责高效的行政人。

1. 效率追求

效率是指政府行政人员在达成既定目标的前提下，投入的工作成本与获得的工作效果之间的比值，是投入的时间、资源与产出的成果之间的比率。衡量效率一般有两种方式，一种是考察单位时间内的产出，一种是考察单位产出所消耗的时间。

效率一直都是行政管理学的核心课题。威尔逊表示，行政学研究的目标在于理解：一是政府能够适当地和成功地进行什么工作；二是政府怎样才能以尽可能高的效率及在费用或能源方面用尽可能少的成本来完成这些适当的工作①。泰勒的科学管理理论的一个基本思想就是提高效率，之后莱芬韦尔、库克、怀特等将泰勒的科学管理理论运用于公共行政领域，使其关于效率的原理和方法成为行政学领域重要的理论来源。韦伯的官僚制

① 彭和平，竹立家，等．国外公共行政理论精选［M］．北京：中共中央党校出版社，1997：1.

理论把行政管理与效率问题紧紧联系在一起，认为官僚制是效率最高的组织形式，效率是行政管理的首要公理，行政管理就是要最大限度地追求效率。埃默森、瑞纳等人研究了一般性的效率原则①。可以说，效率化是政府行政现代化、科学化、有效化的重要标志，追求效率应成为政府及其行政人员一贯秉承的价值准则。

效率是时效和成效的统一。从时效上讲，政府行政人员要调整工作节奏、优化行为方式、改善工作作风，快捷地履行责任、完成任务，及时地解决在履责中遇到的问题；从成效上讲，政府行政人员要重视责任履行结果与履责既定目标的符合情况，更为出色地实现目标、履行好责任，以自身的责任履行推动政府行政职能的发挥和公共行政事业的发展。

首先，效率要讲求时效。列宁表示，“衡量一个机关工作效率的真正尺度，首先是它们处理所经手的一切事情迅速、切实的程度”②，要求其“处理的事情和问题必须给以最迅速和最详尽的回答”③。政府行政人员需要在规定时间内尽可能快地完成相应的履责目标和相关工作。然而现实中一些政府行政人员在责任履行的时效性上出现了问题——从工作节奏上讲，一些政府行政人员办事速度缓慢，履责总是慢吞吞的，甚至是面对紧急情况依旧慢条斯理，满足于按部就班地过“日出而作，日落而息”的工作生活，在意识上缺乏紧迫的时间观念，缺少雷厉风行的速度和干劲，在履责中浪费了大把时间。从行为方式上讲，一些政府行政人员履责拖延、办事拖沓，甚至有时故意拖着不办；有的行政人员履责啰唆，管了很多不该管的事情，增添了很多不必要的办事流程和环节，明明很简单的事情却长时间完不成；一些政府行政人员不是一次告知当事人所有的办事条件和要求，而是当事人跑一趟告知一条，让其没完没了地跑。从工作作风上讲，有的行政人员“官本位”思想严重，权力观扭曲，“雁过拔毛”“吃拿卡要”，讲官威，要受民供养，不是躬身为百姓服务，而是要百姓为其服务，使得群众办事出现“门难进、脸难看、事难办”的情况。有的政府行

① 刘祖云．当代中国公共行政的伦理审视［M］．北京：人民出版社，2006：189－193.

② 列宁．列宁论苏维埃国家机关工作［M］．北京：人民出版社，1957：205.

③ 列宁．列宁论苏维埃国家机关工作［M］．北京：人民出版社，1957：205.

政人员极善推诿扯皮，面对责任表现出“事不关己，高高挂起”的态度，时间就在“踢皮球”中白白消耗掉了。有的政府行政人员贪图享乐，在工作中做私事、谋私利，把人民的事情抛到脑后。因此，高效强调时效，要提高时效，就要从影响时效的根源上对症下药，就需要政府行政人员增强履责的时效意识，在履责中贯彻时效理念，按时完成相应的事务和工作。

其次，效率要讲求成效。效率是一个综合性指标，是数量与质量的统一，它不仅要求责任履行的时效，也追求责任履行的效果；既要有量的要求，更要有对质的考究。因而绝不能仅仅简单地看履责时效、考察数量的变化，必须着重考虑责任履行效率的质的方面，反思履责活动的结果和成果是否正确、合理、有效。若质的方面没有做好，若履责的效果不佳，那么即使责任履行得再快、做得再多，也毫无意义。因而政府行政人员面对责任，不能一味地追求速度，也应该高度重视结果。政府行政人员履责成效的判断标准，主要看结果是否圆满达成了既定目标。因为效率本身并不是目的，效率只是帮助人们更好实现其目的的工具，只是告诉人们如何用最小的成本来达到所要实现的目的①。现实中一些政府行政人员履责效率低下，所办任务长时间没有得出结果，或是一年也完不成几项工作，耗费的工作成本高昂却达不成目标，毫无工作成效；也有一些政府行政人员过分追求工作时效，为了尽快完成任务便盲目、非理性和非道德式地思考和行动，如有的空有一腔完成任务的热血却忽视了职责要求和履责目标，结果是进展不佳或工作无效；又如有的政府行政人员对工作业绩虚报、谎报和造假，篡改绩效指标的实际数量和比率来拔高自己的工作效率等，这些都是缺乏对成效的积极关注和正确理解所导致的消极后果。因此，政府行政人员在履责过程中，保证时效的同时，必须盯紧目标，追求履责的成效。

2. 效能追求

效能本身指的是事物所发挥的有利的作用，在一定条件下，这些有利作用发挥出来，能促进事物的发展。效能中的“效”主要指的是功能的效力、效用和功用，“能”主要指的是功能、能量和能力。效能与目标和功

① 韩志明．行政责任的制度困境与制度创新［M］．北京：经济科学出版社，2008：113.

能密切相关，效能是对功能表现产生的结果所做出的评价和判定，若功能发挥作用所达成的结果与预定目标相符，功能便是有效的，否则便是无效的。当功能促进目标的实现时，功能也就实现和转化成了效能，功能的大小便转化成了效能的高低。

从政府及其行政人员的行政行为上看，效能主要是指政府、政府行政人员及其行政活动对实现行政目标发挥出的有利作用和有效功能。效能追求包括宏观和微观两个尺度，宏观效能主要指政府这一组织整体的效能，微观效能主要指的是政府行政人员及其具体的行政行为所产生的效能。效能是一个动态概念，反映着行政职能的强弱状态、行政职能发挥的状况以及效能的发展趋势。同时它也是一个评价标准，一方面能够判断结果及其客观作用，主要是看行政活动的结果是否使公共资源配置效果达到最佳；另一方面它也能够评判政府及其行政人员的行政能力和水平，评判指标包括影响、能力、效果、质量、数量等多方面，主要是看是否充分发挥了自身应当发挥的职能和作用，是否以科学有效的方式和较少的行政资源投入最大限度地实现预期的行政目标。由此可以看出，效能和效率有相互交叉之处，对效率的质的方面的强调就已经涉及效能了。

在责任履行中，政府行政人员在意识上追求高效能产出，努力做到履责服务能力强、工作速度快、办事效率高、履责成果丰、办事态度好、责任完成质量优，使责任履行影响程度深、效力大、功效强。同时，政府行政人员在履责过程中有意识地发挥和提升自身行政管理的能力，及时回应人民的需求，迅速处理问题，巧妙化解社会矛盾，尽可能地避免履责低效和履责无能所导致的社会矛盾激化、社会失序、人民利益受损等问题。不断提升自身抓主要矛盾、应对复杂履责情境、推动全局发展的意识和能力，积极主动地助力责任既定目标的实现。

3. 效益追求

从政府行政上来说，效益主要是指行政过程所带来的良性效果和利益，主要包括政治效益、经济效益、社会效益和生态效益等。可见，对行政活动效益的考察，不能囿于政府系统内部，而应着眼于政府与其他系统之间的关系。同时，效益所指的日标，也并不仅是政府内部具体活动的目标，还是政府对国家、社会和人民所承诺和设定的目标，考察的是行政活动能够为国家的政治、经济、社会和生态发展等带来的实际价值，提供的实际帮助和支持。效率和效能更多的是考察政府本身职能的发挥，完成任务的质量、能力和水平状况，围绕政府系统本身展开评定；而效益更多地关注政府在社会活动中扮演什么样的角色，将政府置于更大更广的环境中，将行政结果放到政府之外，上升到国家层面作评判。

高效作为价值原则，不仅要求政府行政人员具备高效率履责、提升行政效能的意识和行为，更要求他们的责任履行要对国家、社会和人民产生有益影响、产生社会价值。一方面，政府行政人员要具备追求效益的意识，考虑责任与其他系统的关系。具体而言，考虑对政治系统的价值，将自身责任与国家大政方针紧密结合，服从国家意志，牢牢把握正确的政治方向，维护国家和民族的根本利益；考虑对经济系统的价值，思考自身责任对稳定经济运行、拉动经济增长、促进经济发展的作用；考虑对社会系统的价值，对社会良性运转、人民幸福提供的支持；考虑对生态系统的价值，对生态环境保护和可持续发展带来的有益影响；等等。同时，在履责中要正确处理好短期利益和长期利益、整体利益与局部利益、经济利益与生态利益之间的关系。另一方面，政府行政人员要考察所需达成的目标本身是否具有合理性，是否对国家、社会和人民具有正面的作用。想要获得高效益，政府行政人员不仅要保质保量地履行相应责任，而且还要保证其所履行的任务必须是其有权力去做、应该去做的正确的事，这就需要政府行政人员有对责任目标本身的关切。有时政府行政人员做的是一项从根本上违背公众利益或有害于社会良性运转的事情，或许这项事情完全符合时效的标准，政府行政人员做得也相当及时，但其所带来的结果却是消极和负面的。这时，政府行政人员越是尽心、越是高效，危害性和破坏性就越大。因此，政府行政人员要坚持做正确的事，并且确保自身有权力去做。这就需要政府行政人员高度关注责任目标并对之进行深刻思考。

这就涉及两个重要问题：一是追求高效，必须是工具合理性与价值合理性高度统一前提下的高效。高效，不仅仅是一种工具性行为，即不只是工具理性。如果仅仅从工具理性角度看待高效、追求高效，政府行政人员很有可能为了追求纯粹的效率而忽略了公共行政的合理性、公共性的价值引导，忽视考察和反思行政责任的根本价值和目标，而最终酿成错误。事实上，高效并非只追求纯粹的专业性、操作性和有效性，还追求公共行政的社会性价值，有着对政府行政人员及其行政活动的道德性关注和伦理审视，也包含着对公共利益、社会责任、人民权利、经济繁荣、道德理想等多元价值的追问和追求，具有价值理性的重要意义。因此，遵循高效的价值原则，不仅要追求工具性的效率行为，也要对责任及责任履行进行价值合理性分析，实现效率与伦理道德兼具的责任履行。二是必须坚持高效价值原则与其他价值原则的结合。政府行政人员固然应把高效作为责任意识的价值原则，但不能将其作为唯一的价值原则，必须结合其他价值原则一同考虑，否则，容易产生对高效的片面理解，容易导致在履责中出现高效与其他价值原则之间的矛盾，如与公正、民主之间的冲突。履责必须追求高效原则，但同时必须坚持公平、正义、诚信、自由、民主等价值原则。因此，政府行政人员在追求高效的同时，必须充分考虑其他价值原则，把它们统一在整个履责过程中，将它们结合起来进行思考，进一步优化自己的思维方式和价值观念，增强自己的责任意识，并在此基础上做出自己的判断和选择。

第三节 政府行政人员责任意识的价值标准

把责任的价值意蕴分为价值目标、价值原则和价值标准，是为了论述责任意识所蕴含的价值问题的方方面面。实际上，这种区分是相对的、没有明确边界的。甚至可以说，本书中提及的每一个价值范畴，都是价值目标、价值原则和价值标准的统一。例如，经济繁荣是价值目标，但它何尝不是履责行为的价值原则和价值标准呢？更何况，原则往往是必须坚持的标准，标准常常是必须坚持的原则。至于公正、诚信、高效，都是如此。本节所涉及的责任意识的价值标准——合法、合理、合情，代表着政府行政人员面对责任、履行责任时所需遵守的规则和所需参照的依据，也是衡量他们履责成效的重要尺度。

一、合法标准

（一）合法标准的要求

“法”主要指国家制定的体现国家意志的具有强制力、确定性、统一性和权威性的行为规范。它代表和维护的是社会最具根本性、普遍性的价值，如理性、人权、民主、公平、正义等。政府行政人员这一职业具有特殊的法律属性，其所承担的责任也与法律有着密切的联系。“合法”是他们责任意识必不可少的价值标准，而且是第一标准。

宪法既赋予政府权力，也限定了其权力行使不得侵犯公民权利，规定了其行政人员用权履责的合法程序和手段。公共行政的法治取向决定了政府作为行政机关必须是依法行政的机关。相应地，政府行政人员也必须是“法”的实践者和执行者，他们承担着相应的法律责任，必须严格遵守法律规范，任何责任必须在法律规定范围内履行，否则即是违法。政府行政人员要符合合法价值标准，从“法”的性质上来说，要符合国家、社会和组织中是非善恶的判断标准；从“法”的作用上来说，要完全认同强制性规则的安排和要求，充分接受其允许、鼓励、禁止和惩罚的工具和手段；从“法”的本质上来说，要理解“法”所代表和反映的是国家的价值判断，要符合“法”向社会公众传递的国家所推崇的价值取向和行为方式。

从类别上讲，政府行政人员要达到合法标准，一是要遵守普遍法，即国家立法机关制定的广泛针对公民的法律法规，以一个普通公民的身份做到遵纪守法，如遵守《中华人民共和国宪法》《中华人民共和国刑法》《中华人民共和国民法典》等。二是要遵守针对政府及其行政人员的相关行政法律文件。这些是对政府及其行政人员提出的标准更高、要求更严的规矩，如《中华人民共和国国务院组织法》《中华人民共和国地方各级人民代表大会和地方各级人民政府组织法》《中华人民共和国行政诉讼法》《中华人民共和国行政处罚法》《中华人民共和国公务员法》等。

从内容上讲，政府行政人员要达到合法标准，一是要具备和增强合法思维。政府行政人员要注重培养“法”所体现的深层价值理念，让合法成为自身的思维方式和存在方式。要有规则意识，明确法律对自己担负责任的规定，同时尊重和保护每个人的权利。要有崇尚法律、依靠法律和遵守法律的意识，履责时不能感情用事，而是要先从法律的角度考虑问题，依法做出正确分析。二是履行责任做到合法。包括责任履行在内的一切行政行为、行政程序和行政方式都必须合乎相关法律的规定，都要与合法的价值和精神相一致，时时处处以法律为根据和标准，不盲目迎合舆情，不随意偏离法律尺度，避免出现权责缺位、越位、错位等问题，避免履责行为不合程序。三是违法承担相应责任。政府行政人员一旦出现违法行为必须承担相应的后果，必须接受法律的惩罚。无论是逃避或回避责任，还是法外扩权揽权，只要触犯了法律，就必须承担相应的法律责任。

（二）合法标准的意义

第一，合法是责任意识和责任履行的底线。李德顺表示，“法律不仅代表着国家社会的基本价值规范，而且承担着依靠公民维持社会秩序、保持安全和稳定的职能。尊重和执行法律，是承认和维护现行国家制度、维护现行社会秩序的最基本的政治表现和道德界限”①。合法在一定程度上是一种“底线伦理”，是国家为了防止不可控的因素所确立的适于公众生存和发展的不可践踏、不可逾越的规定，任何时候任何事情，以法律为准绳都是不容置喙的底线。对于政府行政人员来说，法律是其思维和行动、做人做事的警戒线，不能触碰。习近平总书记强调，“领导干部要牢记法律红线不可逾越、法律底线不可触碰，带头遵守法律、执行法律，带头营造办事依法、遇事找法、解决问题用法、化解矛盾靠法的法治环境。谋划工作要运用法治思维，处理问题要运用法治方式，说话做事要先考虑一下是不是合法”②。

第二，合法是责任意识和责任履行的基本价值标准。法律是规范行政行为的国家标准。与合情、合理价值标准相比，合法更具根本性。一方面，从性质上讲，合情、合理没有具体标准的形态，而合法具有实实在在

① 李德顺．法治文化论纲［J］．中国政法大学学报，2007（1）．

② 中共中央文献研究室．习近平关于全面依法治国论述摘编［M］．北京：中央文献出版社，2015：124．

的标准，能够看得到且能直观感受到。做到合情、合理能在一定程度上约束政府行政人员的履责意识和行为，但它们本身往往是多元化的、个性化的、柔性的价值标准，大多依靠个人的道德、情感和良心来发挥作用，都不具备且无法替代合法价值标准所具有的恒常性、刚性、普遍性和制约力；另一方面，从力度上讲，法律具有至信性和权威性，合法是第一位的价值标准。亚里士多德认为，法律是一种“没有感情”的智慧①。与合情、合理相比，合法的约束力度更强、更直接、更明显。有时政府行政人员因私情泛滥或为了一己私利泯灭良知、漠视社会伦理纲常，会选择逃避和无视情理标准，做出不合情理之举，但法律却不会容忍和包庇他的过错，必将给予相应的制裁。履责行为不合乎情理的政府行政人员，会受到较大的舆论压力，得到相应的警示和教育，实际惩罚相对较轻，但若他们违法必将遭到法律无情的惩罚。任何时候“法”的权威都高于一切，任何人和事都不可以凌驾于法律之上。

第三，合法是责任意识和责任履行的强制性价值标准。“法”对责任中最根本、最重要的因素给予尽可能详尽的规定，并以强制性的手段加以实施，它是一种稳定而普遍的规范，必不可少。如对权利与责任的规制，便是行政法律规范体系的核心内容之一，这使得责任有明确的规定，责任履行有强力的规制，从而有效地抑制执行的偶然性、个别性、随意性、特殊性、主观性，防止特权意识的产生。合法的强制力和固化力能矫正政府行政人员意识观念中与公共行政价值标准不相吻合的内容，使他们对自身责任的认知更为清晰和明确，使责任履行稳定、协调、高效地向前推进。

二、合理标准

（一）合理标准的要求

合理作为责任意识的价值标准，主要包含以下内容：

一是合乎天理。天理有天意、天道之意，合乎天理主要指的是要符合整个世界中万事万物存在的、不以人的意志为转移的客观规律，以及合乎

① 亚里士多德．政治学［M］．北京：商务印书馆，1965：11.

人类普遍追求的共同价值。它是人类信奉的最高自然法则，是人的最基本的自然理性，与西方的“自然法”相似。“天理难容”一直是中国人根深蒂固的传统观念，若政府行政人员在履行责任过程中未能合乎“天理”，就会受到谴责。

二是合乎公理。公理主要是指一个共同体依据本土情况、通过长期经验总结确立起来的，符合自身公共意识的约定俗成的伦理纲常和事理标准。它是一个社会中共同成员所普遍认同的且至今尚未被证明是错误的规则和标准。对于我国而言，它从国家历史发展经验和传统习俗观念出发，完全被公众所接受和支持，常与“情”中的“公众情意”即“常情”连用。本书认为，公理与常情虽然相似，但存在一定的区别，公理是社会和公众认同的基本规范和标准，是对常情进行理性判断后所升华出的道理，与“常情”相比，它具有更多的人类理性因素。常情则是社会和公众认同的、人所固有的基本感情，带有更多的人性关怀，更强调情感因素和感性因素。合乎公理主要指要符合一个社会共同遵守的行为规范、规则和传统。政府行政人员履行责任必须要能够通达公理，考虑到社会传统意识和观念习惯，符合社会规范和道德要求，获得社会和公众的理解和支持。

三是合乎学理。这主要是指政府行政人员履行责任时要符合相关的科学常识和专业知识。履责需要一定的技术性和专业性，需要具备一定的知识储备和专业技能，这是科学正确认知责任、高效正当履行责任的前提，这就要求政府行政人员必须注重“学理”，时时参照和遵循相关常识和真理，科学地履行责任。

四是合乎职业伦理。这主要是指政府行政人员的履责行为必须符合自身职业活动中的总体性的价值要求、伦理关系和伦理准则，这是在行政活动中产生并丰富起来的对政府行政人员道德操守提出的更具针对性的要求。它要求责任履行者具备更强的责任意识、更高层次的道德品质和更高尚的职业情操，必须合乎自身角色、权利、义务的规定，符合公共行政的职业道德，履行责任中体现职业精神、增强职业意识、树立职业良心，协调好与国家、社会和人民之间的伦理关系，积极自觉地做到爱岗敬业、恪尽职守、服务人民。

（二）合理标准的意义

第一，合理是社会成员必须遵循的基本价值标准。合理本身反映着社会最基本的价值观、善恶观和是非观。它本身便是一个价值思想体系，包含着平等、自由、民主、尊重权利、关注人的需求等价值理念，对人们处理好人与自然、社会、他人以及自身的关系具有强大的指导作用，为人们思考和行事提供了基本遵循，为人们明事理、辨是非、识善恶提供了基本依据。作为社会公民，政府行政人员本身就应该具有良好的思想素质和道德水平，应该符合社会基本价值标准，进而在走上政府工作岗位后，进一步在履责过程中维护社会公平正义、实现公共利益、助力公民道德提升、引领良好社会风尚。可以说，无论是作为国家行政机关的代表还是作为普通公民，政府行政人员任何时间、任何地点的任何行为都要合乎社会基本的伦理要求和道德规范。合理的标准既要贯穿他们履行责任全过程，也要贯穿他们的日常生活，成为他们言行举止的基本指南。

第二，合理是政府行政人员必须考虑和重视的价值标准。“理”大多符合社会主流价值文化，蕴含着深层次的社会理想和公序良俗，政府行政人员在履行责任时需要贯彻合理所代表着的人文精神和道德伦理。当他们的行为虽不违法，但明显与社会道德习俗有悖时，也应负相应责任。如今，我们具备国家和法律的强制力，但有时却缺少对“理”的关注，这就可能造成责任履行与“理”的冲突和对立，如一些政府行政人员履责时缺乏对个体自由、平等的关注，在一定程度上伤害了社会的基本伦理，这样虽然是体现了形式上的公正，但实质上却忽视了对社会道德和优良风俗等的尊重，如此履责难以令人信服。只有满足合理标准，履责才能真正打动人心、赢得人心，才会有威信和影响力。这就需要政府行政人员在遵守法律规则的前提下，考虑履责的态度、方式和途径是否符合合理标准，在履责中注入传统观念中“理”的积极因素，增强道德素质和道德良知，做到合理履责。

第三，合理使责任履行更为适度和柔性。政府行政人员履行责任时适时、恰当地考虑合理标准，在执行的细节和手段上坚持适度和柔性，做到刚柔并济、恩威并施，不单单依靠强制性力量而是结合“理”来辨明是非曲直，能够弥补法律制度调控范围的有限性。用“理”来分析事实，做到忠恕结合，能够更好地调解社会冲突，使社会更为和谐包容，如此，行政责任的履行能更好地符合社会预期，更能让群众满意。刚性执行虽然彰显权威和时效，但易于激化矛盾，这就需要“理”中的人文价值理念的参与，使责任履行不是被动地、机械地生搬硬套责任相关政策要求，而是以人为本，有机地适用合理的价值标准，在法律允许的范围内综合考虑社会伦理道德和公序良俗。这便需要政府行政人员增强公共良知和职业道德，使自身合乎“理”之标准，最终使责任履行达到最佳效果。

第四，合理使履责更具社会化功能。政府行政人员的公共道德意识与品质修养对社会公众的德性操守具有强大的示范作用，他们合理的行为会向全社会传递出一种信号。当他们将合理作为自己责任意识的基本价值标准时，将会在履责中有更多良善的表现，如自身廉洁高效、文明履责、尊重和保护人权等，这样不仅能高效地完成使命，也会使自身成为社会道德的表率和楷模，从而以自身展现出的良好风尚感化和教育群众，促进社会的进步和人民道德水平的提高。

三、合情标准

（一）合情标准的要求

合情作为责任意识的价值标准，主要包含以下内容：

第一，合客观之“情”。这主要包含两方面内容：一是宏观层面的客观情境，主要指的是在一定历史发展时期内国家、社会和公众的各种情况所组成的客观情形，包括国家的情境、社会的情境和民众的情境，即国情、社情和民情。二是微观层面的客观情境，主要指的是政府行政人员履行责任时所面临的现实境况。想要做到合情，一方面，必须充分考虑到国家、民族和社会的客观情况，必须符合社会历史发展的潮流和人民的现实生活状况；另一方面，必须立足当下，充分地认识和把握自身所处的具体履责情境，依据事实情况进行价值判断，从而做出正确的决策。

第二，合主观之“情”。这也主要包含两方面内容：一是公众情意，即公众意志，主要指的是凝结在一定国家、民族和社会中的全体人民潜在的、共同的意愿，是对自然和社会的基本体会和基本感受，代表着社会公众普遍认可的符合伦理道德的基本感情，以及用于针对一般现象如何认知和判断的情感经验，通常是指我们所说的常情。二是公众情感，即公众直觉，主要指的是公众的感情和感觉认识。从责任上讲，这主要是公众对责任履行的一种直觉判断和态度体验。需要指出的是，这里的公众之“情”并非临时的、突发的民情民意，而是被长期证明的合理的民情民意。要想做到合情，政府行政人员就要重视和熟知“人之常情”，通悉人情，尊重人性和人的本能，认同社会公认的习俗和道德，注意体察履行责任中人民自然的情感反应和心理状态，理解人民的好恶、喜怒与哀乐，辨别是非曲直，满足人民的合理需求。

第三，抛弃个人之“情”。个人之情主要指的是个人私情，即个人意志和私人情分。政府行政人员作为公共行政责任的具体执行者，他们所重视的并非个人的好恶需要，也非亲情、友情、乡情等私人情感需求，而是基于共性的“人”的意愿，即符合人民的情感。内心怀有强烈个人之情的政府行政人员，他们的判断价值标准容易动摇，如他们本身能够意识到贪污受贿是错误的，却因为私情而把控不住自己，最终犯错。他们明明谴责失责行为，却在面对自己亲朋好友失责时选择包庇。因此，面对行政责任，应该将私人之“情”抛之脑后，重视情感的共同性和普遍性。在尊重客观情境的基础上，将心比心地将他人的“情”看作是自己的“情”，符合民情、民心，在复杂多变的情境下做出人民满意的、最有利于人民利益的选择。

（二）合情标准的意义

一是合情使责任意识更具温度。政府行政人员履行责任时若忽视了“情”的因素，很容易造成对公众的强制性的束缚和压制，以履责的名义给予百姓过分的要求和苛责，更甚者对人民群众的情感诉求毫无反应、冷漠对待，很容易造成与民对立的局面，影响群众对政府的信任度。当政府行政人员充分意识到合情的重要性，高度重视“情”所蕴含的人文关怀时，这将淡化行政的僵硬和冷酷，使履责更具“人情味”，更易为人所认同和接受，也为社会增添了一份生机和情趣，使人与人之间更为和睦，消解人们的疏离感，消除潜在社会风险，化解社会矛盾。

二是合情使责任履行更具感染力和教化作用。合情能够提升公众对责任及其履行的认同感。责任履行得让人满意，人们会由衷感到欣慰，对行政责任的关注和理解便会更充分，自身想要自觉负责的情感态度也会更深厚。合情使履责更具人性化，通过“情”影响和引导公众，充分发挥“情”在是非善恶判断上的力量和作用，在全社会宣扬责任感的重要性，从而通过履责使人民严于律己、自觉负责，促进社会良性运转。

三是合情使责任履行更易成功。一方面，合情使政府行政人员对责任的认知更为严谨正确，更易做出正确行动。合情包含着对现实情境尤其是客观情境的理解和把握，若忽视这一问题，很容易远离生活、脱离现实，极易出现盲目履责、主观履责的错误。只有紧紧围绕国家、社会和人民的现实情况，清晰准确地把握责任履行的具体情境，才能做出正确合理的选择，成功地完成责任使命。另一方面，责任履行只有顺人情、合人心才能更顺利。履责唯有顺应民情民心，回应和满足人民正当的情感诉求，才能获得社会的广泛赞誉和支持。否则，群众会不愿配合甚至抵抗和阻挠政府行政人员的履责行为，那么履责将变得极为艰难。因而需要政府行政人员以情动人，想民之所想，急民之所急，以饱满的热情履责，用强烈的责任情感真心实意地为人民服务。

四、合法、合理、合情的统一

范忠信等人表示，判断人们行为的善恶的最根本标准乃是合法、合理、合情[①]，政府行政人员履责同样如此，必须坚持这三大价值标准，并最大限度地追求三者的统一。

（一）合法、合理、合情标准缺一不可

合法、合理、合情三大价值标准相互区别、相互联系，既对立又统一。

一方面，三者密切相连。合情、合理不能截然分开，言说其一总隐含着另一个。古人所说的常情、民情包含着一定的常理、天理；而今天人们

① 范忠信，郑定，詹学农．情理法与中国人［M］．修订本．北京：北京大学出版社，2011：24.

所讲的道理，也是要符合常情的，天理寓于人情之中，即有此意。因此合情、合理的融合较为明显。从三者联系上讲，合法蕴含的价值理念大多以合情、合理为基础，而合情、合理的实现，则需要合法提供保障。

另一方面，三者在一定程度上存在冲突。合情、合理总是希冀包容、体谅和变通，它们是自然的、非实定的，而合法则无法放任、包庇和宽容，是规范的、实定的，三者发生冲突时会带来一定的困难。从政府行政人员履行责任上讲，三者之间的对立和冲突主要集中在合法与合情、合理相分离的问题上，接下来我们进行一些具体分析。

一是不合法，但合情、合理。从人们对履责评价的角度来讲，受传统意识观念的影响以及自身认知和素养的局限，有些人不可避免地仅靠是否合情、合理来评判责任及其履行，关心的是其是否符合他们认同的“情”与“理”，认为达到了合情、合理就是义，否则便是不义，较为忽视对是否“合法”的关注。从政府行政人员履责角度来讲，过分强调和追求合情、合理，很容易把合法的要求抛到九霄云外，这样很容易阻碍责任既定目标的实现。例如，一位乡镇政府的行政人员在与村民协调农村宅基地事宜时，完全依靠“情”和“理”来调解矛盾，忘记了行政执行还有法定的时效性问题，把履责中的程序合法的规定抛在脑后，最终没有在法定期限内处理完毕，后在行政复议时，他被判定是行政不作为，这就是忽视合法而导致责任履行失败的例子。过分强调和追求合情和合理，还容易出现任意理解、随意裁量法律的问题。政府行政人员信合情、合理却不信合法，将冲淡合法的统一规制和安排，导致秩序和规则在现实中难以真正确立，使法律有名无实、形同虚设。同时，坚持合情、合理至上也会造成“情”“理”对“法”的僭越和践踏，违背合法的价值取向。政府行政人员可能会虚化道德的客观标准和底线，这样他们在履责中极易出现道德普遍性与特殊性割裂、道德权威沦丧、价值标准似是而非等问题。如此，政府行政人员很容易将个人私利置于公共利益之上，使之成为自己履责的绝对标准，而伦理道德原则将沦为于自身而言是否有利的个人判断。此时，合法作为价值判断的客观统一标准将失效，责任履行行为就成了因人而异的主观随意行为。这样下去，责任履行不仅会出错，还会使公众对法律产生不信任感，使“法”的作用越来越弱，最终使其权威荡然无存。

因此，不可将合情、合理凌驾于合法之上，责任之“情”与“理”不能超越责任之“法”的规定性，合法必须是位列第一的价值标准。当然，“情”与“理”的因素在法律规定范围内可以考虑，可以适当地发挥它们的作用，但无论何时，它们都不能超过“法”的要求和范围，否则，“情”“理”泛滥会造成社会失序和社会冲突。政府行政人员身处思想多元、价值多样的现实社会，履行责任的环境是动态多变的，这就需要他们内心坚守合法的价值标准，将法治意识融入自身责任意识，秉承法治理性思维，合法地将责任履行到底。

二是合法，但不合情、不合理。这种冲突也是常见的。例如，出租车司机为救车内病人而闯红灯，最后被吊销驾驶证，这就是合法不合情、不合理。此类的现象提醒政府行政人员，尤其要慎重对待合法但不合情、不合理的事情。在依法履责的过程中，一方面要尽量找出最有利于责任对象的法律条文，另一方面要伴之以“情”与“理”的柔性化。一些政府行政人员暴力执法，初看起来是合法但不合情、不合理，但随着法治文明的进步，粗暴执法已经变得既不合情、不合理，也不合法，因为法律已经明文禁止粗暴执法。

坚持合法，而不考虑合情、合理，也会有一定的问题，具体而言：

第一，单纯倚仗合法的不足无法弥补。一方面，合法不可能绝对地、穷尽地规范所有社会事实，同时它也具有封闭性，因此在无法律条文可依的情况下，需要依据合情、合理来弥补单纯倚仗合法的不足和法律调控范围的有限性。这就需要政府行政人员意识里注重“情”“理”的作用，需要发挥自由裁量权时，要尽可能地使履责合情合理。另一方面，考虑合情、合理能够冲淡仅依合法的僵硬和死板。若脱离了合情、合理，单纯倚仗合法，很容易造成片面、偏激的规范和约束。相应地，政府行政人员的履责极易成为压制社会公众的外在化工具，使政府与人民形成对立关系，如有的政府行政人员不注重优化自己的执法思维和方式，暴力执法，使公众感到恐惧，大家会降低对政府的信服度。因此，需要关注合情、合理，以此更好地把握履责的幅度、弹性和尺度。第二，单纯倚仗合法难以深入人心。若忽视合情、合理，那么便割裂了法律赖以生成的社会基础，必然导致法律的逻辑因为背离生活的逻辑而被束之高阁。“日常生活将以其执拗的秉性对待并撕裂法律的边界，而法律只能徒具外壳，它虽然可能被镂之金石、公之于众，但不可能嵌入民魂、矗立民心”①。因此，政府行政人员在保证合法的基础上也需要考虑人民群众看重的合情、合理的标尺，把实践中具体的“情”与“理”因素代入到一般的法律规定中，在追求合法的同时引入公共伦理道德，顾及民情民意，增强大众对“法”的社会理解性，推进“法”的大众化和生活化。第三，合法本土化问题难解。身处本土环境中，面对传统的道德观念和风俗习惯，政府行政人员想要履行责任，必须要在法律制度标准之外考虑“情”“理”的因素，否则，很容易出现一系列的问题，如程序正义与实质正义的矛盾使得普通大众很难用程序正义的评判标准取代实质正义的评判标准来看待纠纷等，因此，需要政府行政人员立足本国国情和民族特色，在履责中适当运用中国传统的“情”“理”思维来解决现实问题，不然，履责衍生的问题将十分复杂难解。想要做到这些，就需要增强政府行政人员的责任意识和履责素养，丰富他们的社会经验、增强他们的社会道德，使他们能够实施既符合责任要求又能为社会成员所接受的履责行为。

可见，过分偏向合法标准而忽视合情、合理标准，以及过分偏向合情、合理标准而牺牲合法标准，都无法正确地履行责任，政府行政人员的履责过程应当努力实现三个标准的统一。

（二）合法、合理、合情标准的和谐

马克思指出，“对立面互相均衡，互相中和，互相抵消。这两个彼此矛盾的思想的融合，就形成一个新的思想，即它们的合题”②。对于合法、合理、合情来说，它们的合题即是由对立走向统一，达成和谐。

做到合法、合理、合情兼顾，促进三者有效结合、彼此支持、良性互动，直至达成三者和谐，这是责任意识价值标准所追求的圆满境界，这就要求政府行政人员在承认三者的差异和冲突的基础上，促进三者之间的共

---

① 谢晖．法治思维中的情理和法理［J］．重庆理工大学学报（社会科学），2015（9）．

② 马克思，恩格斯．马克思恩格斯文集：第1卷［M］．北京：人民出版社，2009：601．

存、融合与统一，在履行责任时思考如何做出一个和谐的决策。

一方面，需要用符合民族特色、国人能接受的“情”“理”思维依法履行责任，探寻符合中国文明基本倾向和中国国情需要的履责路径。满足合法标准时不能忽视人情，要注重社会和公众的道德评价问题，充分考虑履责情境、社会情感、社会道德规范和风俗习惯。由于履责的情境千差万别，涉及的社会伦理道德复杂多样，必要时可不囿于具体法规条文而灵活地处理问题，寻求“法”“理”“情”之间的融合、统一。另一方面，坚持“情”“理”不能有违于法律，社会需要以法眼观察人情事理。坚持所有标准规范都要置于法律的框架之内，且彼此间保持和谐互补的良性关系。

总之，政府行政人员要找准“法”“理”“情”的结合点，在三者间做出价值的平衡，寻求责任履行过程中事实、法意、情感、道德、伦理的圆融不悖。既不机械教条地使用法律，也不纯粹地演绎情理逻辑，而是做到以法为本，兼顾情理，坚持以法育人、以理服人、以情动人，在保证合法基础上充分考虑具体情况，发挥社会伦理道德和文化情感特有的价值和作用，使责任履行于法有据且让人认同、令人信服。更有力地贯彻合法精神，更理性地发挥合情、合理的效用，更充分地遵循合法、合理、合情中所蕴含的价值观念和价值取向，最终达到责任履行的新境界。

第五章　政府行政人员责任意识存在的问题及原因

责任意识的极端重要性，把政府行政人员加强政治历练、思想修炼和实践锻炼以不断强化责任意识，提到了空前突出的位置。那么，政府行政人员责任意识的现实状况如何呢？特别是存在一些什么问题呢？本章从主观层面、制度层面和文化层面寻找问题产生的原因，为责任意识的强化提供着力点。

第一节　政府行政人员责任意识存在的问题及其主要表现

在我国政府行政人员队伍中，绝大部分政府行政人员具有强烈的责任意识。他们身在政府，心系人民，敢于担当，尽心履责，乐于奉献，以自己踏踏实实的责任履行，为实现经济繁荣、社会和谐、环境优美、人民幸福的价值目标而添砖加瓦。焦裕禄、孔繁森、杨善洲等就是他们其中杰出的代表。我们党的第一个百年奋斗目标能够如期实现，全国人民大步跨入全面小康社会，与广大政府行政人员忠于党、忠于人民、尽心尽责是密切相关的。但同时我们也应该看到，一些政府行政人员责任意识不强的现象也明显存在，需要清醒认识。

分析政府行政人员责任意识的现状，我们发现主要存在以下问题：

一、问题之一：敷衍了事、应付责任

有的政府行政人员蒙混过关，浑水摸鱼。在上级关注度高、检查监督力度大、形势严峻、政策强调的时候，较为重视责任履行，反之，就是潦草执行，将就履责；不想踏踏实实将责任落实到位，而是企图通过走过场、搞形式、玩虚假、摆“花架子”来应付了事。有的政府行政人员搪塞群众，马虎了事，忽视人民的意愿，对群众的呼声是左耳进、右耳出；对于群众反映的事，奉行放放再说、等等再看、拖拖再办的观念，在与老百姓息息相关的责任事务上总是含糊不清、草率粗疏，对人民的反馈漫不经心、冷漠对之。有的政府行政人员得过且过、不思进取，怀有“船到码头”“车到站”的想法，只想安稳退休，秉承“明哲保身，只求无过”的想法，有风险的责任事务不做，没有先例的事情不干，就愿意混日子、熬年头、安享“俸禄”、只想“软着陆”，精神萎靡，甘于平庸，凑合应付责任。有的政府行政人员是“老好人”心态，对履责问题选择睁一只眼闭一只眼，害怕得罪人，惧怕麻烦上身，不敢碰硬较真，只想维持表面的和平。有的政府行政人员任性履责，随意对待，作风飘忽不定，履责情绪忽好忽坏、履责态度忽冷忽热、履责水平时高时低、履责节奏时松时紧，有时“一阵风”、有时“拖延症”，有始无终、虎头蛇尾、全随着自己的性子来，缺乏履责的一贯性和稳定性。有的政府行政人员思想懈怠、态度消极、履责迟缓，对于已经明确要求推进的重点责任，还要等上级调度、其他地区和人员先试行出经验后才愿意动手。有的政府行政人员重视自我享乐，敷衍塞责，他们的心思已不在责任履行上，满脑子想的都是自己如何吃好喝好玩好，追求安逸舒适，履责的积极性逐渐消退，饱食终日、无所用心，面对责任是出工不出力、人虽在心已远。

二、问题之二：不负责任、推卸责任

有的政府行政人员只想揽权不想负责，只想做官不想做事，只想收获不想付出，只想出彩不想出力。有的政府行政人员藐视法纪规则，无视责任使命，不顾百姓死活，有令不行、有禁不止、玩忽职守、欺上瞒下，甚至是渎职拒责，严重不负责任，给国家、社会和人民利益造成重大损失。有的政府行政人员搁置责任，不予负责，把责任束之高阁、放置一边、不予理睬，将履责面对的矛盾丢在一旁、放任不管，该办的事不办，毫不作为，任由小事拖大、大事拖炸，最终酿成大错。有的政府行政人员情绪引导，私利为上，对自己没有好处的不予履行，过分看重个人待遇，觉得不合心意了、福利少了、晋升空间小了就感到没有劲头、干头、奔头了，就直接"撂挑子"。有的政府行政人员刚做出了一些成绩，就向领导和组织"邀功"，不断提条件、要待遇，满足不了就开始闹情绪，本该负的责任也不负责了。有的政府行政人员被问责、批评后，不知耻而后勇，反而更加不负责任。有的政府行政人员不愿付出和奉献，不愿负责，自己不做事，把履责任务都交给别人去做。有的政府行政人员推诿扯皮，像"踢皮球"一样把责任踢来踢去，像"打乒乓球"一样把责任推来挡去，像"击鼓传花"一样把责任传来传去，善用"打太极"来将责任变着法子、换个花样推出去，总找借口和理由把责任、任务推得一干二净，那些看似合理的说法，实则是在逃避责任。有的政府行政人员对人民群众反映强烈的问题一再推托，口头禅是"这责任不归我们担""这事不归我们管"，潜台词就是推诿责任，不想履责。有的政府行政人员在履责上嫁祸于人、诿过于人，事情没做好、责任完不成时，急于把自己择干净，想方设法地把过错推给别人，把罪名加在别人头上，让他人承担责任后果，使自己免于被问责。当履责犯了错误、出了问题时，竭力撇清自己，只讲客观原因、不讲主观原因，只讲他人原因、不讲自己原因，不放过任何能为自己开脱的机会，只要有问题就向别人打板子，坚决"甩锅"到底；有的政府行政人员转嫁责任，无视自己的职责内容、边界和要求，把自己应该担负的责任转移给别人，履责遇到问题往下移、往周围转、往上推，妄图把压力和重担传给他人而自己置身责任之外；有的政府行政人员面对组织安排和上级领导的指示，甘当"传话筒""二传手"，不愿意亲力亲为，习惯于以会议落实会议、以文件传达文件，只会层层画圈、步步请示，看似层层压实责任和任务，实则是层层转嫁责任，看似是逐级落实履责工作，实则是“甩包袱”，甘当“甩手掌柜”。

三、问题之三：拈轻怕重、逃避责任

有的政府行政人员避重就轻，避难就易，害怕挑重担，有意回避担子重的责任，只挑轻担子。有的政府行政人员内心厌恶繁重的工作，故意避开高难度的任务，只愿意履行简单易达成的任务，在工作中“躲”字当头，“避”字为先，不敢或不愿接“烫手山芋”。有的政府行政人员知难而退，在面对责任履行中的困境和挑战时，轻易退缩，半途而废，遇到履责矛盾都是绕道走，不敢正视问题、直面危机，缺少战胜履责困难、化解责任冲突的勇气、决心和毅力。有的政府行政人员临阵脱逃，在面对责任时选择退缩躲避，该到位时不出现，该出面时不出面，该主事时不见人，该承担责任时回避责任，该发挥作用时只想着溜之大吉。

四、问题之四：选择性履行、歪曲责任

有的政府行政人员区别对待责任，有选择性地、有差别地看待责任，对待责任选择部分履行、部分不履行，对个人、部门或组织有利的责任认真履行，反之，没什么利益可捞的责任就不履行或不认真履行。有的政府行政人员故意替换责任，有意裁量、修改、替换责任内容和要求，随意变通履责标准，故意更换原有规范中的某些要点或某些政策，将其置换为对自己有利的策略，擅自改变原有责任目标和初衷，漠视履责原有的计划和部署。有的政府行政人员随意添加责任内容，打着部门或地方特殊的幌子，在责任的内容中私自附加一些对本人、本部门或本地区有利的规定和安排。有的政府行政人员泛化责任，在贯彻国家、地区和上级部署的责任要求时，缺乏反思研究的动力和自觉，不做深入实际的调查研究，没有具体研究履责情境和责任落实的方法，而是上下一般粗，大而化之，导致责任履行没有实效可言。有的政府行政人员履责浮于表面，声势浩大却做不到基层和群众中去，背离实事求是的工作作风，消耗了大量人力、物力、财力，结果却是毫无实效。有的政府行政人员误解、误读、误判责任，逐

渐淡化、弱化、偏离责任目标，背离责任的内容和价值取向，出现越权履责、越位履责、错位履责、错误履责等情况。有的政府行政人员教条式地履行责任，循规蹈矩、墨守成规，面对不同的情况和问题时，按老方法和套路办事，不懂变通，不愿创新，责任履行中的惯性思想和路径依赖十分明显。有的政府行政人员粗暴履行责任，在履行责任和推行政策时不讲究方式和方法，缺少与相关责任对象之间的沟通协调，手段过于简单粗暴，态度过于强硬，使公众难以接受，进而出现排斥和抵抗心理，最终导致责任目标无法实现。有的政府行政人员盲目对待责任，在履行责任中“指哪儿打哪儿”，一味服从安排，缺少独立思考，履行责任时“拍脑袋”，全靠主观臆断，自以为是地对待责任。

这些问题的存在，我们从各级纪检监察部门的通报中、从各种媒体的报道中、从人们的交谈中，可以轻易得到印证。产生这些问题的原因，值得我们深入思考和分析。

第二节　政府行政人员责任意识问题的原因分析：主观层面

政府行政人员的责任意识出现问题，主观层面的原因主要包括主体认识错误、主体价值观偏差和非理性因素的消极作用。

一、主体认识错误

主体认识错误主要表现为：一是对内容认识错误，即对责任及责任履行基本内容的认识错误。如有的政府行政人员对责任目标、责任行使范围、责任规定中的权利与义务、责任的价值取向等的理解存在偏差，有的政府行政人员对责任服务对象的认识不正确，具体而言主要是对责任服务对象的身份地位、现实状况和真实诉求等的掌握存在差错。

二是对关系认识错误，即对自身与责任的关系认识错误。如有的政府行政人员对自己履行责任的心理诉求、思维能力、客观条件、行为效果等方面的鉴定，以及对自己在履行责任中的角色、权力、价值、作用等方面的把握出现问题；又如有的政府行政人员在具体的履责过程中，对自己履责的正当性和合理性的分析和判断并不正确；等等。

三是对知识认识错误，即对责任及责任履行的思想理论认识错误。如有的政府行政人员对马克思列宁主义、毛泽东思想、邓小平理论、“三个代表”重要思想、科学发展观、习近平新时代中国特色社会主义思想的学习还不到位；有的政府行政人员对国家大政方针、政府职能要求、中央精神、上级的重要部署和重大决策的理解和领会尚不深入；有的政府行政人员对自身责任所必需的专业理论知识、职业伦理规范、社会道德要求等方面的认知有误，等等。

四是对环境认识错误，即对责任及责任履行的外在环境认识错误。如有的政府行政人员对关于责任及责任履行的社会期待要求、外部监督反馈、行政文化引导等看法存在偏差，这就导致他们无法接收正确的责任信息，无法辨明是非善恶；有的政府行政人员对责任履行面临的具体情境的了解不够充分，对当前时代背景、现实国情、社会现状的理解存在问题；有的政府行政人员对履责面临的新情况、新挑战和新问题的剖析存在错误，对已经变化了的外在环境和状态无法及时发现和了解，等等。

五是对行动认识错误，即对实际的责任履行认识错误。如在实践中，有的政府行政人员在责任履行程序、手段、方式、后果的预测和选择上存在认知偏差，在责任价值目标的确定、价值标准的选择和价值原则的取舍上存在问题，等等。

造成主体认识错误的因素复杂繁多，主要是受主体的知识、认识能力以及主体认识图式消极功能的影响。需要指出的是：第一，这三个因素与书中未提及的其他因素，以及每个因素中包含的各个部分，都是相互联系的，影响主体认识的绝不是某一种或某几种因素，而是所有因素在功能和方式上相互影响、相互作用所形成的综合状态和综合功能。第二，其中任何一个因素或任何一个因素中的任一部分都有可能造成主体认识的偏差，都会对主体的意识活动产生影响，至于影响认识的程度如何，还要看这一因素的内部矛盾情况、它在当时认识活动中所处的地位以及它与其他因素之间的相互作用关系。第三，有的政府行政人员只是由于一个方面欠缺而认识失误，而有的政府行政人员是多种因素欠缺而出现认识问题。本书主要是从学理上对造成主体认识失误的三个主要因素进行分析，并依靠马克思主义认识论对它们如何造成主体认识失误这一问题作进一步的阐释和论述。

（一）知识的缺乏

一个知识丰富的政府行政人员与一个知识贫瘠的政府行政人员，他们责任意识的差别显而易见，在责任认识对错、深浅、快慢上的不同也是不言而喻的。

一方面，知识的缺乏使主体认识缺少一定的知识基础。要想获得认识，必先拥有知识。认识本身必须以主体具备一定的知识作为基础和前提。主体的认识绝不是从零开始的，在其开始某一认识活动时，各种已有知识必然会参与进来，为认识提供依据、标准和导向，促进认识的发展，增添新的知识，然后又以丰富和深化了的知识作为新的基础和前提去获得更多的、更进一步的知识。“对于缺乏必要知识的主体来说，信息无论多么丰富，也不过是一堆毫无意义的杂乱信号，不可能为他所把握”①。

另一方面，知识的缺乏使主体认识缺少知识所提供的认识工具和方法。主体不断获得知识，便逐渐形成一套基本概念框架。概念是思维的基本工具，有了概念，主体便能够开展一系列复杂的思维活动，去探索认识对象的本质。若政府行政人员缺少知识，那么他的概念框架和逻辑思维方法便还不够强大，无法用系统化的逻辑体系即用准确的概念、正确的推理、恰当的判断和严谨的逻辑证明来分析责任，如此，他们很容易出现认识问题。与此同时，知识为主体提供了认识所需的观察力、想象力和直觉，若政府行政人员知识不足，很难高效精准地进行认识活动。

知识缺乏对主体认识的影响主要表现为：一是影响主体认识的正确程度，导致认识错误。主体的知识决定了主体认识是否具有真理性，是否在逼近真理的认知过程中。若一个政府行政人员知识匮乏，那么他很可能会对责任进行错误的分析和解释，从而做出错误的评价和预测，最终使自身

① 周文彰．狡黠的心灵：主体认识图式概论［M］．海口：南方出版社，2009：63．

对责任的认识误入歧途。

二是影响主体认识的广博程度，导致认识狭隘。主体的知识储备、知识结构在一定程度上决定了其认识的开阔程度。若一个政府行政人员缺乏知识，那么他认识责任的视野便较为狭窄，不能多角度地、全方位地看待责任，认知范围偏狭，认知窗口闭塞，导致认识不足。

三是影响主体认识的精深程度，导致认识肤浅。主体的知识规定着其观察和思考的精深程度。当一个政府行政人员知识贫乏，那么他便不具备深刻的思维，很难透过现象看到本质，对责任的认识大多浮于表面。同时，若政府行政人员缺少本领域所要求的专业性知识，对责任一般规律、基本关系、价值理念以及履责正当性等问题的认识十分肤浅、难达核心，那么很多时候他对责任的看法都会是片面的、盲目的、主观的，这便会带来认识失误的问题。

（二）认识能力不足

从组成上看，认识能力可分为两部分：一是认识客观存在的能力，主要包括选择和获取信息的能力、整理和加工信息的能力、解释和评价信息的能力；二是认识自我的能力，主要是指自我认知能力。当政府行政人员的这些认识能力不佳时，很容易出现认识失误。以下作进一步分析：

第一，选择和获取信息的能力不足。认识对象不是自在存在的物质、事物或客观实在，而是它们当中与主体发生关系的那部分。那些丰富繁多的信息，能否进入主体的认识视线，能否被主体有意识地选取成为认识对象，在一定程度上会受到主体选择和获取信息这一能力的影响。面对同一信息，这一能力有差异，主体的认识水平和程度便也会不同。如果政府行政人员这一能力较弱，他的认识眼界、认识的敏锐度便会不尽如人意，他的直觉、观察力、记忆力、注意力等方面会有所欠缺，因而很多情况他根本探索和认识不到，有时客观事物即使呈现在他面前，也很难成为他的认识对象。

第二，整理和加工信息的能力不足。主体认识的所有客观对象和信息，都是经过其整理和加工而成的主观映像。主体对信息的认识不是对其简单的描摹和摄影，而是要对众多信息进行筛选过滤，然后加以整合和重组。如果政府行政人员这一能力存在不足，那么他将丰富的感觉材料加以去粗取精、去伪存真、由此及彼、由表及里的改造功夫就还不够，这很容易导致他们对信息的认识出现偏差。

第三，解释和评价信息的能力不足。“观念的东西不外是移入人的头脑并在人的头脑中改造过的物质的东西而已。”① 主体对信息进行改造和创新，“以抽象的概念、范畴、符号、公式、图形、定理等方式将其再现出来”②。如果政府行政人员这一能力不足，那么他的抽象力、推理力、判断力、论证力、创造力等就会欠佳，他对信息本质的认识、对事物内部规律性的把握、对客观存在的反映便容易出现问题，认识失误便随之发生。

第四，自我认知能力不足。这会导致以下几方面问题：一是对自己的意识、动机、感知和思维等方面的觉察有误，二是对自己的状态、行为等方面的体认有误，三是对自己的属性、本质力量和人格特征等方面的判断和评估有误，这导致主体无法全面清晰地认识自我，无法实事求是地评价自己，使其容易在自我反思、自我调节和自我控制上出现问题。人只有在正确地意识到自己是谁、应该做什么、应该怎样做的时候，才会自律自觉地去行动。如若政府行政人员这一能力不足，那么他在面对责任时，便会出现很多认识失误，如对自身责任观念和行为的认识失误、对自身与责任的关系认识失误等。

（三）主体认识图式的消极功能

主体认识图式存在于每个人的头脑中，支配着人的思想和行为。它是主体先存的各种意识状态的综合统一体。各种意识要素以极其复杂的机制和方式在主体大脑中相互联系、相互作用，形成了一套功能上相互依存的关系，而这些关系的合成，则构成了图式的整体功能③。它具有重大的积极功能，主体在其控制和支配下能够正确反映事物的本质和规律，达到真理性的认识，也能够科学地从事改造世界的实践活动，使之达到既合目的性又合规律性的效果④。同时，它也具有一定的消极功能，有可能导致认

① 马克思，恩格斯．马克思恩格斯选集：第 2 卷［M］．2 版．北京：人民出版社，1995：112.

② 欧阳康．马克思主义认识论研究［M］．北京：北京师范大学出版社，2017：40.

③ 周文彰．狡黠的心灵：主体认识图式概论［M］．海口：南方出版社，2009：39－40.

④ 周文彰．狡黠的心灵：主体认识图式概论［M］．海口：南方出版社，2009：226－227.

识上的主观性、思想上的封闭性和思维方式上的僵化性①。

第一，认识上的主观性。政府行政人员有可能以图式中原有的知识和观点去图解对象，导致要么看不到对象的实际情况，要么置对象的实际情况于不顾而想当然地对其进行歪曲，从而使认识与客观对象不相符合，在认识上表现出很大的主观性。有时政府行政人员接受和认可了某种责任的理论观点，仅仅是因为它与自身的图式相一致。在图式的作用下，有时关于责任的结论在认识过程开始前就已在头脑中产生并形成了，导致有的政府行政人员对责任的规定还没完全弄清楚，就已经根据自己的理解思考和行动了，这就很容易歪曲责任。

第二，思想上的封闭性。这主要是因为主体认识图式有使主体拒绝或摒弃一切与它不相符合的东西的倾向。政府行政人员在图式的引导下，可能出现思想保守的问题，如难以接受责任的新理论、新现象、新事物，这会使他们对有关责任的新情况充耳不闻。同时他们也容易对外界监督的反馈和人民的意见置之不理，这些都可能造成他们认识的跑偏和失误。

第三，思维方式上的僵化性。这主要是主体认识图式所导致的刻板的思维路线和固定机械的思维格局成了一种永恒的"模式"。相应地，政府行政人员始终以这种僵化的模式思考和处理关于责任的一切事务。无论面临多么千差万别的问题，都会千篇一律地予以解决，无论面对多么迥然相异的履责情境，都采用相同的手段和方法，坚持固有的思维"路数"，这样极易出现教条应对责任的错误。

二、主体价值观偏差

价值观是人们关于事物有无价值和价值大小的总的看法和根本观点。它对主体的作用十分突出。价值观对主体的作用主要体现在三个方面：一是价值观决定着主体对价值的向往和追求。库珀表示，"价值观就是关于我们该如何去做的信念，也是关于我们想要的某种最终的生存状态的信念"②。

① 周文彰．狡黠的心灵：主体认识图式概论［M］．海口：南方出版社，2009：230.

② 库珀．行政伦理学：实现行政责任的途径：第5版［M］．北京：中国人民大学出版社，2010：85.

它代表着政府行政人员在行政过程中对利害、美丑、善恶的总体看法和根本观点，决定了他们对一系列价值问题的想法和回答，如怎么看待自己、怎么理解自己与责任的关系、想达成怎样的目标、在责任履行中应该坚持什么样的价值原则、有什么期望等。价值观促使政府行政人员去选择和追求自己的所想、所愿、所盼。二是价值观影响着主体的判断与选择。罗克奇表示，价值观是“指导人类行为的准则和标尺”①。李德顺强调，“人们关于任何价值的信念、信仰和理想一旦形成，就会成为人们心目中用以评量事物之意义、权衡得失轻重、决定褒贬弃取的‘天平’和‘尺子’。人们用这样的天平和尺子去称量、评判一切人和事物，从而得出自己的态度和选择”②。价值观中包含的信念、理想、信仰以及它所提供的标准和原则，都在深深地影响着政府行政人员的意识和行为，引导他们做出一定的判断和取舍。三是价值观引导着主体的思考方式和行为方式。价值观内在地引导着主体的意识取向、心理倾向和行为定势，它内含的原则理念与思维活动和行为活动联系在一起，驱使着政府行政人员以特定思维和行动方式去履行责任并寻求目标的实现。

价值观因人而异，这就是为什么不同政府行政人员在自身价值观的支配和影响下产生了不同的认识和行为。李德顺指出，“价值观念的主体性通过主体特有的、个性化的立场、态度、取向、旨趣特别是评价标准表现出来，往往带有较浓厚的主观性和情感化的色彩。不同主体之间价值观念的异同，必然与主体存在、生活方式、地位、需要、利益和经历等之间的异同相联系”③。不同主体之间的价值标准和价值观念，不能彼此替代④。周文彰表示，不同的人往往具有不同的价值观，因此对同一个事物的价值评价可能大相径庭⑤。

不仅是个人，组织也有组织的价值观，民族也有民族的共同价值观，

---

① 库珀．行政伦理学：实现行政责任的途径：第5版［M］．北京：中国人民大学出版社，2010：87.

② 李德顺．价值论：一种主体性的研究［M］．3版．北京：中国人民大学出版社，2013：153.

③ 李德顺．价值论：一种主体性的研究［M］．3版．北京：中国人民大学出版社，2013：149.

④ 李德顺．价值论：一种主体性的研究［M］．3版．北京：中国人民大学出版社，2013：151.

⑤ 周文彰．让学习成为习惯［M］．海口：南方出版社，2017：45.

国家也是如此。我们国家的共同价值观中最基本的内容便是社会主义核心价值观。周文彰认为，核心价值观就是一种德，既是个人的德，也是国家的德、社会的德，“核心价值观的意义和作用就在于，它是全社会的价值共识（认同）、价值追求（目标）和价值准则（标准）”[①]。从政府行政人员角度来说，他们不仅应该坚持社会主义核心价值观，也需要坚持正确的行政价值观。行政价值观本质上体现的是政府与国家、社会、人民之间的需要与被需要、期望与被期望的价值关系，具体体现为：政府的存在对于国家的意义、对于社会的有用性、对于人民的价值等。此时，国家、社会和人民成为行政价值的主体和评价主体，政府及其行政人员成为行政价值客体和评价客体。当政府行政人员以“正价值”的方式和过程实现目标，达到行政的“正价值”效能时，那么以这样“正价值”为基础所形成的价值观便是正确的价值观。我们本节所指的主体价值观偏差，主要指的是政府行政人员面对责任时，个人价值观对社会主义核心价值观和行政价值观而言存在的偏差。

主体价值观偏差导致政府行政人员责任意识问题。李德顺表示，时下人们经常提及的“价值观”，应该当作“价值观念”来解释[②]，并指明了价值观念的基本构成。本书运用了他关于价值观念构成的观点，从价值观的基本构成入手，分析主体价值观偏差，以此来揭示存在责任意识问题的一大原因。

一是主体意识偏差，主要指主体的定位和自我意识的偏差。有的政府行政人员在我是谁、我有怎样的权利和责任、我在责任履行中扮演着怎样的角色、与社会和人民是什么样的关系等的认识上出现了问题。如认为自己是最重要的，个人利益应该高于国家和人民的利益，觉得在责任履行中应当以自身的利益和立场为根据考虑问题；或认为自己是高高在上的，没必要心甘情愿地为人民服务，以为官是“本”，自己有理由有权力压榨百姓、与民争利；等等。

二是理想和信念偏差，主要指主体关于人生、关于社会结构和秩序的

---

① 周文彰．让学习成为习惯［M］．海口：南方出版社，2017：46.

② 李德顺．价值论：一种主体性的研究［M］．3版．北京：中国人民大学出版社，2013：137.

理想、关于信念的偏差。有的政府行政人员在我应该是什么样的、我的人生应该如何度过才是有价值的、社会应该是怎样的社会、社会的运行秩序和组织结构怎样设定才是最合理的、社会中人与人之间的关系该是什么样的等问题的理解上出现了偏差，如他们认为社会本来就应该是尊卑有别、等级有差的，自己履行责任时不必要强调民主和公正；有的则觉得人生最大的目标就是不顾一切地使个人利益最大化，认为必要时可以为了自己获益而牺牲国家利益和公共利益；等等。

三是规范意识偏差，主要指主体关于社会规范的立场和选择的偏差。有的政府行政人员对责任相关规范的理解水平、履行责任的自觉性程度、在具体情境下处理各方面规范的方式、在处理私人角色与公共角色之间冲突的态度等问题上出现了偏差。如他们有的在心中并不真正认同责任的相关规范，认为不将规范贯彻落实到位也无大碍，一旦有需要，破坏责任的规定也是可以的；有的十分排斥某些规范，履行责任时根本不会将之作为判断自己思想言行是否具有正当性的标准和依据；等等。

四是实践意识偏差，主要指主体实践行为的心灵模式的偏差。有的政府行政人员在一定价值观念的形成和应用过程中依循和表现出来的深层思维和心理特征，与社会主义核心价值观和行政价值观相比，存在偏差。如面对相同的任务，有的政府行政人员表现出踏实肯干、求真务实的工作作风，而有的则展现出浮夸急躁、夸夸其谈的工作作风；有的政府行政人员在责任履行的动机、信念、方式等方面有“善”的追求，认为应该时时刻刻自律，严格约束自己以完成任务，而有的却奉行无论履责过程如何，只要达成目标即可的态度，认为责任履行的动机、手段、途径等方面应充分放开，不对自己作任何约束；等等。

五是本位意识偏差，主要指的是关于首位价值或本位价值认定的偏差。“一般说来，在一个成熟的价值观念体系中，必然要形成一种特殊的价值，它成为各种不同价值的‘通项’（其他价值都可与它换算）；并且当其他价值与它有冲突时，最终也要服从于它。这种特殊的价值，即是所谓

‘首位价值’或‘本位价值’”①。从我国的行政价值观来讲，本位价值是坚持人民首位、人民本位。有的政府行政人员并不认同人民本位，觉得不需要始终将人民放在心中最高位置，认为在工作中随意搪塞群众、无视群众、欺压群众无关紧要；有的奉行个人至上的本位主义，认为想问题、办事情都应该以自我为中心，在责任履行中也应当最先关注自我感受和自身所得，第一位重要的是维护好自身利益，等等。

三、非理性因素的消极作用

一个正常的主体在任何时候都不可避免地受到自身非理性因素的影响。非理性因素很多，主要有需要、欲望、情感、意志、兴趣、直觉、灵感等。它们具有十分重要的积极作用，对主体意识活动具有一定的激发、定向、调控和引导作用。但同时，它们也有一定的消极作用，会给主体意识活动带来一些障碍。非理性因素的消极作用主要在以下三种情况下发挥出来：一是当它完全摆脱了理性的控制和引导时，其作用往往是消极的。二是当它超过了正常的程度和水平，即超越了“度”的界限，发生了质变，处于非正常状态，往极端化发展时，会带来消极作用。三是一些非理性因素的性质本就是无益的、恶性的、不良的，其作用一定是消极的。对政府行政人员责任意识活动影响较大的非理性因素，主要是情绪、需要和意志。

第一，情绪。当政府行政人员情绪低落时，他履行责任时的状态也会低迷、懈怠迟缓、消极被动，对责任敷衍，甚至抵触、厌恶和排斥，内心根本不愿意积极主动地落实责任；当他们在工作和生活中被激发出愤怒、委屈、失落、烦躁等不良情绪时，极可能将这些不良情绪带入责任履行过程；当他们处于恶性的情绪中且情绪过分激烈时，就极易丧失判断力和理智，无法冷静地看待和完成责任，甚至可能出现自我情绪失控和精神崩溃，给社会和人民带来一定的危害；当他们在用权履责中让情绪占了上风，使其凌驾于理性和法律之上时，那就极易出现以情代法、感情用事、

① 李德顺．价值论：一种主体性的研究［M］．3 版．北京：中国人民大学出版社，2013：148.

任人唯亲等错误行为。

第二，需要。需要是主体在认识世界和改造世界的过程中，“为维持自身的延续和发展而产生的对外界事物的各种要求”①。它反映着主体内部的一种不平衡状态，是主体意识活动的一大动力。政府行政人员正常的、合理的需要是值得支持的，这能够提高他们履行责任的积极性。但若需要已经偏斜，则会影响他们的责任意识，如对房子、车子、金钱等物质需要的过度追求和过分要求，很容易使他们以满足自己过盛的物质需要为动机开展工作，在履责中极易被自己过度的需要带偏；有的认为只有获得丰厚的真金白银才算是自我价值的实现，在履责中一心只想着疯狂捞取财物，最终异化了“需要”，人完全被金钱和物质所控制；有的为了满足自身私欲，忘记了责任使命，专心为己着想，使社会和公众的需要“让位”于个人需要，甚至为了自己不正当的需求，走上了违法违规的道路；有的过分看重自己对稳定、安全、免除恐惧的需要，不愿意承担责任，从而出现苟且履责、得过且过、不思进取等责任意识问题。

第三，意志。意志具有明确的方向性和目的性，对主体行为具有不可替代的重要作用。没有“善”的意志，便不会有“善”的行为。有的政府行政人员本身便怀有对责任的“恶”的目的和意图，背离了责任意识的价值取向和公共行政的伦理道德要求，那么他的履责观念和行动势必是存在问题的；有的在进行履责动机斗争时，选择了消极或次要的动机，或在确定落实责任的策略和方法时，进行了错误的判断，那么在此意志的引导下，责任履行便极易跑偏。不仅如此，意志强弱与否、坚定与否，也是重要影响因素。有的政府行政人员虽怀有正向的、积极的意志，但意志较为薄弱、不够坚定，这同样给责任意识带来消极影响。如有的惧怕一切挑战和矛盾，缺乏与困难作斗争的勇气和韧劲，使责任履行半途而废、功亏一篑；有的优柔寡断、迟疑不决、缺乏主见，不能随机应变、当机立断地做出决策，错失履责时机；有的难以抵抗权力、金钱等诱惑，无法抑制自己与责任要求相悖的私欲，从而在责任履行中放纵自我、毫无约束，无法坚

① 金炳华．马克思主义哲学大辞典［M］．上海：上海辞书出版社，2003：294.

定不移地朝着既定目标努力，无法坚持不懈地将责任履行到底。

第三节　政府行政人员责任意识问题的原因分析：制度层面

政府行政人员在责任意识方面出现的问题，除了主观层面的原因之外，还有制度层面的原因，主要表现为制度漏洞、制度执行不力和监督不足等。

一、制度漏洞

关于政府行政人员的制度设计和制度安排有很多，但对责任意识有直接影响的主要是考核制度、监督制度、激励制度和行政问责制度。

（一）考核制度漏洞

首先，考核制度的法制化不够。当前，我国政府建立了一系列行政人员绩效考核制度，如目标责任制、督查验收制等，但这些尝试尚未完全达到法制化的高度，绩效考核的原则、程序和方法等并未以法律的形式固定下来。同时，对行政人员的德、能、勤、绩、廉等方面的考核，主要由上级组织的人事部门实施，在政府部门内部进行。虽然考核制度要求发扬民主，但听取的主要还是政府部门内部及其下级对应部门的意见，仅是一种政府内部的闭环考核，不能广泛听取广大人民群众的意见。考核和升职的民主推荐，也不是普通群众的推荐，而是部门内部的意见。虽然有任前公示听取意见这个环节，但从落马官员的情况来看，任前公示的作用是十分有限的。这种考察方式很容易使政府行政人员产生这样的错误观念：谁来考核我、谁能左右我的前途，我就对谁负责、让谁满意。因而他们的价值取向逐渐偏斜——把对上负责放在对人民负责之前，用自己或上级的主观偏好代替人民的选择。

（二）监督制度漏洞

一是存在一定的形式大于内容、表面大于实效的问题。在现实中，一些监督制度条文成了“虚置”和“摆设”，难以真正地、有力地起到监督和审查作用，无法及时准确地反映失责问题，这很容易使政府行政人员抱有很大的侥幸心理，认为逃避责任、敷衍责任、推卸责任也不会轻易被察觉，或者从心底轻视监督制度，任意妄为地不负责任。二是存在一定的过于单一僵化、形式笼统的问题。现实中，一些监督和检查的程序、办法、模式固定不变，长此以往，政府行政人员基本已完全熟悉监督的“套路”，掌握了应对检查的“方法”，于是能轻松地蒙混过关，轻易地应付了事。因此，现实中经常发现这样一种现象：某些政府行政人员在刚刚结束的年度审查中各项指标都是优秀，众多监督机关证明其是个廉洁合格的干部，但稍后不久就会被查出重大违纪甚至违法行为①，这也在一定程度上说明了我们需要注重对当前监督制度的改进和完善。

（三）激励制度漏洞

当前的激励制度较为缺少弹性、灵活性、包容性、动态性和创新性。主要体现在：第一，激励制度无法完全紧跟时代和形势的变化。改革开放以来，我国经济社会不断发展，人民生活水平不断提高，而当前对政府行政人员的激励制度仍然采用以精神奖励为主、物质奖励为辅的办法和模式，导致出现了一些与当前社会环境不适应的情况，也无法满足个人一些合理的物质需要。第二，激励制度较难纳新。现实中，存在激励制度对责任履行中出现的优秀新成果、积极新现象“无动于衷”“束手无策”的情况，仍然用原本的制度安排、停留在原有的基本范围内对政府行政人员予以奖励。事实上，这已无法带来很强的激励作用，也无法使其他人员对之报以羡慕之心而见贤思齐。第三，制度应用的激励思维较为呆滞。长期以来，我们过多地把关注点放在了惩罚错误上，较为忽视奖励。如激励制度并未完全做到与近些年来我国政府的廉政建设有效结合，我们重视对违反廉政纪律的政府行政人员施以惩戒，而缺乏对保持廉洁作风的政府行政人员予以恰当奖励的思维。

总之，当前的激励制度无法有效地助力责任意识的强化，这很容易使

---

① 王美文．当代中国政府公务员责任体系及其实现机制研究［M］．北京：人民出版社，2008：273.

政府行政人员在激励不足的情况下在责任意识方面出现一系列问题。

（四）行政问责制度漏洞

其一是权责不清，追责困难。政府行政人员的责任分配具有一定的模糊性，特别是在领导干部如何按职定权定责方面，个人与个人、部门与部门之间皆存在一定的混淆和交叉。责任不明确，一旦出现事故，便为政府行政人员互相推诿留下了空间。与此同时，行政问责制中对领导责任、政府行政人员责任以及集体责任未做明确的解释和界定，各地、各部门对行政问责制应该落实到哪一层级的认知并不统一，这就导致需要追责时却没有明确的制度条文规定，难以精准确定问责的对象和内容，导致追责方式大相径庭，判定结果五花八门、难以统一。如有时是不分情况，无论哪个层级的人员出了问题都统一对“一把手”问责；有的是以集体责任代替个人责任；有的是以问责下属代替问责领导；等等。

其二是制度所依据的法律体系尚不健全，问责弹性大。当前参照的法律法规来自不同的机构和系统，有的来自人大，有的来自党组织，有的来自政府部门，很多具体内容不统一、不配套。与行政问责制度有关的法律法规大多是实体法，仅仅是提出了规定性内容，并未对具体操作程序作明确规定，这势必会影响问责的公正性和实际效果。当前，我国行政问责制度越来越走向法治化，但问责中还存在一定的“人治”色彩。一些地方的问责权力实际掌握在领导者手里，对于是否要问责、问责对象是谁、问责力度如何、问责结果如何等问题，领导者的意志和意愿会对其产生重大影响，这为问责的随意性提供了一定空间，也会导致政府行政人员队伍中推卸责任、官官相护等不良风气的蔓延，履责问题一出就想尽办法把错误推给别人，想着通过走人情、跑关系、巴结领导等方式掩盖错误或撇清关系。

其三是问责主体力量还需加强。就目前来讲，我国行政问责制度主要以党的问责和政府内部的问责为主，相较而言，人大、法院、检察院以及民主党派在行政问责中的作用还未很充分地发挥出来，同时广大人民群众的参与度还不够。政府内部问责缺乏一定的透明度，且上问下责较多，这些都容易使行政问责缺少力度和持续性，也使有的政府行政人员抱有侥幸心理，认为自己完全可以躲避追责，产生对责任及履责的敷衍之念和对组织、社会和人民的蒙骗之心。

其四是问责范围较为狭窄，还需进一步拓展。主要表现为：第一，行政问责仅停留在对重大事故、重大损失、后果严重、影响巨大的明显责任过失上，对于那些一般性的责任过失问责不足。第二，行政问责多限于安全领域、经济领域和政治领域，对其他领域责任过失的追责较为忽视。第三，事后问责比重大，较为关注执行环节和履责后果，但对责任的决策、监督等环节的追责较少。问责范围有限给了政府行政人员消极履责的空间，有的政府行政人员试图“钻空子”，认为即使在某些方面不负责任也不需要付出多大的代价，从而敢于潦草履职、随意执行、歪曲责任而不惧被问责。

其五是问责程序尚存较大的随意性，缺乏后续的跟踪和监督机制。当前的行政问责制度注重问责、强调惩罚，但却缺少问责处罚之后的跟踪调查和监督引导，如没有严格规定领导人员问责后的复出程序，缺乏与之配套的考核条件、明确的依据和规定等，这就造成了行政问责与领导人员复出之间的制度断层，很容易出现领导人员复出的失范和无序的情况，有的被问责的官员最后又以各种形式悄然复出，这使得行政问责制度沦为“无痛”惩罚，让正直的政府行政人员对之失望，让有的政府行政人员对之轻视，从而不把行政问责放在眼里，长此以往，政府行政人员队伍中的责任意识问题将会愈加严重。

二、制度执行不力

“制度的生命力在于执行。”① “制度始于规定，成于执行，执行是制度的内在组成部分”②。所谓执行，就是将制定的规定运用于实践，释放出规定的治理效能，让制度得以确立。有了规定，必须通过执行，制度才算真

① 中共中央关于坚持和完善中国特色社会主义制度 推进国家治理体系和治理能力现代化若干重大问题的决定［M］. 北京：人民出版社，2019：42.

② 彭和平．制度致胜之道：制度学的故事和原理［M］. 北京：国家行政学院出版社，2019：5.

正建立起来；规定落地生效了，规定就成了制度。否则，制定的任何规范、规则，无论是成文的还是不成文的，都只能是规定，而不能成为制度。正因为这个道理，习近平在浙江工作时就强调执行对于制度的极端重要性，他指出："各项制度制定了，就要立说立行、严格执行，不能说在嘴上，挂在墙上，写在纸上，把制度当'稻草人'摆设，而应落实到实际行动上，体现在具体工作中。"① 只讲规定不讲执行，任何规定都形同虚设，再好的规定也是纸上谈兵。只有规定没有执行的制度是毫无生命力的"死规定"，是被束之高阁的"空规定"，是中看不中用的"虚规定"。只有执行，规定才能"活起来""实起来"而成为制度。因此，执行在制度生效中起着最为关键的作用。若制度执行不力，将会引发政府行政人员履责的很多具体问题，政府行政人员在责任意识方面也将会出现很多实际问题。具体而言：

一是执行不力，制度权威无法树立，政府行政人员会不屑制度的约束。有了制度却不执行，制度权威就无从谈起；制度虽然得到执行但却被打了折扣，制度权威也无法真正树立。这会使政府行政人员产生随意对待制度规定的想法，在责任履行中有令不行、有禁不止、恶意规避制度。如果听之任之，不严肃查处，长此以往将产生"破窗效应"，制度对责任的刚性约束无法发挥效用，政府行政人员心中不再认可和敬畏制度，认为制度根本奈何不了自己，便会开始任性妄为，甚至公然渎职拒责。

二是执行不力，制度无法建立秩序，导致政府行政人员责任意识问题严重。制度执行不到位，制度所规定的履责规范、活动秩序、行为界限等都难以在实践中贯彻落实，这很容易导致政府行政人员头脑中缺乏遵守制度这根弦，无法自觉地按照制度履行责任，而是一有机会便蓄意破坏大家共同遵从的规范和规则，此时，执行模式及责任关系都面临着失控，责任实施的秩序难以为继。若执行不力，那么所有人和事都有可能冲破制度的管理，工作的每一环节、每一流程都充满了随意性和不确定性，如此会破坏责任内容、工作程序以及管理方式的规范化、标准化和科学化，增加决

① 习近平．之江新语［M］．杭州：浙江人民出版社，2007：71.

策的失误率，降低工作的效率。如此，根本无法通过制度的调控来培养出行为规范、遵规守纪、崇尚秩序的政府行政人员，反而助长了他们违规违纪、推卸责任、蔑视秩序的不良观念和歪风邪气，导致他们出现错误履责、履责不力、履责无效等情况。

三是执行不力，制度难以提供价值导向，致使政府行政人员责任意识淡薄。任何一种制度都蕴含着深厚而丰富的价值取向，如公平、公开、民主、公正等，具有为社会和个人选定价值目标的定向作用。若执行不力，便无法促使政府行政人员深入理解制度本身的内容、目标和根本要求，无法推动他们认真体悟制度内蕴的价值观念和文化内涵。如此，制度设定的价值目标便不会转化为他们的心灵取向和目标追求，无法为他们提供精神动力和价值指引。例如，公平正义的制度执行不力，会损害制度本身所奉行的公正的价值理念，不仅无法使政府行政人员自觉地遵守和促进公平正义，反而使他们开始质疑并最终鄙弃制度要求的价值取向，甚至在责任履行中开始打破公正原则、抗拒公正标准、违反公正要求，久而久之，政府行政人员的责任意识薄弱、执行观念错误、执行初衷跑偏、责任履行效果欠佳等问题便会频频出现。

制度执行不力加剧了政府行政人员在责任意识上的问题，因此，一定要重视执行、确保执行、优化执行，把执行看作制度的生命，以到位有力的执行促进政府行政人员责任意识的强化。

三、监督不足

监督对责任意识的影响十分重要，因此监督问题必须高度重视。上文讲到了监督制度漏洞，以下主要从各个监督主体以及监督体系角度入手，谈谈在政府行政人员责任意识方面，监督缺位导致和加剧的现实问题。

一是监督合力有待加强。无论是外部监督体系还是政府内部监督体系，当前我国行政监督体系在运行机制上较为缺乏有效的沟通和有机的协调。从个案上讲，可能是垂直的行政监督机制自身及时发现问题，也可能是外部社会舆论监督发挥了实际作用，可见每个监督主体都能发挥监督的功能，但就整个监督系统而言，还有时处于一种较为无序的状态，难以形成监督的合力。这就导致有时监督主体，尤其是内部监督主体之间出现相互推诿的情况，会出现有时监督工作无人问津，有时同一工作重复监督的问题，这会影响监督的有效性，削弱政府行政人员对监督的重视和信任。

二是监督过程有待优化，重事后监督，轻事前和事中监督。无论是外部监督还是内部监督，都偏重对履责后果的监督，而轻视对责任决策和履责过程的监督。虽然能够做到重追严惩，但无法有效地防患于未然，总是等到履责事故已发生、履责失误已出现再出击。可以说，监督多属于“马后炮”“事后救火”式的监督。各个监督主体本该对政府行政人员履行责任的全过程进行监督，但目前来看，很多时候并未充分做到全程监督，在监督环节上还有疏忽。

三是各监督主体有待进一步完善。从政党监督上看，当前中国共产党的监督能力切实增强，能够对各级政府及其行政人员进行全面的监督。人民政协的监督力度较弱，还需从多方面、多角度更为立体地进行建议和监督。从人大监督上看，现实中人大监督作用发挥得还不够充分，主要是人大监督在监督对象、方式、程序等方面尚存不足。例如，人大代表中，政府官员占了相当一部分比重，这在一定程度上意味着监督者即为被监督者，难免有时使监督浮于表面、流于形式。又如，人大在具体的责任追究程序、制度和承担责任的形式上还有待进一步完善，虽然它有明文规定的质询权，但却很少启用，虽然有罢免权，但主要是罢免已经违法犯罪的官员①。同时，我国人大主要是通过听取政府工作报告和专题报告、审批计划和预算及其执行情况、代表视察及询问以及选举、任命、罢免等方式进行监督②，由于专业知识、审查时间和方式有限，监督往往无法做到特别深入。从司法监督上看，司法机关的人事权、财政经费、工资福利、后勤保障等一系列事务都受制于同级党委和政府，在这种格局下，当前司法机关行使监督权较为缺乏独立性，还存在一定的监督执行阻碍需破解。从社会舆论监督上看，当前这一监督作用不断增强，但因为缺乏相应的法律保障、制度机制的协调而难以全面发挥作用。如当前缺少保障新闻机构权

① 籍庆利．责任政府建设的中国逻辑［M］．南京：南京大学出版社，2016：100.
② 籍庆利．责任政府建设的中国逻辑［M］．南京：南京大学出版社，2016：219.

益、新闻工作者权利的专门法律，导致社会舆论监督掣肘太多。从人民群众监督上看，人民群众对自己较为关心的、与自身权利密切相关的事务监督力度较大，但对与自身关系不大的公共事务关注度还不够。同时，行使监督权的计划性和目的性不够明确，缺少理性和章法。有的群众只是把监督放在了茶余饭后，私下评论，不会选择通过法定的渠道正式地提出监督意见；有的群众心有不满，不选择理性地走正当程序进行监督，而是采取了不合法、不正当的途径和手段发泄自己的不满，这样不仅达不成有效的监督，反而造成了不良影响。从内部监督上看，我国的行政监察机构和审计机构在发挥监督作用时受到一些约束，有时处于一种尴尬的境地，监督的真实性和有效性还有待进一步加强，监督机构及其人员不敢“甩开膀子干”，有时候出现走过场式的“软监督”，不能真正起到监督作用。

监督缺位导致政府行政人员在责任意识方面出现很多现实问题，具体而言：第一，监督的约束和控制功能无法发挥，责任意识问题出现。监督缺位，政府行政人员的各种错误行为和履责失范现象都无法被及时地揭露和查处，履责问题无法被有效地指正，这会消减他们的责任意识，破坏他们心中善恶泾渭分明的履责观念。渐渐地，他们不会再从心底生发出因失责而遭受指责的恐惧，也逐渐丧失了完成责任所带来的荣誉感和自豪感，久而久之，他们会轻视各种监督主体的作用，藐视监督的功能，认为即使犯错，监督也发现不了或监督也奈何不了自己，因而在责任履行中肆无忌惮，为所欲为。第二，监督的价值引导功能无法发挥，责任意识问题出现。监督缺位，无法做到惩恶扬善，不负责任的政府行政人员得不到应有的处罚，积极履责的政府行政人员得不到该有的褒奖，长此以往，大家逐渐丧失履责的积极性和主动性，逐渐模糊责任意识的价值目标和价值原则，是非不辨、善恶不明、对错不分、颠倒黑白，思想意识逐渐偏离正轨。若政府行政人员如此互相影响，整个行政队伍也会变得乌烟瘴气，责任意识问题频发。第三，监督促进责任意识强化的功能无法发挥，责任意识问题出现。一些政府行政人员的行政人格尚未健全，思想道德素质较差，需要监督发挥促进责任意识强化的深层功能，促使他们积极自律地落实责任。若监督缺位，则无法驱动他们逐渐将外在规范有效地转化为内在自觉，进而发自内心地尽职尽责。长此以往，得不到监督有力的引导和督促，政府行政人员将逐渐忽视责任、懈怠履责，他们在责任意识上的问题便开始涌现。

第四节　政府行政人员责任意识问题的原因分析：文化层面

责任意识问题的出现，除了前述原因之外，还有文化层面的原因，主要是责任伦理教育不足、传统行政文化的消极影响和社会风气的负面侵蚀。

一、责任伦理教育不足

长期以来，我国高度重视在政府行政人员中开展思想政治教育，而且呈现日益强化的趋势。但总的看来，伦理教育，特别是责任伦理教育还存在不足。

一是对责任伦理的专门教育不够。我国对政府行政人员的教育培训，主要侧重于政治理论和专业知识技能，责任伦理教育不突出，缺乏系统化的课程设计，没有成套的专门教材，缺少专业的师资队伍，结果导致一些行政人员入职了还不知道责任伦理是什么，成为领导干部了还对责任伦理知之甚少。

二是责任伦理教育存在一定的重形式、轻实效问题。如有的组织，一般都是中央或上级要求之后，才象征性地组织一两次教育和讨论以完成检查，并不把效果放在首位，最后教育是否入脑入心、教育最终是否具有实际成效，这些问题都得不到重视，也无后续的跟踪，这就使得政府行政人员从心底里认为责任伦理教育就是在“走过场”。

三是责任伦理教育的部分内容存在脱离实际的情况。一方面是存在一定的重口头、轻实践的问题。口头上强调，在实际履责中却不重视，过于注重形式，但缺少实际作用。责任伦理教育无法与实践密切结合，一些教育内容较为抽象空洞，对实际责任履行的帮助不大，往往使政府行政人员对其产生“站着说话不腰疼”的反感和误解；另一方面是有些教育内容固化僵化、过于高远、脱离实际，并未顺应社会历史的发展、结合时代特点和我国国情而及时地进行适当的调整，最后往往沦为空谈的口号，成为空洞的教条，使他们无法从内心深处真正产生认同感，造成他们对责任伦理教育的疲惫。

四是责任伦理教育缺乏针对性。较为忽视对政府行政人员个体培训的需求分析，不够了解他们在责任伦理方面存在的问题，不够关注他们在履行责任过程中的困惑和疑虑。同时，缺乏针对具体履责情境的分析与指导，使这项教育存在一定的盲目性和空泛性。

五是责任伦理教育的内容还不够系统全面，部分教育内容还需加强。具体而言：第一，责任伦理敏感性的教育和培养不足。这主要是引导和教育政府行政人员无论是在熟悉的履责情境中还是在陌生的履责情境中，无论是面对寻常的履责情况还是反常的履责情况，无论是选择履行责任还是拒绝履行责任都能敏锐地发现和分析其中的责任伦理问题，对责任和情境做出伦理和道德的反思，不断产生和增强责任伦理意识，培养出他们对责任的伦理道德自觉，使他们在任何状况下都能凭借自己的责任意识做出正确的判断和选择。当前，我们尚缺少这方面的教育，政府行政人员面对责任有时会无所适从，出现对责任的误解、误读和误判，从而出现错误履责、盲目履责、歪曲履责等情况。第二，实事求是、科学履责的教育不足。现实中有的政府行政人员常常在责任履行中弄虚作假，大搞形式工程，大做表面文章，为了自身利益说空话、假话、虚话、谎话，有的政府行政人员履责僵化主义和形式主义严重，经常脱离履责实际，对责任及履责情况主观臆断。缺少这方面的教育和引导，政府行政人员有时便意识不到自己的错误，从而在对责任的思考和履行上出现偏斜。第三，法治教育不足。遵守法律、依法履责是最基本的要求，现实中，我们对政府行政人员坚持法治意识的教育还需加强。有的政府行政人员在责任履行中常常不自觉地忘记了合法的标准，忽视了履责的法定程序，这样的话，即使他再尽心履责，也违反了法纪的规定；有的政府行政人员对责任的法规内容理解和掌握不清，思考责任时难免出错；有的政府行政人员履行责任时出现以言代法、以权凌法的情况；有的政府行政人员轻视法律、玩忽职守。责任伦理教育对法治意识的重视和强调不够，依法履责、遵纪守法便很难转化为政府行政人员自觉的行动和追求，导致他们在履行责任时常常犯错。第四，自我反思教育和引导不足。当前我国较为重视引导政府行政人员开展批评与自我批评，但深入性尚且不够。有的政府行政人员选择避重就轻、批评与自我批评不抵核心；有的政府行政人员是在会议和培训中口头上进行自我反思，之后就抛之脑后，在现实中不予改正，继续我行我素。因此，还需进一步探索教育模式和理念，加强对政府行政人员的引导，使他们能够自觉反思自身的言行，从而不断激发和强化他们的责任意识。

责任伦理教育不足，对政府行政人员责任意识的强化带来很大影响。具体而言：一方面，责任伦理教育不足，难以发挥其统一责任意识的保障和引导作用。政府行政人员关于责任的看法复杂多变、形形色色、互不统一，其中不乏错误的意识观念，已经偏离了正确的思想轨道。同时，他们之间互相交流影响，各自的观念相互渗透浸染，“近墨者黑”，这样他们很容易在责任意识上出现问题。责任伦理教育不足，就无法有效地促使他们对责任的认识和看法形成统一，无法保证他们在接受和认同责任包含的价值观念和价值取向上达成共识，无法有力地将他们的思想意识统一到为人民履行好责任上来，无法有效地将他们引导到符合社会发展要求和政府职能要求的正确方向上来。另一方面，责任伦理教育不足，难以发挥其激发和强化责任意识的培育功能。当前，政府行政人员责任意识淡薄，有的是因为责任认知不清晰，有的是因为责任情感较淡漠，有的是因为责任意志很脆弱，有的是多方面的问题，这都需要责任伦理教育予以熏陶和培训，从而使政府行政人员增强责任意识，形成行政人格，树立行政良心，使之无论是日常履责还是面临履责困难，都能最大限度地调动自身积极性。但责任伦理教育不足，就无法充分发挥其在深化责任认知、陶冶责任情感和锤炼责任意志上的育人作用，无法充分发挥其调节人、鼓舞人、启发人的功能。

二、传统行政文化的消极影响

传统行政文化反映着社会历史发展各个时期的一般文化、社会心理和行政体系赖以建立起来的特殊思想体系，给社会成员造成了一定影响。它在政府行政人员的意识观念、价值取向、思维方式和道德精神等方面发挥着作用，其中一些内容对责任意识具有一定的消极影响，具体来说：

一是传统行政文化中"官本位"意识的消极影响。"官本位"意识主要是指以官为本、以官为尊、以官为纲、以官为贵的思想意识。"把做官看作人生目标和价值追求，并以官职大小、官阶高低来衡量人们的社会地位和人生价值"①。早在战国时期，商鞅在《商君书·开塞》中就指出，"然则上世亲亲而爱私，中世上贤而说仁，下世贵贵而尊官"，认为人们推崇权贵、尊崇官吏，这是"官本位"思想的起源之处。秦朝采用商鞅思想统一中国后，"官本位"意识成为中国官方行政文化的重要组成部分。我国两千多年的封建统治和封建专制文化的熏染，计划经济体制的安排，干部管理体制机制上的弊端等，都为它的繁殖提供了土壤。当前，随着我国社会历史的发展，"官本位"意识逐渐丧失了赖以生存的社会、制度和文化基础，然而它作为行政文化中的"糟粕"依旧潜存于中国社会的方方面面，给政府行政人员的责任意识带来一定的消极影响。

"官本位"意识主要包括：第一，以官为本，即把做官看作一切的根基，认为官职可以衡量一切，做官才有本事，从政才有出息，将其视为光宗耀祖、出人头地的唯一途径，自身所做的一切都是为了做官和升官。受此影响，有的政府行政人员就认为履责是为了升官，履行责任的目标就是晋升获权，因而他们履责的出发点和落脚点都是自身的利益，不管责任完成得如何，只管自己能够加官晋爵，他们会有意地扩大权力的内涵，缩小责任的内涵，甚至不顾责任而疯狂开启对权力的追逐和崇拜。第二，官贵民轻，即在官与民的关系上，是官为尊民为卑，官凌驾于民之上，官员比平民要金贵，官员高高在上，百姓不值一提。受此影响，有的政府行政人员认为自己应该接受人民的供养，把自己当成"官老爷"，把百姓看作"奴仆"，因而他们在面对责任时坚持自身利益高于人民利益，同时，对群众颐指气使、盛气凌人，面对人民的诉求，搪塞、逃避、敷衍甚至置之不

① 朱岚．中国传统官本位思想生发的文化生态根源［J］．理论学刊，2005（11）．

理，严重脱离群众，不体恤百姓疾苦，不顾人民安危，不为人民谋利造福。第三，官有特权，即认为有官就有特权，为官就能谋利，做官就能享受到特殊权力和特殊利益。受此影响，有的政府行政人员将履责的公权力看作私人工具，在行使权力时敛财扩权。第四，唯上是从，即以官的意志为转移，认为对错与否的标准是官帽的大小，长官的意见是判断善恶、美丑的唯一标准，下级只能听从上级指示。受此影响，有的政府行政人员独断专行，唯我独尊，搞“一言堂”，认为自己就是权威，不按客观规律办事，不顾相关法律法规的要求，只凭主观意志指挥下级。有的认为上级长官有极大权力，能决定自己的前途，进而对上级极尽阿谀奉承，看领导脸色履责。

二是传统行政文化中“等级观念”的消极影响。“等级观念”主要是指人们按照社会地位、社会成就、才能、官位、阶级、血缘等一定的标准，主观地将人划分为不同级别，并给予高等级者更多的权力和利益的一种封建落后的思想观念。回顾历史，我们看到，古代中国奴隶制、封建制的生产方式为其产生奠定了经济基础，高度的中央集权制度和等级森严的官僚制度为其发展提供了现实支撑，古代传统行政思想中的等级理论为其强化提供了精神支持。几千年来，等级观念在人们的意识里根深蒂固，很难在短时间内根除，腐蚀着政府行政人员的责任意识。这主要体现在：第一，等级依附观念。严格的等级造成了人们对高等级者的敬畏和惧怕，认为存在等级，存在尊卑之分、贵贱之别，从而自然而然地臣服、倚靠甚至从属于高位者。如《左传·昭公七年》所述：“天有十日，人有十等，下所以事上，上所以共神也。故王臣公，公臣大夫，大夫臣士，士臣皂，皂臣舆，舆臣隶，隶臣僚，僚臣仆，仆臣台。”受此影响，有的政府行政人员认为自己不该有独立的思想，哪怕上级有错也要忠于上级、服从权威，久而久之，他的履责行为愈发禁锢和僵化，缺乏独立自觉的思考和判断，时时刻刻以领导的意志为转移，形成了依附型行政人格。有的为了自己获得更多的利益或受到上级的压迫，最终选择放弃行政自主性，对领导的意志盲目执行，面对责任时选择将上级的命令置于人民利益之上，成为责任履行的“傀儡”。第二，等级特权观念。认为等级森严意味着不同级别的人员享受不同的特权、利益，等级越高，特权越大，利益越多。如《礼记·王制》所载，“天子七庙”“诸侯五庙”“大夫三庙”“士一庙”“庶人祭于寝”的等级特权差别，充分体现着这一观念。受此影响，有的担任领导职务的政府行政人员十分自傲，充满了优越感，会因为自己的级别而沾沾自喜、洋洋得意，认为级别就代表了一定的特权，因而大搞家长作风，专制观念十分严重。

三是传统行政文化中“守旧”思想的消极影响。“守旧”思想主要是指拘泥于旧的、落后的看法或做法而不愿改变的思想。传统行政文化的封闭性、排异性和保守性，使政府行政人员不思进取、求稳怕乱。受此影响，有的政府行政人员认为无为即无过，安于现状是最好的选择，缺乏敢于担当、开拓创新、积极进取的意识；同时，也使部分政府行政人员因循守旧、思想封闭。有的政府行政人员墨守成规、故步自封的意识观念十分严重，排斥新情况、新理念和新思路，缺乏解放思想、实事求是、与时俱进的精神。

三、社会风气的负面侵蚀

“社会风气是一定时期某一或某些现象如兴趣爱好、思想观点、行为举止、传统习惯等等普遍流行并被人们竞相效仿而形成的特殊社会气氛”①。它凝结和转化了社会大众在政治、经济、文化、伦理、审美等方面的意识观念，反映着社会大多数成员的精神风貌、心理倾向、情感态度、价值观念、行为方式和基本道德状况，是一个社会文明程度和发展质量的重要标志。社会风气具有特殊的浸染功能，对社会成员的意识活动和实践活动具有深刻的影响。它具有正与不正、健康与非健康、优良与不良之分，因而它对人的影响既有正面作用，也有负面影响。不良社会风气会腐蚀人的心灵，催生不道德行为，甚至驱使人走上违法犯罪道路，同样对责任意识具有一定的负面侵蚀作用。这里，我们特别要分析这样几种社会风气的负面侵蚀作用。

① 周文彰．狡黠的心灵：主体认识图式概论［M］．海口：南方出版社，2009：173.

一是享乐奢靡风气的负面侵蚀。享乐奢靡风气本质上是个人主义的恶性扩张，极端利己主义的严重泛滥。当前社会中存在着拜金主义、享乐主义、物质主义等负面风气，一些人贪图享乐、纵情声色，有的人骄奢淫逸、暴殄天物、腐化堕落，有的人甚至将自身的肉体、权力、名誉和良心统统商品化，这都是享乐奢靡之风的典型表现。这样的社会风气对政府行政人员责任意识的腐蚀力极大，有的政府行政人员在面对责任时以个人为本位，不是想着怎样更好地为人民服务，而是想着怎样最大限度地满足自身的私欲，在处理公与私、自身和人民的利益关系时，出现严重的价值颠倒，在关键时刻为了追逐私利而牺牲公共利益，共产主义信念、集体主义道德以及为人民服务的意识愈发淡薄；有的政府行政人员认为履责是为了掌握更大的权力来获取更多的金钱和物质，一心只求金钱物质上的丰盈，把幸福等同于感官欲望的满足，忽视甚至否定精神价值、人格情操和社会道德的意义，逐渐背离了艰苦奋斗、无私奉献的优良传统，自己的道德约束力和自控力越来越弱，在履责过程中把个人享乐建立在损害人民利益上，贪婪利己，奢靡成风，挥霍大量物力、财力，损公肥私，贪污公款，权力寻租，收受贿赂等。

二是避规违规、潜规则盛行风气的负面侵蚀。当前社会中不讲规则、有意避规的风气依然存在。日常生活中不遵守交通规则、在禁止吸烟的公共场合抽烟、随意乱丢垃圾、办事插队等屡见不鲜。从生产与经济上讲，偷税漏税、恶性竞争、招标行贿、非法盈利、倒卖票据等屡屡发生。与此同时，在经商、就职、晋升等领域还存在潜规则，“走后门”“找关系”现象依然存在，正式规则被架空，社会中出现了规则真空、规则虚置、规则失灵的情况。这样的社会风气对政府行政人员责任意识的危害极大，有的政府行政人员意识里忽视规则，对责任相关规定置若罔闻，出手就违反规则；有的政府行政人员藐视规则，在履行责任过程中公然破坏规则，违规盈利，对规则制度无所顾忌、无所畏惧、肆意破坏；有的政府行政人员价值扭曲，不想着如何履行好自身的责任，而是寻求各种私人庇护关系，企图靠走“偏门”获得荣誉和晋升，于是对上级巴结奉承，责任履行中一味唯上，无视规则要求，不顾人民意志，把责任抛在一边，履责随便，对人民敷衍。

三是诚信意识匮乏风气的负面侵蚀。当今社会中制假售假、商业欺诈、虚假广告、坑蒙拐骗、偷工减料等现象时有发生。“过去人们到市场上买东西，首先关心的是自己所买的东西贵不贵，现在，他们关心的第一个问题是自己所买的东西究竟是真的还是假的。这种关切的转变不但表明市场上充满了假冒伪劣商品，也表明了原来淳朴的人际关系正在蜕变为冷漠的、不信任的，甚至欺诈性的人际关系”①。政府行政人员身在这样的社会风气中，责任意识或多或少都会受到侵蚀。他们有的谎报业绩、弄虚作假、巧立名目为己谋利；有的转嫁责任、逃避责任，明明是自己犯下的错误，不诚实汇报、坦诚负责，而是挖空心思转移过错，明明知道是自己的工作，却以各种理由撒谎，盘算着以虚假的借口逃避履责。

四是社会疏离感加剧、他人意识匮乏风气的负面侵蚀。当今社会中，主体意识和自我意识崛起，个人将关切的焦点集中在自己身上，甚至不惜牺牲他人利益来满足自己的欲望和需要，原来温情脉脉的人际关系逐渐变得冰冷麻木，这样的社会风气主要表现为明哲保身、麻木不仁、见危不救、冷眼旁观、无动于衷、人情冷漠、缺乏同情等，这会潜移默化地浸染政府行政人员的责任意识，如有的政府行政人员秉承“各人自扫门前雪，莫管他人瓦上霜”的观念和态度，在履行责任中割裂自己与他人之间的关系，与同事各自为政、以邻为壑、互相倾轧。这种心境也容易造成政府行政人员履责的短视，使他们孤立、静止地看待自己与他人、与组织的关系，片面地看待自身责任对社会的价值，导致他们对责任的认识出现偏差。有的政府行政人员狭隘自私，把他人看作帮助自己达成私人目标的工具或是有待开发的资源，否则，他人便失去了存在的意义和理由。有的政府行政人员面对群众冷漠无情，不体察其疾苦，不悲悯其处境，人民的喜乐不共情，人民的诉求不理会，以人民为中心的情怀缺乏，为民的责任意识淡漠。

---

① 俞吾金．“社会风气”应当如何理解［J］．探索与争鸣，2012（1）．

第六章　政府行政人员责任意识的强化路径

强化政府行政人员的责任意识，是本书的出发点和落脚点。此前对责任意识基础性问题的阐述和现实性问题的分析，归根到底都是为了这个目的。本章从总体思路、自我修养、制度建设和文化建设四个方面讨论如何强化政府行政人员责任意识这个重要问题，以期提供可操作的、有针对性的路径和方法。

第一节　强化政府行政人员责任意识的总体思路

强化政府行政人员责任意识的总体思路，要从自律与他律相统一、法治与德治相统一、知与行相统一、共性与个性相统一这四个方面去思考。

一、自律与他律相统一

所谓自律，就是人以自身的尺度和方式承担和衡量主客体相互作用的后果，并调节自己的需要、目的和行为，自我制约、自我调控[①]。政府行

① 李德顺．价值论：一种主体性的研究［M］．3版．北京：中国人民大学出版社，2013：38.

政人员以自身对责任要求的理解和认同为基础，依靠自我对认知、情感和意志的调节，不断增强自身责任意识，把被动的服从转化为主动的自律。在履行责任的过程中，及时检验自己是否符合责任的相关规范，随时审视自己的动机、意图和行为是否正当合理，从而自觉地按照相关要求将责任落实到位。

所谓他律，“是指主体接受客体及各种客观条件的制约”①。当人处于主体地位时，他只有通过客体即从对象身上才能直观感受自己的行为及其后果，并且，客体对于主体来说也不仅仅是一面镜子，它还以自己的客观作用直接给主体带来实际后果，迫使主体调节其行为②。本书主要是指以外部强制性方式或其他社会主体对政府行政人员施加制约和调控作用，促使他们按规范要求完成好责任，如法律、制度、规章、道德规范、伦理教育、社会舆论和社会环境等。他律既可以是有形的，也可以是无形的，既可以是人，也可以是物，既可以是物质的存在，也可以是观念的存在。

政府行政人员责任意识的强化必须坚持自律与他律相统一。一方面，他律是达成自律的基础和保障，为责任意识的强化提供了方向、原则和价值取向等一系列内容。

第一，他律是自律的前提条件。责任意识不是独立产生的，责任的根据不在人自身，而在人之外，植根于社会和现实实践中。责任意识必然要经过一个后天的内化过程，这就需要依赖于他律的引导和制约。若没有他律作为前提，政府行政人员就不会发生被动接受责任要求的过程，无法发生自身意识与相关要求之间的交互作用，从而也就无法完成将外在他律转化为内在自律的过程。因此，他律的存在是达成自律的基础，责任意识以承认和服从他律为前提。

第二，他律是自律的强制力量。具体而言：首先，政府行政人员的意识活动具有能动性，但也包含着主观随意性，因而在它指导下的责任履行活动可能会出现超出合理限度和要求的行为。同时，自律也不是完全可靠的，如果政府行政人员将他的价值观运用于履责决策时，我们不能保证他

① 李德顺．价值论：一种主体性的研究［M］．3版．北京：中国人民大学出版社，2013：38.
② 李德顺．价值论：一种主体性的研究［M］．3版．北京：中国人民大学出版社，2013：40.

不会以满足自我利益的方式行事，因为价值观是隐秘的，在对抗性的价值观之间，也存在着冲突的可能性①，人性是复杂的，人的欲望往往使他们难抵诱惑，丧失警惕，这就是所谓的“道德风险”。因而人品和道德不足以支撑起充分的自律，这就需要他律对其进行约束，避免政府行政人员的履责走向主观随意化、走向失控，尽量避免人性中的“恶”所带来的危害和损失。其次，自律的达成是一项长期的工程，不可能一蹴而就，需要时间、耐心和信心，这就需要他律提供必要的保障和补充，通过强制性的力量督促自律性不强的政府行政人员依照规范履责到位，逐渐达成自律。最后，他律在规制和约束政府行政人员的同时，也在一定程度上影响着他们的意识观念，推动他们在服从和遵守规则的过程中将外部要求融入自身意识，并通过持续性的思想渗透，激发他们共同的义务感、荣誉感和使命感，促使他们形成行政良心，不断增强责任意识，达成自觉自主的责任履行。

第三，他律是自律的客观依据。他律确定了相关规范、标准、原则，划定了责任的范围、目标、对象、方式、程序等，给政府行政人员带来了正确思考和行动的必要信息和合理预期，使他们强化责任意识有了客观依据和价值取向，使他们明白该做什么、不该做什么、为什么这样履责、履责后果是什么、为什么要承担责任等。若缺乏他律的规制，自律将是盲目的。

第四，他律是自律的检验标准。判断一个政府行政人员是否自律，一个重要表现和标准就是看他是否能够主动自觉地重视和遵从他律，越是能发自内心地接受、认同和尊崇他律，越是能承担起他律的客观要求，他的自律程度就越高，他的责任意识也就越强。

另一方面，自律是他律的目的和归宿，是责任意识强化的心理特征、基本途径和内在阶段。

第一，自律是他律的升华，是强化责任意识的内在过程。他律所确定的责任是最低限度的责任，是作为底线和基准存在的，单纯依靠他律不一

---

① 库珀．行政伦理学：实现行政责任的途径：第 4 版［M］．北京：中国人民大学出版社，2001：163.

定能实现负责任的思想和行为。遵守他律只是消极意义上的履行责任，只是服从权威、被动承担，本质上是对法律规则、道德规范、程序手段的机械性的简单运用。处于这样状态下的政府行政人员，不再将自己视为只对自己的行为负责的人，而是将自己视为一种实现他人愿望的工具①。“这时他的全部义务就是对权威言听计从，良知和道德责任转化为服从命令并最终陷入随时可能被抛弃的境地”②。“工具化地看待公共行政及其承担者，就必然会工具化地看待行政人的道德伦理。其导向性后果就是行政人形式化的伦理行为。更为可怕的是，这种对于外在强制的适应性的形式化反应，很有可能成为司空见惯的行风：言行相悖、表里不一、欺上瞒下等官僚主义作风。这种没有内在德性作为基础的外在反应模式一旦成为‘常态’，将对行政人的德性发展构成一种窒息性的氛围。就行政人自身来说，其道德意识和良知也将变得麻木不仁，其自我形象也将从根本上受到打击”③。这启示我们，若只有他律，政府行政人员无法做到变消极履责为积极履责，长此以往，他们的价值观、自我意识和良知容易遭受侵蚀，内心的伦理道德体系将有被摧毁的可能性。相对于他律而言，自律代表的是政府行政人员主动追求的一种更高的思想水平和道德境界。只有自律才能使责任意识逐步升华境界、增加强度、富有更多的伦理道德内涵。不仅如此，自律对他律的升华还意味着“补充”。如在他律缺位的情况下或需要行使较大自由裁量权的时候，自律具有强大力量，政府行政人员能够依靠自律进行正确的思考和行动。又如他律不够完善、缺乏预见时，自律使他们仍然可以不至于无所适从、步履维艰，反而能在履行责任过程中，不断改进和纠正他律中的不充分性和不适宜性，不断增强自身对责任的理解和认知。因此，这就要求政府行政人员养成自律并充分发挥其作用，在自我规范、自我约束和自我调节的过程中不断增强责任意识，超越他律对责任的一切规定，使责任得到最充分的履行和完成。

---

① 刘雪丰．行政责任的伦理透视：论公共行政人员的道德责任［M］．长沙：湖南师范大学出版社，2005：129－130.

② 刘雪丰．行政责任的伦理透视：论公共行政人员的道德责任［M］．长沙：湖南师范大学出版社，2005：130.

③ 李春成．行政人的德性与实践［M］．上海：复旦大学出版社，2003：258.

第二，自律是他律的目的，是强化责任意识的心理力量。他律是为了更好地实现自律，没有自律，一切他律都不可能真正变为责任意识的内在组成。如有的政府行政人员面对强制性的制度规约，依然违规违纪，面对强大的社会舆论，却是充耳不闻、依然我行我素，这说明对于没有通过自律树立起责任意识的政府行政人员，他律起不到真正的作用。他律想要实现其价值，成为有实效的东西，转化为实在的责任意识和实际的责任履行，真正达成约束个人的目的，就需要使政府行政人员不断意识到自身的问题和不足，不断调整自身对责任的意识观念和思维活动，从而完成主动的律己，形成更强的责任意识。

第三，自律强化责任意识的实际效果。只要有了自律，责任意识就能发挥实际效果。这是因为：一是通过自律，政府行政人员能够完成“自我立法”。自律促使政府行政人员更为清晰地理解和把握责任，加深对责任的情感认同，板正责任履行的动机和意图，将外部性设置转化为内在信念，使之成为自身充分认可、自觉遵循、主动追求的内在“法规”，不断强化责任意识。二是通过自律，政府行政人员能够实施“自我执法”。政府行政人员自觉遵照外在规范认真完成责任，在责任履行的前、中、后各个阶段都能自主自愿地制约和监督自身，并能够通过内心信念进行自我伦理评价，从而在这个过程中，实现责任意识的强化。三是通过自律，政府行政人员能够坚持“自我守法”。自律使政府行政人员无论是面对困境、冲突还是挑战，抑或是诱惑，都极少受到外在情境的影响和干扰，内心坚守责任的标准、目标和价值取向不动摇，责任意识在自我约束的过程中逐渐加深。

自律与他律相辅相成、不可分割，强化责任意识必须坚持二者相统一的原则，促进他律向自律的转化，从而在它们的协同作用下实现责任意识的强化。

二、法治与德治相统一

法治主要指的是依照体现社会发展规律和人民意志的良法来治理国家，要求国家的一切活动都要依照法律进行，任何个人或团体不得干预、阻碍和破坏，否则将会受到法律的惩罚。法治追求法律规则的统治和人们对法律规则的普遍认同，以法的价值观念、精神、原则等物化后的法律文本为主要依据。它针对人的自利性，坚决地防治人性的恶，为人设置了规则和底线。法治对增强政府行政人员责任意识的作用主要体现为：它通过发挥法律的强制性、稳定性、统一性、权威性、威慑力等，培养和强化政府行政人员履责的法治意识，约束、指引和调控他们的责任观念和履责行为，使他们在实际履责过程中做到依法履责，能发自内心地信仰、崇敬、遵守和捍卫法律所蕴含的价值观念、精神、原则、标准等，并将其注入责任意识之中，内化为责任意识的有机组成，从而不断规范和优化自身的责任意识和履责行为，深化对责任及责任履行的正确理解和自觉认同，培养自身强烈的责任意识。

德治主要指的是发挥道德的功能约束个体的思想和行为，以道德去感化人、教育人和管理人，同时也要求领导者以身作则，注重勤政和修身，树立良好的社会道德风气，培植人民遵德守法的素养品行。德治以道德观念、伦理精神为主要依据，追求道德文明和伦理秩序的实现。它基于人的内在本质属性，不断完善、提高人的意识观念。

德治对增强政府行政人员责任意识的作用主要体现为：它通过道德的教育、渗透和感化等功能的发挥，凭借本身的说服力、凝聚力和劝导力，依靠个人内心信仰、荣辱感，以及风俗习惯、社会风尚等，帮助政府行政人员树立正确的责任价值观，推动他们提升责任认知、深化责任情感、强化责任意志，从而自觉地履行责任且以德履责，主动遵从和维护责任伦理和道德观念的要求，成为有德性的、责任意识强烈的政府行政人员。

推进国家治理体系和治理能力现代化，要坚持依法治国和以德治国相结合。“法律和道德都具有规范社会行为、调节社会关系、维护社会秩序的作用，在国家治理中都有其地位和功能。法安天下，德润人心。法律有效实施有赖于道德支持，道德践行也离不开法律约束。法治和德治不可分离、不可偏废，国家治理需要法律和道德协同发力”①。强化政府行政人员

---

① 习近平在中共中央政治局第三十七次集体学习时强调 坚持依法治国和以德治国相结合 推进国家治理体系和治理能力现代化［N］. 人民日报，2016-12-11（1）.

责任意识同样必须坚持法治和德治相结合。法治与德治二者相互渗透、相互助力、缺一不可，必须科学正确地发挥法律与道德的功能，摆正法律与道德所处的位置，使德治和法治能够协同发力，共同发挥应有的作用。

法治与德治相互渗透、相互助力，具体而言：

一方面，德治对法治具有支持作用。

第一，德治为法治提供主体支持。一是德治能够推动法治主体化，促使法治内化为主体自身的理想信念和思维模式。在道德的内容中体现和反映法治的要求，在道德教育中突出法治内涵，注重培育政府行政人员的法律信仰、法治观念和规则意识，推动他们自主、自愿、自觉地履行和实现法定的责任义务。道德能够推动法治主体化，使政府行政人员对法治的追求和对法律的坚守成为他们自身的内在需要和内心信仰。二是德治为法治提供大众心理和素质上的支撑。道德发挥自身的感化和教育功能，提高政府行政人员的思想素质，为他们树立牢固的法治观念提供了思想积淀和心理支持，使他们在依法履行责任中不断接受道德的感染和熏陶，产生对责任的情感需求、理性认知和坚定信念，逐渐形成深厚的责任意识。

第二，德治为法治提供正当性支持。德沃金表示，“当一个共同体要决定创制什么样的法律规范时，它应当接受道德的指导和约束”①。法治需要接受道德的审判和评价，要以一定的道德性作为前提，法律的制定和安排也需要遵循相应的道德观念和道德意识。如行政关系具有一定的伦理性，以调整行政关系为目标的行政法也必然反映这一性质，具备合作、协商、合意等民主精神。“越是文明发达、法制完善健全的国家，其法律中所体现的道德规范便越多”②。“法律法规要树立鲜明道德导向，弘扬美德义行，立法、执法、司法都要体现社会主义道德要求，都要把社会主义核心价值观贯穿其中，使社会主义法治成为良法善治”③，这需要制定和完善合乎伦理道德精神的良法，使政府行政人员需遵守的法治规则更加具有德

① 德沃金．刺猬的正义［M］．北京：中国政法大学出版社，2016：436.

② 王一多．道德建设的基本途径：兼论经济生活、道德和政治法律的关系［J］．哲学研究，1997（1）.

③ 习近平在中共中央政治局第三十七次集体学习时强调 坚持依法治国和以德治国相结合 推进国家治理体系和治理能力现代化［N］．人民日报，2016－12－11（1）.

治所倡导的“善”的道德观念和价值取向，使责任意识更具伦理和道德意蕴。可见，法治的真正实现，需要德治为其提供精神资源和道德价值，只有合道德的法治才能被社会和公众所接受和认可，才能促使政府行政人员实现法治的道德内化，从而行善达德。若离开德治，法治便会变为单纯的外部限制，无法有效地促进政府行政人员责任意识的强化。

另一方面，法治对德治具有促进作用。

第一，法治促进基本道德要求的实现。从历史上看，那些被视为社会交往的基本而必要的道德正当原则，在所在的社会中都被赋予了强大的强制力。这些道德原则约束力的增强，当然是通过将它们转化为法律规则而实现的[①]。法律是最低限度的道德。法治本身反映和代表着社会认同的主流道德要求，它通过普遍而有效的理性规则，去表达、传递、推行和强化基本的伦理道德观念和价值要求，为德治提供了底线支撑，使政府行政人员通过遵守法律而进一步认知和把握其所蕴含的责任伦理和道德精神，并逐渐将之转化为内心信念和内在自觉，从而在履责中通过法律的约束和规制，达到意识和行为上的明礼知耻。

第二，法治促进德治的实施。政府行政人员确立内心信念、树立责任意识、履行道德义务、培育道德习惯，需要一定的法律予以促进和支持。法律依靠国家强制力，在一定程度上能够解决道德领域的突出问题，为政府行政人员提供判断思想和行为是非、好坏、对错、善恶的标准。同时，它具有强大的规约力，能够通过严格执法，惩罚和处理道德失范的政府行政人员，奖赏和赞誉起到道德模范作用的政府行政人员。对于那些尚不具有强烈责任意识和道德自觉性的政府行政人员来说，法律能给予他们必要的压力。法律的国家强制力、规约力可以在一定程度上促使客观的责任道德行为和道德效果的产生，法治不断运用自身刚性约束力敦促政府行政人员在责任履行中坚持抑恶扬善，使道德观念在他们的责任意识中得到真正的维护和高扬。可见，法治保障德治的实现和发展。

第三，法治使德治更为规范化、具体化。法治将德治中抽象的、不确

① 博登海默．法理学：法律哲学与法律方法［M］．北京：中国政法大学出版社，2004：391.

定的道德情感、道德理想与法律相结合，使其具象化，成为具有普遍性、恒久性、强制性的现实法治力量。如法律整合伦理道德规范，把实践中群众广泛认同的、成熟的、操作性强的道德要求及时上升为规则规范，使道德具象化、强制化，并在实践中得以贯彻执行。它将相对抽象的责任伦理要求具象化为政府行政人员必须遵循的一系列可操作的规范和目标。同时，法治通过运作程序和基本的责任、权利、义务安排等方式，将一定的伦理精神和道德观念传递给政府行政人员，使他们在责任意识的引导下做到履责“有耻且格”。

因此，政府行政人员责任意识的强化，要坚持法治与德治相统一，促进法律与道德相互融合、相互贯通，打造相辅相成、交叉互补、共同进步的治理体系，促进道德法律化和法律道德化，加强法治宣传教育和道德建设，推动行政伦理立法，督促政府行政人员自觉学法、守法、信法、执法，并努力做到以德修身、以德立威、以德服众①。既要强化德治对法治的支持作用，也要强化法治对德治的促进作用，通过崇德向善、尊法守法，不断强化政府行政人员的责任意识。

三、知与行相统一

关于“知”、“情”和“意”，本书已在第二章对其进行了概念界定和具体分析，此处不多做赘述。

“知”的地位和作用主要体现为：一是责任认知是责任意识形成的基础，深刻影响着责任意识的发展方向，深化责任认知是增强责任意识的必经之路和必备条件。政府行政人员的责任认知越深刻，对责任的判断和分析越精准，才越有可能使责任意识更强烈，产生坚定良善的负责行为的可能性也就越大。二是责任认知能够增强责任意识的稳定性和一贯性，促进责任“情”“意”“行”之间的联系。责任认知将零散认知转化为稳定观念，使责任意识不易受到外在影响，对稳控和强化责任情感、责任意志和责任履行并促进它们之间相互作用、相互融合、相互转化起到了不可替代

① 习近平在中共中央政治局第三十七次集体学习时强调 坚持依法治国和以德治国相结合 推进国家治理体系和治理能力现代化［N］. 人民日报，2016-12-11（1）.

的作用。

“行”，即负责任的责任履行，主要指的是政府行政人员在责任意识的支配下所采取的符合责任要求和道德规范的实践行动。“行”的地位和作用主要体现为：第一，“行”是责任意识的外部表现。责任认知、责任情感、责任意志最终都要通过责任履行才能表现出来。第二，“行”反映着责任意识形成和强化的效果，是衡量政府行政人员责任意识强弱、职业道德水平高低、职业道德品质优劣的外化标准。第三，“行”是强化责任意识的落脚点和目的。责任意识形成和强化的主要目的就是产生负责任的行为，如此才是真正地通过责任意识获得实效，否则，责任意识将无法在现实中发挥应有的功能和作用。第四，“行”是责任意识形成和强化的重要环节。它会在和外部世界的相互联系与运动中，在和各种矛盾、困境和挑战的交锋与碰撞中，不断反作用于责任认知、责任情感和责任意志，促使责任意识不断强化。

知与行关系密切。梁启超曾归纳了王阳明的“知行合一”观点，其中部分内容对我们有一定启示：一是“知是行的主意，行是知的工夫，知是行之始，行是知之成”①。知是行的前提和基础，对行起到指导作用。行是目的和归宿，是贯彻和过程，按照道德要求去行动是完成良知的过程，在道德指导下产生的意识活动是行为的开端，符合伦理道德规范要求的行为是良知的完成。没有知的行，是没有方向的，没有行的知便是空想。二是“知之真切笃实处便是行，行之明觉精察处便是知”②。任何的认识，一旦真正领悟和认同，就会变成自己的自觉行动。同时，在实际行为中，我们也可以获得对道德规律的理性认知。认知是否正确、深切可以从行为中看出，行为的正确、精准与否也会反过来影响认知。

知与行需要统一。现实生活中，并非每次责任认知都能充分地转化为负责的责任履行，也并非所有的履责行为都能完全遵从责任认知的引导和控制。现实中，知与行还存在一定的矛盾，存在着知行不协调、不统一的情况，如说一套做一套、阳奉阴违、理论与现实相脱节等，这些都深刻影

① 李喜所，元青．梁启超传［M］．北京：人民出版社，1993：572.

② 李喜所，元青．梁启超传［M］．北京：人民出版社，1993：572.

响着责任意识的形成和发展。因此，强化责任意识必须坚持知与行相统一的原则，做到以知促行、以行促知。这里有两点需要强调：一是要想构筑起知与行之间紧密的联系，需要情和意的参与和支持。因此，需要在知与行之间构建情与意，为“行”增“情”加“意”，促进知行统一。二是既要加强知转化为行，也要强调行对知的反作用。具体而言，政府行政人员具备一定的责任认知、责任情感、责任意志后，应促使他们在责任意识的指导下做出符合要求的行为，并逐渐养成良好的行为习惯，把责任意识蕴含的价值取向、道德观念和精神文化等通过一定的行为模式、途径和方式转化为现实的实践活动，将责任的价值目标变为政府行政人员内在的自觉追求。与此同时，通过“行”的反映和体现，反观责任认知、责任情感、责任意志的情况，有计划、有针对性地促进它们之间的融合统一，促进责任意识的增强，并在更为强烈的责任意识的指导下，做出更为负责、优良的责任履行行为，如此循环往复、循序渐进、反复攀升、逐渐强化。

坚持知与行相统一的原则要求。一方面，要注重对政府行政人员的思想意识教育，尤其是责任伦理教育和责任认知教育，提高和深化政府行政人员的责任认识和道德素养，推动政府行政人员思维能力提升和认知能力优化，丰富政府行政人员对责任及责任履行的理解，培养他们对责任及责任履行的深刻的思想认识、正确的情感和态度、坚强的意志品质，提高和加强他们对责任的认同感、调控能力和判断能力等，不断培养和增强他们的自我教育、自我学习、自我完善的意识，促进责任意识的内化，使他们在面对责任时，能够正确地分析和掌握是非、善恶、真伪、美丑，能够科学地分析履责情况，明确自身的具体任务，并经由内在的情感认同，引发积极的态度和良善的动机，从而达成负责的行为。另一方面，要重视对政府行政人员履责行为的考察，加强对他们履责情况的考核与监督，督促他们养成良好的履责行为习惯和行为方式。通过各种实践活动的锤炼，有计划、有目的地引导政府行政人员把获得的责任认知在责任情感和责任意志的推动下逐渐转化为正确的、符合道德标准的履责行为，提升他们履责的自觉性、积极性和主动性，实现责任意识的外化。同时，在考核和评估政府行政人员时，既要听其言，更要观其行，促使他们做到言行一致、实事求是，增强其自我锻炼和自我改造的意识。如此，在坚持和促进知行统一的原则过程中，不断增强政府行政人员的责任意识。

四、共性与个性相统一

（一）政府行政人员的责任意识体现着共性与个性的关系

第一，任何一位政府行政人员都是共性与个性的统一体。共性方面，政府行政人员都要完成国家、社会和人民所赋予的责任使命，都必须具备责任所要求的基本专业知识素质、意识观念、思想道德素养、情感态度、意志品质、认识世界和改造世界的能力等，他们的思想和行为都必须遵循责任的相关规范、岗位角色要求、社会伦理道德规范、政府职能要求，以及需符合社会共同利益、社会期待、共同理想等。每一个政府行政人员都应当学习、理解、认同、践行这些内容和要求，并将之融入自己的意识结构。个性方面，他们每个人都存在着各种各样的差异和不同，他们面临不同的责任义务，处于不同的履责情境中，他们的受教育情况、人际关系状况、家庭背景、生活环境、人生经历等都有所不同，以及由此形成的世界观、人生观和价值观也存在不同，这也导致他们对责任会有不同的看法、观点、态度和选择。与此同时，由于政府行政人员在心理素质情况、思想认识状况、自我意识的成熟度、思维能力的水平、知识的深度、意志力量强弱等方面存在差异，所以他们在接受、把握和吸收关于责任的各种意识观念的性质、程度、方式和思路等方面存在着区别和差异，展现出不同的个性特征。

第二，责任意识与责任要求之间总是存在着一定的矛盾冲突，体现着个性与共性的矛盾。责任意识总是处于“它现在程度如何”与“社会希望它程度如何”、“它现在怎样”与“社会希望它怎样”的矛盾运动中。强化责任意识就是要不断化解这些冲突，促进政府行政人员责任意识朝着责任所要求的方向发展并不断深化。这就要求具体分析政府行政人员的个体性特征，关注他们个人责任意识的情况，并从责任的客观要求角度出发，通过不同方面、角度、层次的针对性培养教育活动，缩小他们责任意识的现实与理想之间的差距，化解个人责任意识与其社会期望之间的矛盾，使责任意识达到社会期待、伦理道德要求和责任外部规定的需要并不断强化。

第三，责任意识是不断变化和发展的，不仅不同的政府行政人员责任意识状况不同，同一位政府行政人员在不同阶段、不同情况下的责任意识也不同，彰显着个性特征。责任意识虽然存在于政府行政人员个体身上，但它却不是个体单纯自发产生的，也不是个人生命机体的附属物，而是在政府行政人员与外部世界、客观的责任关系的互动中逐渐产生的。它并非一成不变，而是不断变化和发展的，这就需要我们以发展的观点看待责任意识的运动变化，及时具体地分析相关问题，善于根据新情况、新变化、新矛盾来思考新的解决思路和办法。责任教育的一大着眼点应是时刻关注个体责任意识的现状和变化，并在此基础上，根据不同情况予以不同的、有针对性的引导和培养，促进责任意识共性与个性之间矛盾的解决。

第四，责任意识的普遍性问题通过一些特殊性问题表现出来。如逃避责任、推卸责任等是责任意识的共性问题，但在不同地区、不同部门和不同政府行政人员身上，这一共性问题又会表现为不同的个性问题。

（二）强化责任意识必须坚持共性与个性相统一原则

第一，解决责任意识问题，坚持共性与个性相统一。解决共性问题，但不能僵化和机械，否则会伤害个性。注重个性，但不能以偏概全，不能实行“一人生病、普遍吃药”。因此，必须统筹好共性与个性，抓住责任意识问题的根本，提高针对性，重视实效性。我们在强化责任意识时必须坚持具体问题具体分析的基本原则，将发现、分析和解决问题的整个过程放在对具体政府行政人员、具体履责情境的考察中，不搞“一刀切”。不仅如此，聚焦个性的同时也不能忽视共性，也要从中梳理和提炼共性问题。既要解决政府行政人员队伍中普遍存在的共性的责任意识问题，又要善于发现和处理个性责任意识问题，做到精准纠正和解决。

第二，开展责任意识教育，坚持共性与个性相统一。一方面，坚持共性教育。必须始终坚守刚性的、确定的责任意识培养目标，围绕“培养什么样的政府行政人员”“强化什么样的责任意识”展开，体现政府行政人员的特质内涵，遵循和落实责任意识教育的总体原则、标准、内容和基本要求，注重集体性、整体性的共性教育，如采取集体辅导、团队学习互动等辅导模式。另一方面，讲求个性教育。在强调共性的同时充分尊重政府行政人员的个性，从个体实际出发，实事求是，重视个体责任意识发展的差异性和特殊性，因人施教。要围绕“怎样培养政府行政人员责任意识”展开，根据个人的不同情况采用不同的教育模式和方法，不可采用千篇一律的教育模式和运作形式。如此，使每个政府行政人员的责任意识得到强化的同时，也使他们的个人合理需要得到满足，个人得到更为充分的发展。

第二节　强化政府行政人员责任意识的自我修养

政府行政人员责任意识的自我修养，主要包括自重、自省、自警、自励四方面内容。

一、自重

自重就是自我尊重、自我重视、自我保重、自我慎重等，其中，自我慎重是最核心的意思。自重的内容主要有以下三点：一是在思想意识上要自重。政府行政人员应该尊重自己的人格，认清自己的责任，知道自己应该想什么、怎么想，以及不该有什么样的履责观念和动机等，使自己的思想意识符合责任相关规范和伦理道德要求，做到思想意识上不出格、不跑偏、不逾矩，具有远大的理想信念和高尚的思想道德情操。二是在言行上要自重。政府行政人员要知道自己在面对责任时应该怎样说、怎么做，使自己说恰当的话，做负责任的事，与自己身份不相符的话不说、事不做，力戒口无遮拦、行为违规、言行不一等问题的发生。三是在形象和声誉上要自重。自己要对自己的形象和声誉负责。珍惜自己的声誉，看重自身的形象，以到位的责任履行赢得社会和人民的信任和支持。

政府行政人员做到自重应格外注重以下两方面：一方面，要符合相关规范和要求。这就要求政府行政人员在思考和看待责任时，必须自觉地使自身对责任及履责的看法符合角色规范、伦理道德规范、政府要求、人民意志、法律法规等。另一方面，要把握好“度”，保持适当和得体。这就要求政府行政人员关于责任的意识观念、思维方式、言行表现、外在形象都恰如其分，使之与所处的责任情境和履责场合，以及与自己的角色、身份、责任内容相吻合、相协调、相统一。总的而言，就是要求政府行政人员自己控制和调适自己，有使自己做到合规得体的意识，并在履责中予以实践。这就要求政府行政人员，一是要加强对责任规范的学习、理解和认同，清晰明确地知晓责任的相关要求，认同责任蕴含的价值观念、价值目标、伦理道德精神、理想信念等，绝不能对责任相关要求一无所知或知之不详；二是要意识到怎样思考和行动才是恰到好处的。这就要求政府行政人员对责任和自身的关系有更深的体认和领悟，明白和学会遵从责任规范的方式和方法，懂得规范言行举止的思路、方式；三是要增强自控意识，严格要求自己，做到严谨思考、谨言慎行、护好形象。

自重，在时间上要做到“时时”，在空间上要做到“处处”，在履责上要做到“事事”。通过自重的自我修炼，政府行政人员不断将责任的规范转化为自身修养和内在自觉，使自身对责任的认知和理解更为深刻，并逐渐滋生出对责任的积极情感和强烈意志，不断增强自身的责任意识，从而促使自己的思想和言行在责任履行中合规、得体、自然，而无需刻意追求。

二、自省

自省主要指自我反省、自我省察，它是个体对自己思考过的、说过的、做过的，或对自己当下正在想、正在做的事务或情况的自我反思和检讨，主要任务是发现和改正问题，完善和扬弃自己。自省是政府行政人员对自己的思想状况、行政行为的自我检视，也是对自身的责任认知、责任情感、责任意志、责任履行效果是否符合责任相关要求的自我检查。在自省过程中，政府行政人员既是自我，又是对象；既是主体，又是客体。自省把自我与对象、主体与客体融为一体。

通过自省增强责任意识，必须做好以下几个环节：一是自我回顾。面对责任及自身履责情况，及时回顾自己的所思所想、所作所为，既包括已经过去的，也包括当下正在进行的。坚持回顾，一方面，坚持责任一事一反省、一天一反省的微观回顾，及时具体地对责任相关事务进行详尽反思。如山西省平遥县检察院要求每个党组成员、检委会委员都要撰写“自省日记”，要求他们记录当日学习、工作和生活情况，并总结得失，写出感想与改进措施①。另一方面，坚持周周回顾、月月回顾、年年回顾、阶段性回顾的宏观回顾，较为全面系统地对自己的责任履行情况进行总结。

二是自我评价。自我回顾后，对自己的所思所想进行自我判断和审视，明辨自己的思想言行是对还是错、是妥当还是不妥当、是应该还是不应该、是正当还是不正当、是有价值的还是没价值的、是完全尽责的还是没有充分尽责的、成效如何、各方满意与否等。评价自己的履责观念，是否有不正确、不正当之处，是否被私利蒙上尘埃。评价自己的责任履行是否出现走样变形等情况。自我评价并非以自我为标准，而是以不以个人意志为转移的客观事实、规律和规范为标准。同时需要注意，自我评价一定要真实、客观，不可自欺欺人，切忌把问题评价为功绩，把缺点评价为优点。

三是自我检查。把自己不对、不妥、不该、无价值或负价值的思想言行检查出来，正视它们，思考改正和补救的方法。这就要求政府行政人员抛弃自省会丢“面子”、失“威信”的错误观念，敢于揭露自身的履责问题，舍得揪出自己的过失和缺陷，决不遮遮掩掩，不对自己宽容，不姑息自己的错误。要敢于担当，勇于面对，不给自己找任何借口，不揽功诿过，不将自身问题推卸给别人。运用自省，不断发现自身在责任意识方面存在的问题，强化责任担当，推动自身更为自觉地履责。

运用自省，政府行政人员不断发现自身问题，强化责任担当，从而更为自觉地履责。当然，需要说明的是，自我回顾、自我评价、自我检查这三个步骤，是我们运用思维在学理上对自省进行的剖析。在实际生活中，这三个环节不是依次出现、有序进行、泾渭分明的，而是相互渗透、交织融合在一起的，共同发挥着作用。自省能帮助政府行政人员矫正责任意识问题，修正责任履行偏差，能促使他们强化责任意识，实现自我扬弃、自

① 马昌博．检察院里的新鲜事：干部天天写“自省日记”[N]．南方周末，2006－02－16(5).

我完善和自我超越。

三、自警

“自警，就是自己警示自己，就是自我警惕，自我警醒，自我戒备，自我告诫，自敲警钟”①。

政府行政人员在任何时候，都要自警。一是在日常履责时，要坚持自警，警钟长鸣，使自己在用权履责时保持清醒头脑和平衡心态，使自己始终保持崇高的思想境界，防止沉湎于个人得失，常修行政人之德性。二是在面对诱惑时，自己给自己敲警钟。提高警惕，使自己能够经得住权力、地位、利益上的考验，抵挡得住消极、腐朽价值观的侵蚀。要时刻警醒自己认清形势，不为私利所动，不为金钱所惑，不为享乐所诱，始终坚定理想信念，保持浩然正气，心澄如水，不忘初心。三是在个人独处或监督缺位的情况下，提高自我警觉性。警示和告诫自己，无论何时何地都应认真自觉地履行责任，常怀律己之心，见微知著，防微杜渐，做到慎独。四是在面对个人荣誉时，也要警醒自己。绝不可过分得意扬扬和飘飘然，不可居功自傲、故步自封，依旧要积极自觉地为人民服务，把责任履行到位。

有效自警的内容和方式有很多。主要有：一是以错误为鉴。一方面，政府行政人员以自己以往错误的思想观念和责任履行为鉴，告诫自己不要重蹈覆辙；另一方面，以他人错误为鉴，以反面典型警醒自己，不可犯类似错误。二是构筑责任意识的法律法纪自警防线。政府行政人员对法律常怀敬畏之心，用党和国家的法律法纪规范自己，警告自己不要违法违规，同时忠诚于责任的相关规范，符合公共伦理道德要求，自觉地严守责任纪律，做到遵纪守法、清正自律。三是筑牢责任意识的道德自警防线。政府行政人员不断提高自己的道德修养和思想素质，用高尚的道德标准、良好的行政人格、稳固的行政良心来要求自己，告诫自己面对责任绝不能利欲熏心、善恶颠倒、丧失道德心。通过持续不断的自警，增强自身的履责自觉，深化责任认知，激发对责任的积极情感，释放履责的坚强意志，使自

① 周文彰．为民·务实·清廉：做官做事做人60讲［M］．2版．北京：中国方正出版社，2013：253.

身的责任意识不断强化。

四、自励

与外部激励不同，自励是内生动力，是政府行政人员的自我激励、自我鼓励和自我勉励。

强化政府行政人员的责任意识必须充分发挥自励的作用。一是充分发挥自励的支撑作用。政府行政人员在面对履责困难或履责挑战时要自己激励自己，鼓励自己咬牙挺过难关、战胜挑战、化解矛盾，在身处履责困境时不气馁、不退缩，身处履责逆境时不悲观、不放弃，履责遭遇挫折时不灰心、不消极，反而能够更加坚定、坚强、坚决，更加积极、自觉、努力，能够有充足的信心和勇气勇往直前、百折不挠、迎难而上、艰苦奋斗。二是充分发挥自励的推动作用。面对履责任务，政府行政人员要自己给自己添加动力、提神鼓劲，能够保持履责的热忱、昂扬向上的朝气、前进的信心和勇气、履责的精气神和心劲，不断激发履责的使命感、荣誉感、自豪感和积极性、主动性、创造性，从而推动自身与责任理想、目标和计划密切结合、保持统一，使自身能够主动自愿地履行责任，坚定不移地投身于责任使命达成的奋斗中。三是充分发挥自励的鞭策作用。政府行政人员通过自励，随时督促自身认真履行责任，朝着正确的方向努力，当理想信念动摇时，及时敲打和警醒自己要自觉遵守规范、坚守信念、牢记使命，不断地鼓舞自己，相信自己能够抵制诱惑、巧妙化解冲突、充分落实责任，勉励自己始终不忘初心、坚守良心、不懈奋斗。同时，持续激励自己不能甘于平庸、安于现状，要以先进模范为榜样，按照责任要求，用远大理想、宏伟事业不断鼓励和要求自己，勇于开拓、锐意进取，在履责中为人民做出卓越的贡献，创造一流的成绩，不断给自己提出新的更高的追求目标。

第三节　强化政府行政人员责任意识的制度建设

如前所述，强化责任意识的总体思路，包括自律与他律相统一、法治与德治相统一等。自我修养强调自律与道德，而制度建设强调他律与法治。与强化责任意识最直接、最密切相关的制度，就是责任评价与考核制度、责任监督制度、行政问责制度和责任激励制度。

一、完善责任评价与考核制度

责任评价与考核制度对于强化责任意识具有重要意义，完善这一制度，需要关注以下三个方面：

第一，完善责任评价与考核制度的内容和方式。完善的重点要放在以下几个方面：一是内部与外部相结合。既注重政府内部责任绩效考核，又注重公众评议、专家评价等外部评议，特别是要让责任对象评议，而且要使这种评议在整个评议结果中占有很高的权重。二是质与量相统一。既要对责任履行质的方面进行考核，也要对责任履行量的方面进行考核，用数据说话。三是整体与局部相统一。既要对责任履行的每个环节进行分析，也要从整体上考察责任履行效果，进行全程化的考评。既要注重年度考核，整体考察和把握政府行政人员的履责表现，也要注重日常考核，避免一次性的年度考评结果带来的不完全性，同时，要使日常考核与年终考核成为一个考核整体。四是普遍性与特殊性相统一。既要从普遍性角度考评工作，也要注重差异性、专门性的考核，实现考评方式的多样化。既要具备全体政府行政人员都必须拥有的考评内容和因素，也要结合不同地区和不同部门，针对政府行政人员不同的职务、职权、层次和类别来制定不同的考核内容。

这需要做到以下几点：一是加强责任评价与考核的导向性。设定考评不是走过场，而是为了实现相应的计划和目标，推动政府行政人员朝着正确的方向发展和履责，增强他们的责任意识，促成他们积极履责。因此，必须强调考评的方向性、目标和达标要求，更多地考虑与具体责任的特性相关的因素。最重要的导向就是通过考核，引导政府行政人员始终坚持以人民为中心，始终把人民对美好生活的向往作为自己的奋斗目标。二是做到责任评价与考核内容的系统化。考核内容要尽可能地做到系统、完整和全面，摒弃与责任考评无关的事项。三是做到责任评价与考核的公开化。

做到考评内容公开、标准公开、过程公开、结果公开。四是保证责任评价与考核过程的可操作性。做到于法周延、于事简便、宽严适度、繁简得当、公平合理、正当有效、便于操作。

第二，优化责任评价与考核制度的指标体系。考评的指标设定，一要有较为明显的区分性和测评幅度。需要优化责任考评指标的结构，设置科学合理的责任考评方法，便于区分出高低等级和程度差异。可根据需要设定多个考评主体同时进行评价，再通过不同等次的定义数值，转化为可统计、可计量、可比较的责任考评结果。同时，保证各项指标间既要相互独立、互不重叠，又要协调一致，互不冲突。二要简洁易行，避免过多过繁，否则容易令人厌倦。三要现实可测。各项指标都能用操作化语言来界定，内容都可通过实际测量和观察得出明确结论。责任考评指标要精准有力、效果出色、客观公正，应实事求是地设立指标，避免模糊无用的指标。同时，必须坚持考评指标的客观性和确定性，不能出现双重标准。四要保证内容的规范化。要维护考评制度的严肃性和稳定性，排除任何形式的主观性和随意性，保证考核内容要尽可能地做到系统、完整和全面，避免出现与责任考评无关的事项。

第三，加强责任评价与考核制度的法制化。制定相应的法律法规将政府行政人员责任绩效考评纳入法制化轨道，避免考评流于形式、缺乏实效。可制定一整套法制化的责任考评管理制度体系，将考评的目标、原则、程序、方法和步骤等内容都以法律的形式固定下来。当前，我国政府建立并实施了一些关于绩效考评的制度，如社会评议制、督查验收制、目标责任制等，但这些仅仅是制度化的尝试，尚未达到法制化的高度。因此，必须注重责任评价与考核制度的法制化，增强责任评价与考核管理的权威性、正当性、科学性和规范性。

二、健全责任监督制度

强化责任意识，需要健全责任监督制度。

第一，优化责任监督制度的总体规划和内容安排，加强制度的实效性。完善现有制度安排，进一步明确各个监督主体之间的职能界限和层次关系，使它们能够更充分地各司其职、各负其责。同时，进一步健全规范各监督主体的监督制度，提升监督的力度和效度；加强各监督制度之间的衔接，促进多元监督主体之间的协调，使它们协同发力，充分发挥监督的整体效能；优化责任监督制度的设计，进一步设置科学有效的规定，从制度上避免不同监督主体和监督机制之间出现冲突或重叠。

第二，实现独立责任监督机构的制度化。从世界各国已有的监察机构及其发展趋势来看，其特点是享有广泛的授权并具有独立性，通常只向最高权力机关或立法机关负责，接受国家最高权力机关的领导，而不从属于其他任何政府部门，其编制也不纳入普通公务员系列①。结合他国经验并立足本国国情考虑，我们需要设置专门的、独立的监督机构，并以制度的形式确定下来。这样可以在一定程度上保证责任监督的独立性和权威性，使监督不受影响和干扰，避免监督沦为“空架子”。开展这一制度建设，需要明确两个基本设定：一是责任监督机构必须在人、财、物等资源上保持独立性；二是责任监督机构及其成员与政府及其行政人员在职权关系上要严格区分，以保证部门的独立性。

第三，加强责任监督制度的法制化。完善行政责任立法，尽快制定相关法律和规范性文件，研究制定一系列专门的责任监督法律，使各类责任监督主体具有明确的法律权限、法律依据、法律程序和法律手段。目前，我国制定和实施了《中华人民共和国行政诉讼法》《中华人民共和国行政处罚法》《中华人民共和国国家赔偿法》《中华人民共和国行政复议法》等，在规范政府行政人员依法履责方面发挥了重要作用，“但从现实情况来看，仍有大量的行政法规，尤其是行政监督法规亟须制定”②。

三、优化行政问责制度

责任监督制度必然要求有行政问责制度与之相配套。行政问责制度能够有力地促进责任意识的强化，我们需要长期关注和思考这一制度的优化。

---

① 岳跃．行政伦理学［M］．重庆：西南师范大学出版社，2016：142.

② 岳跃．行政伦理学［M］．重庆：西南师范大学出版社，2016：142.

第一，推进行政问责制度的规范化、法制化。具体而言，一是要细化问责规则和内容。认真审查现有的规章制度，进行必要的修改、整合和完善。规范问责范围、问责事由、问责标准，明确问责的边界和程度，确定问责主体及其权限、问责客体及其职责，健全问责的实施途径和惩戒办法。对于隐性的、有失责趋势的行政行为也要进行追究并及时采取相应的措施，防止行为和事态进一步恶化。行政问责的方式一般包括责令作出书面检查、责令道歉、通报批评、行政告诫、停职检查、调离工作岗位、责令辞去领导职务、免职。二是要优化问责程序设计。建设公开透明、可操作性强的问责程序，着力解决相关程序问题，保证问责制度协调运转。如问责启动环节应区分不同的问责主体或问责对象，规定不同的问责程序启动方式。问责过程中应严格设定合理的问责处理期限，进一步优化生效时间、批准机关、当事人申诉期限及受理机关等程序安排。三是要完善问责制相关配套法律法规，使各项问责皆有法律作为支撑、依据和保证，确保问责及时、公正、严格、规范。四是要完善具体的问责制度。如完善回避制度、责任型引咎辞职制度、行政诉讼制度、行政赔偿制度、行政问责救济制度等，又如建立健全责任追究典型问题通报制度、问责官员的进退制度和复出制度，提升问责的公平性和公信力。这些具体问责制度的强化，有助于问责充分发挥其应有的功能，从而促使政府行政人员从深层意识层面认识到，遵规守纪、履行责任、履责到位会产生快乐，反之，会带来痛苦。相比于违规失责，遵守规范、认真履责获得的是真正的、长久的愉悦和满足。通过这种情感体验的持续强化，外在规范将会逐渐成为他们自身内在的需要，使他们厌恶应当厌恶的，热爱应该热爱的，不断增强责任意识。

第二，优化责任问责主体制度。这里主要指的是通过优化制度，保证责任问责主体要“懂行”。懂行的含义非常广泛，包括：熟悉被问责行业和岗位的业务，不懂行就容易出现乱问责；了解被问责行业和岗位的法律法规和有关政策规定，不了解同样会出现问题；具有深入调查研究的经验和科学方法，善于听取各方面的意见，特别是问责对象的意见，不能先入为主、主观认定，否则会出现“随意问责”；要有历史眼光，懂得具体情况具体分析的道理，不能离开责任问题发生时的情境随意问责，这是“无理问责”。“外行”问责不仅不能达到问责的作用和效果，还极易导致很多副作用，损害问责的声誉。

第三，强化行政问责制度与其他责任追究制度的衔接与配合。具体而言，一是要与责任评价与考核制度密切结合，二是要与责任监督制度联结起来，三是要与政府信息公开制度结合起来，四是要与行政监察和审计制度有机结合，五是要把行政问责制度与《中华人民共和国宪法》《中华人民共和国国务院组织法》的规定相衔接并有所区别，等等①。通过与其他制度的相互配合和相互补充，充分发挥行政问责制度在实践中的作用，以此不断督促和推动政府行政人员增强责任意识。

四、构建责任激励制度

责任激励制度对激发和强化责任意识具有不可替代的作用。构建责任激励制度，要从以下几个方面入手：

第一，完善责任激励制度的内容。一是正激励与负激励相结合。对履责到位和出色的政府行政人员给予一定的奖励，发挥模范典型示范作用，产生正激励的效能。对不思进取、履责不力的政府行政人员给予一定惩罚，发挥反面典型的教育和警示作用。无论是正激励还是负激励，都要做到公平、公正，还要做到及时、精准、严肃、严谨。用正激励与负激励，纠正政府行政人员思想言行和责任履行上的偏差，使他们对责任及履责的思想观念得到正向的调控和引导，不断强化自身的责任意识，使他们自觉抵制错误的意识观念和不当的履责行为，自觉认可正确的意识观念和履责行为，推动他们自觉反思、调整、规范和优化对责任的思想观念和履责行为。二是精神奖励与物质奖励相结合。精神奖励如表扬、记功、授予荣誉称号、宣传光荣事迹等，物质奖励如颁发奖金、福利、奖品、提高工资等。三是短期激励与长期激励相结合。从持续时间上看，激励产生的效果

① 韩志明．行政责任的制度困境与制度创新［M］．北京：经济科学出版社，2008：224.

有长有短。一方面，要有针对激发政府行政人员近期工作热情和动力的短期措施；另一方面，也要具备能鼓舞他们保持持续履责积极性和创造性的长期激励措施。四是定期激励与不定期激励相结合。一方面，结合年度责任评价与考核的结果，每年进行定期的评优评奖；另一方面，根据需要择机进行奖励，对在具体责任履行中、在特殊履责情境下做出突出业绩、有突出贡献的人员予以激励。五是同一化激励与差异化激励相结合。一方面，对相同的激励问题采取相同的激励方法和激励内容，保证激励的公平性；另一方面，考虑个体差异，体现激励的人本化，可有针对性地进行奖励，满足政府行政人员个人正当合理的需求，增强激励的适应性和可操作性，使激励更加精准。通过统一化与差异化激励相结合，充分调动起政府行政人员履责的热情和自觉，使他们最大限度地发挥个人潜质和能力，在工作中获得更大的满足感和荣誉感，从而进一步激发自身履责到底的坚强意志，逐渐将外部激励的刺激转化为个人内心履责的信念和动力。

第二，明确责任激励制度的标准。首先要适度激励。过高的奖励标准会让人望尘莫及，使人提不起兴趣，激发不出人的动力。过低的奖励标准又无法达到激励的效果，难以明显、充分地区分政府行政人员履责业绩的水平和程度。过高的惩罚标准，达不到负面激励的作用，会失去负激励的惩戒意义，政府行政人员易生无视惩罚规定之念。过低的惩罚标准，会导致接受惩罚的人数过多，范围过于泛化，引发政府行政人员的恼怒，遭到他们的抵制和反抗。因此，激励必须宽严有度；同时还要奖惩分明。奖励与惩罚无论是在规定中还是在现实执行中都必须界限分明，该奖励的奖励，该惩罚的惩罚，绝不能功过不分、奖惩不当。

第三，丰富责任激励制度中的激励方式。加强责任激励制度与其他制度间的联系，使之与责任评价与考核制度、薪金制度、晋升制度等密切结合，凸显责任激励的价值，避免流于形式。如根据评价与考评结果进行激励、拓宽职务晋升渠道、优化薪金结构、提高工作待遇、适度实行灵活工资制等。与此同时，制度安排上应注重采用多种手段开展激励，完善竞争激励机制、改善授权激励体系、强化领导激励、运用目标激励法等推动政府行政人员自发地、主动地履行责任，强化履责意识。

第四节　强化政府行政人员责任意识的文化建设

在第五章我们已经指出，文化对政府行政人员责任意识的影响十分重大。因此，要强化政府行政人员责任意识，除了制度建设之外，还要加强文化建设。这里的文化建设，主要是指加强伦理教育、优化行政文化、改善社会氛围和环境。

一、加强伦理教育

如何加强伦理教育？就是要完善伦理教育的整体规划、科学确定伦理教育目标、健全责任伦理教育的内容和优化伦理教育培训方式方法。

（一）完善伦理教育的整体规划

整体规划要以《干部教育培训工作条例》等文件为蓝本，着眼于伦理教育任务的整体发展战略、发展倾向和现实需求，对伦理教育的目标、内容设定、教材选取、教学形式、教育考评方法等，做出合理详尽的规划和设计，确保伦理教育重点突出、主题鲜明、系统规范、富有特色、具有实效。既要加强对政府行政人员行政伦理、社会公德、职业道德、履责素养等方面的教育，强调基本知识和思想的掌握，同时也要注重培养政府行政人员在化解伦理冲突、做出正确伦理选择、开展伦理价值分析、进行伦理反思等方面的思维方式和应用能力。既要注重学理性的教学培训，也要突出实用性、可操作性和适应性，做到学用一致，理论与实践相结合。

加强伦理教育，一是要促进政府行政人员把伦理规范内化于心，要加强他们对责任规范和伦理道德的认同，促使他们将外在的“善”转化为自身行政人格的一部分，自觉纠正对责任的错误看法，主动抵制有悖于伦理规范要求的动机和意图，不断强化责任意识；二是要促使政府行政人员将伦理规范外化于行，通过有计划、有目的、有组织的理论培训和实践活动，提高他们的伦理道德素质、履责能力和水平，促使他们将责任意识和道德信念更好地外化为负责任的道德行为。

（二）科学确定伦理教育目标

这里说的“科学”是指：一是目标要具有现实性。过分理想化和政治化或过于高远和宏大的责任伦理目标，不易被政府行政人员接受，达不到伦理教育培训的目的。二是目标要具有层次性。根据不同政府行政人员不同的责任意识情况划分不同的层次，确定不同的教育目标，并且在总目标下设置多个可具体操作的分目标和子目标，有计划地开展伦理教育工作。三是目标要有发展性。伦理教育的目标并不是一成不变的，要随着社会历史发展、政府行政人员责任意识情况和现实需求的变化而逐步变化发展。确定伦理目标时应主动考虑不断变化的情况，确保目标的适应性和可持续发展。

强化责任意识，必须科学确定相应的伦理教育目标：一是提高和深化政府行政人员的责任认知，使政府行政人员更为全面、系统地认识责任及履责的内容、规律、目标等，清晰地辨明什么样的思想言行是负责的，清楚地明白自身与责任的关系、负责任的意义以及该如何行动等，从而不断提升责任伦理判断和选择的思维能力。二是陶冶和激发政府行政人员的责任情感。随着教育的深入，逐渐培养他们对责任的使命感和荣誉感，从而通过情感的支撑和鼓舞，促使他们在责任中自觉追求愉悦、满足和幸福。三是锻炼和培养政府行政人员的责任意志。通过伦理教育，磨砺并锤炼政府行政人员的决断力、自制力、自控力和承受力，不断强化他们合乎责任伦理道德的愿望和负责任的动机，从而使他们无论面对任何矛盾和挑战，都能始终如一地坚守负责任的信念，持之以恒地做出负责任的选择和行动。四是推动政府行政人员自觉履行责任，养成负责任的行为习惯。伦理教育要使政府行政人员坚持不懈地在实践中践行心中的责任意识和道德信念，要推动他们逐渐养成一种责任履行的正向“惯性”，并持续输出负责任的实践行动。

（三）健全责任伦理教育的内容

第一，加强理想信念教育。教育和引导政府行政人员端正态度，始终坚定理想信念，坚定“四个自信”，坚持党的路线、方针和政策。使他们能够自觉坚持以马克思主义为指导，自觉把毛泽东思想、邓小平理论、

“三个代表”重要思想、科学发展观、习近平新时代中国特色社会主义思想贯穿于自身责任履行的全过程，并将之转化为坚定的政治信念。教育和引导他们做到与时俱进、真抓实干、坚持问题导向，在责任履行中努力做出经得起实践、人民、历史检验的实绩，科学回答当前党和国家面临的一系列重大问题，推动党和国家事业发展，推动国家治理体系和治理能力现代化。教育和引导他们补足精神上的“钙”、挺直精神“腰板”，增强政治意识、坚定政治立场、坚持正确的政治导向、保持清醒的政治头脑，做党和国家事业发展的坚定支持者，做中国特色社会主义的坚定维护者，积极主动地为人民服务，将责任履行到位，为责任政府建设和国家治理发展提供更多的智慧。

第二，加强责任伦理教育。主要应加强以下几个方面的内容：一是加强责任伦理价值观念的教育，包括勤政、法治、民主、高效、诚信、服务等价值观念的传递和输送。二是加强责任伦理道德品格的培养，主要包括：个人品德，如谦虚谨慎、明辨是非、自律自治、勤勉俭朴等；社会公德，如爱国爱民、遵纪守法、文明礼貌等；行政职业道德，如奉公执法、精干务实、团结协作、勇于创新等；责任伦理道德，如履责为民、履责到位、勇于承担履责后果等。三是加强责任伦理规范的训导，主要包括国家制定的法律法规，党和政府制定的有关政府行政人员行为和活动的规定、条例、守则等，长期存在于社会实践中反映着社会和公众意志，并为党和政府、人民所默认的习惯、纪律、规矩等。四是加强责任伦理思维能力和素养的培育，如责任伦理敏感性、责任伦理选择能力、责任伦理思维方式、责任伦理冲突化解思维和能力、责任伦理价值判断意识、自我责任伦理修炼的意识等。五是加强责任伦理理论教育，如加强对责任伦理相关理论知识的学习，加强对其基本范畴、原则、逻辑、主客体关系、运动规律等方面的教育，等等。

（四）优化伦理教育培训方式方法

实践证明，方式方法对于教育培训效果极其重要。同样的内容，方式方法不同，教育培训效果就大不一样。因此，伦理教育培训要在方式方法上不断创新。

第一，采用按需分层的方式方法。一是按需确定伦理教育专题。在培训之前，运用各种技术方法，进行培训需求的系统调研和分析，确认政府行政人员责任意识现状与行政伦理要求之间的差距，做到以问题和需求为导向，明确每次伦理教学的方向和主题，不同情况可分类分级教学。二是按需设定伦理教育内容。根据调研分析的结果，明确学员们的实际困惑、需要和诉求，以此明确本次教育内容，科学地制定伦理教育课程。从内容上讲，即便是同一门伦理课程，也应针对政府行政人员的具体需求和实际情况做相应的调整和变化，避免伦理教育的形式主义和机械化，同时，针对不同类别、层次、级别的政府行政人员实行分级教育和指导，做到因人施教、因需施教。三是按需确定伦理教育的方法。针对政府行政人员的心理状态、理论功底、思维能力、工作性质、经验阅历、在责任意识方面的问题等不同情况，做到量体裁衣、各有侧重，有针对性地采取不同的方式方法，尽量选择能够帮助政府行政人员分析具体情况、解决实际问题的最有效的教育途径。

第二，丰富具体的方式方法。想要通过伦理教育增强政府行政人员的责任意识，需要多元有效的教育方法的合力，需要多种教学手段的变换创新予以支持和配合。具体而言：一是促进参与，加强互动。可采取教学互动式、民主讨论式、启发式、头脑风暴式等现代教育培训方法，加强政府行政人员之间的交流和研讨，推动他们加强自主思考。二是有针对地扩大自主权。可将伦理教育课程与政府行政人员自身的履责经历、在责任意识方面的问题和自我思考创造性地结合，也可加设伦理课程选学、模块自助，扩大他们对教学内容的自主选择权，增强他们学习的自觉性和积极性。三是情景融入，加深印象。可以通过案例分析、履责情景模拟、角色扮演、履责冲突解析、观看视频等方式使政府行政人员融入特定的情境，增强他们对责任的情感体验，加深他们对伦理教育内容的记忆。四是加强实地调研学习。打破传统的伦理教育课堂教学模式，实现教育“走出去”，通过实地调查、实地集体研讨等实践性学习模式，从教育实践活动中增强政府行政人员对责任的体认，增强伦理教育的说服力。五是网络化教学。充分利用信息化平台，可采取线上教学、视频互动等教育方式，建立移动课堂，开设伦理教育网络课程。辅助资料可在网上共享，政府行政人员也可利用网络进行成果展示、作业提交、心得分享等。多种方法多管齐下、互相补充，与政府行政人员充分互动、密切结合，从而尽可能地发挥伦理教育的作用，激发政府行政人员的主体性优势和自身潜力，促进他们责任意识的强化。

二、优化行政文化

对政府行政人员来说，行政文化是他们所处的外部行政环境。优化行政文化的过程，既是政府及其各个部门形成越来越好的行政风尚、为政府行政人员提供越来越好的行政环境的过程，也是政府行政人员越来越好地依法行政的过程。这是同一过程的两个方面，二者互相促进、互为表里。

（一）健全行政文化的发展路径

第一，夯实先进行政文化的思想理论基础，坚定不移地保证先进文化的主导地位。优化行政文化必须以正确的思想作为指导，必须建立在科学的理论基础之上。我国行政文化的建设必须始终从本国的历史和国情出发，始终坚持以马克思列宁主义、毛泽东思想、邓小平理论、“三个代表”重要思想、科学发展观、习近平新时代中国特色社会主义思想为统领，发展具有中国特色的社会主义先进行政文化。行政文化的优化与创新要始终符合中国先进文化的前进发展、适应社会历史的变革、及时回应人民的要求和期盼，成为社会主义现代化建设的巨大推动力、整合力和向心力。

第二，批判性继承中国传统行政文化。我国传统行政文化博大精深、历史悠久，对社会进步和文明发展曾起到过强大的推动作用，产生了深远影响。行政文化的建设不可能与传统行政文化完全割裂开来，而选择“从头再来”“另起炉灶”去建设一种迥然不同的行政文化，同时也不能对之全盘否定，不能简单地把“破旧”当作“立新”。“自由、理性、法治与民主不能经由打倒传统而获得，只能在传统经由创造的转化而逐渐建立起一个新的、有生机的传统的时候才能逐渐获得”①。因此，要进一步深化对中

① 林毓生．中国传统的创造性转化［M］．北京：生活·读书·新知三联书店，1988：5.

国传统行政文化理论内涵的认识，探索和追寻它的历史发展逻辑和运动规律，理解和反思其中的各方面内容，对其进行公允的审视和评价，以科学的眼光和思维正确审视、批判继承传统行政文化。具体而言，我们要在坚持社会主义核心价值观的前提下，强化对传统行政文化的反思、利用和改造，进一步深入探索其历史逻辑、思想观念、内容意涵和价值取向等，继承和发扬其中的先进思想和积极因素，吸收借鉴其中的精华部分，充分发挥中国传统行政文化的优势，挖掘并强化其蕴含着的强大的文化力量和精神力量；同时摒弃其中腐朽、落后、消极部分的干扰和侵蚀，改变过时的行政思维观念和行为方式；重视对中国传统行政文化的时代价值和现实意义的挖掘，立足世情、国情、党情来思考和提炼它对强化政府行政人员责任意识、推动政府治理、推进国家治理体系和治理能力现代化的当代意义，摒弃不适应当今行政文化发展和社会生活的因素，通过改造使传统行政文化中的优秀资源与和谐因素在当代再次焕发生机。在深刻认知、正确把握和创造性转化的基础上把中国传统行政文化的精髓表达出来、展示出来、实践出来，将其与时代精神、当代社会文化、人民日益增长的美好生活需要相融合，与社会主义先进文化相融通，与现代社会发展相协调，使之转化为当前与今后发展进步的力量，使之成为责任政府建设、强化政府行政人员责任意识的重要思想支撑和理论武器。举例而言，我们可以继承传统行政文化中的德治思想、礼治思想、法治思想、“和”文化思想、民本思想、仁爱思想、节制思想等，将它们优化为与时俱进、符合现代意义、具有当代价值的先进文化理念，使它们适应新时代的发展，赋予其新的时代精神，激发其勃勃生机与活力。

第三，借鉴国外优秀的行政文化。如今，在全球化的背景下，各个国家的行政文化相互传递、相互对话、相互碰撞，任何一个国家都难以做到完全将其他国家的行政文化“置之度外”，行政文化的优化离不开国家和民族间的合理有效的借鉴。因此，我们应具备宽广的视野、理性的思维，汲取各国成功经验和现代行政文化优秀成果，客观分析各国行政文化，充分认识其两面性，对其进行批判性吸收，借鉴其中科学合理的成分，源源不断地将之整合为具有中国特色的行政文化；与此同时，对于外来行政文化，我们不能完全照搬照抄，盲目尊崇会导致本国行政文化逐渐“空心”“西化”，造成行政文化破坏性倒退、干扰社会文化秩序、影响社会主流思想形态等问题。我们必须坚持从国情出发，在以促进自身行政文化发展为前提的基础上，结合自身实际做出批判性的吸收和理性的取舍。

（二）优化行政文化的内容和价值取向

一是建设法治型行政文化。依法治国强调和要求依法行政。建设行政文化的着力点首先要放在法治型行政文化的建设上。建设法治型行政文化，就是要使依法行政成为政府及其各部门的普遍风尚，使“法无授权不可为”“法定职责必须为”的法律原则和法治精神在每一个政府行政人员头脑里深深扎根，使他们对法治精神、规则意识、法治的道德意蕴等有正确的理解和认知，摒弃自身以权代法、重利轻法、人治思维等错误的思想言行，使他们依靠法治的要求来解决问题、化解矛盾、履行责任，不断强化自身的法治意识、法治思维、法治理念和法治精神，做到奉公守法、秉公执法、依法行政。要不断强调和要求政府及其行政人员遵照宪法和各项法律实施行政行为，将每一环节、每一行动都置于法律的框架之下，使一切行政行为程序化、规范化、制度化，在责任履行中确保履责目的、方式、权限、程序、内容的合法性，使他们真正做到尊法、信法、守法、用法、护法，推动他们在思想深处形成牢固的法治意识和法治观念，杜绝人治思想、特权思维，在履责过程中自觉维护社会公平正义，保障广大人民群众的根本利益，时刻考量自身履责观念和行为是否合法，自觉地管束自己，避免在履责中出现违规违法、趋利执法、有章不办、有规不循、将人情置于法律之上等错误的思想和行为。

二是建设服务型行政文化。我国政府是人民意志的执行者和利益的捍卫者，坚持以人民为中心的发展思想，强调政府工作要为人民负责、为人民谋利益、使人民获得更多幸福感。对此，我们强调要建设服务型政府。服务型政府的建设过程，就是服务型行政文化的形成过程。要不断强调政府行政人员是人民的服务者，而非驾驭者、管制者、统治者；政府行政人员要以维护最广大人民群众的根本利益为行动导向，要围绕人民来开展工作、履行责任；必须坚持人民至上，为人民群众提供稳定和谐的社会环境、竞争有序的市场秩序和高质量的公共服务。服务型行政文化使政府行政人员不断强化为民履责的意识，正确定位自己的岗位责任角色，使他们牢记江山就是人民、人民就是江山，始终做到用权为民、从政为民、履责为民，摒弃自身存在的官僚做派、“衙门意识”等错误思想言行，杜绝“官本位”思想和等级观念，树立勤政为民、履责为民、用权为民的行政价值观，不断增强自身的服务意识、公仆意识、为民意识，努力优化自身为人民履责的思路、方式和方法，持续提升自己为人民服务的能力和水平，自觉履行责任、优化履责过程、提升履责实效，助力公共服务体系的完善，为人民提供高水平、高质量的公共服务，自觉接受人民的监督，任何责任履行都以公共利益和人民意志为导向，将人民满意作为最高价值标准。

三是建设效能型行政文化。服务型政府必然也是效能型政府；没有效能，服务就是空的、假的。因此，建设服务型行政文化必然要求效能型行政文化建设相伴随。效能型行政文化的建设能够在一定程度上帮助政府克服以往管理模式所带来履责迟缓、效率低下等弊端。因此，政府及其行政人员要将高效作为衡量行政行为的价值评价标准，从提高效能、强调效益、注重效果等方面，改进政府服务。曾经一段时间，办事效率低成为部分人民群众反映强烈的问题。因此，国家提出了“马上办”“就近办”“一次办”“跨省办”“一网通办”等严格要求和重要举措，强调“实现办事方式多元化、办事流程最优化、办事材料最简化、办事成本最小化，最大限度利企便民，激发经济社会发展内生动力”①。效能型政府建设得越来越扎实、越来越有成效，效能型行政文化就会越来越浓厚。效能型行政文化影响政府行政人员责任意识，推动着他们树立和坚持高效的价值观念，提升自己解决实际问题的能力，优化办事流程，提高决策效率和工作效能，提升服务水平，自觉抵制形式主义、弄虚作假、人浮于事、效率低下、不求实效、因循守旧、怠政、懒政等责任意识问题。

四是建设廉洁型行政文化。我们党和国家一直以来都十分强调廉洁的

---

① 国务院关于进一步优化政务服务提升行政效能推动“高效办成一件事”的指导意见[EB/OL]. https://www.gov.cn/zhengce/zhengceku/202401/content_6926256.htm.

重要性，大力惩治腐败，建设廉洁政治。相应地，我们党和政府也高度重视廉洁型行政文化建设，强调清廉政府的建设和政府行政人员的廉洁用权。这些年，我国不断加大反腐力度，对腐败实行“零容忍”。与此同时，随着党的群众路线教育实践活动、“三严三实”专题教育、“两学一做”学习教育、“不忘初心、牢记使命”主题教育、党史学习教育、学习贯彻习近平新时代中国特色社会主义思想主题教育、党纪学习教育等的开展，廉洁型行政文化不断发展。在巩固已有成果的基础上，要坚持铁腕反腐，严肃查处党内腐败分子，坚决查处政府行政人员违纪违法案件，一体推进不敢腐、不能腐、不想腐，彻底清除政府行政人员存在着的与廉洁要求相违背的思想言行，使一切歪风邪气在政治生态中毫无生存的根基和土壤，使每一位政府行政人员真正做到严格规范自身，抵制各种诱惑，秉承正确的权力观，坚持权责统一，干干净净用权，守住心中的节操，让权力在严格的自我监督下运行，在阳光下运行。同时，要强化理论武装，夯实清正廉洁的思想根基，厚植廉洁用权文化基础，使政府行政人员坚定理想信念，提高党性觉悟，坚守初心使命，增强他们的拒腐防变能力和政治定力，筑牢思想道德防线，培养自身甘于奉献、崇廉拒腐、公私分明、尚俭戒奢、清廉自守的高尚精神境界，在责任履行中做到廉洁自律，把廉洁要求内化于心、外化于行，将之贯穿于自身工作和履责的全过程；要创新方式，拓展阵地建设，凝聚廉洁型行政文化建设的力量。坚持守正创新，不断优化和丰富廉洁型行政文化建设的载体和方法，积极拓宽相关途径，拓展廉洁文化资源。坚持系统观念，强化上下联动、内外联通、整体推进，健全和完善政府各部门、各层级、各方面齐抓共管的工作体制机制，引入社会、行业、企业等外部力量助力廉洁型行政文化建设，将之与党的建设、家风建设、社会文明建设等联系起来，不断深化和拓展廉洁型行政文化的意蕴，使之深入人心，对政府行政人员用权履责产生深刻而深远的影响；要继续宣传和强化廉洁的行政价值观，经常性地开展忧患意识教育、形势教育、廉政警示教育，给政府行政人员打“预防针”，使他们从思想意识上正本清源，引导他们明大德、守公德、严私德，强化他们的廉洁自律意识，让廉洁意识存于人心，增强他们廉洁从政、廉洁用权、廉洁修身、廉洁齐家的思想自觉，使他们铭记公共利益至上、人民利益至上，自觉抵制自身不合理、不正当的私人欲念，主动接受各方的行政问责和监督。

五是建设参与型行政文化。参与型行政文化重视行政主客体的积极参与和互动，强调将公众纳入公共行政系统，彰显政府的服务性本质。因此，要消除传统行政文化中崇尚权威、顺从依附、明哲保身、官僚主义、官尊民卑等错误思想，要强调理性有序的民主参与，激发公众对政府工作和公共事务的参与热情和积极性，完善政务公开、群众监督等一系列制度，提高人民群众参与公共事务的能力和水平，拓宽公众参与的途径、渠道和方式，创造公众参与的良好氛围和环境，这就要求行政文化要不断吸收民主精神、自由平等理念、公开意识和公民意识等一系列现代文化理念，促使政府行政人员逐渐意识到自己应认真听取人民群众意见、主动听取人民群众的心声、自觉接受人民群众的监督、增强自身为人民服务的意识，树立开放、民主、平等等价值观念，保持开放、合作、包容的良好心态，尊重并维护人民群众的参与权，真心支持民主制度化、程序化和规范化发展，避免权力寻租、不负责任、逃避责任等现象的发生，不断增强责任意识。

六是建设学习型行政文化。推动政府行政人员普遍养成肯学习、能学习、善学习的习惯，使其通过理论学习和业务学习，不断挖掘自身潜能，充分发挥自身才能，把自己打造成为高素质、高水平、专业化、知识化的优秀人才，从而在责任履责中充分发挥自己的聪明才智和专业能力，将责任落实到位。推动建设学习型政府，加大对政府行政人员的教育力度，在政府机构中涵养全员学习、持续学习、互相学习的浓厚氛围，通过建立相关体制机制大兴学习之风，如建立政府行政人员共同学习、知识共享、信息交流的互动机制，健全鼓励政府行政人员学习的激励机制，完善考核机制，把政府行政人员的学习情况纳入岗位责任制考察范围，健全学习保障机制，建立学习创新奖励机制等。创新工作思路、途径和方式，让勤学、乐学、善学思想入脑入心，促使政府行政人员意识到学习对自己工作和生活的重要性，推动他们强化自觉学习、善于学习、乐于学习、主动学习的思想意识，树立学习光荣、终身学习的思想观念，促使他们自觉地做到悟原理、求真理、明事理，不断提升自身学习能力和运用理论的能力，在责任认识上下功夫，对自身责任及责任履行有更清晰、更深刻的认识，学习和掌握履责的新知识、新方法和新技术，做到解放思想、与时俱进、不断学习、善于学习、学思一体、学以致用，自觉用责任认知充实头脑，用不断增强着的责任意识指导自身的责任履行。

三、改善社会氛围和环境

为了强化政府行政人员责任意识，我们需要从政治、经济、文化等不同方面改善社会氛围和环境。

（一）改善政治氛围和环境

第一，推进行政体制改革，促进政府架构和功能优化。坚持行政体制改革与其他领域协同推进，如进一步深入研究行政体制改革与政治体制、经济体制、社会体制、文化体制、生态文明体制、党的建设制度改革的关系，使之相互适应、相互作用、相互依存、相互支撑，突出改革的系统性、整体性、全面性和协同性；合理配置政府内部的机构与职能，构建从中央到基层的现代治理结构，使各级政府、政府各部门之间配置合理、管理有效、运作协调一致；进一步科学界定政府的职能范围，理顺政府部门的职责与分工，健全政府用权履责的程序机制，优化和完善各级政府的组织架构；完善行政监督，保证权责一致，突出强化责任，强化内部流程管控，深化责任清单、权力清单管理，进一步提升政府工作透明度，加大政务信息的发布力度，拓宽和畅通各监督主体对政府实施监督的渠道和途径；深入推进依法行政，严肃政纪法纪，完善执法体制，进一步明晰行政执法权限，规范政府行政人员思想言行和履责行为，强力抵制行政执法和责任履行中存在的不作为、乱作为等现象，坚持用制度法规来管权、管事、管人；推进政府治理创新，了解和掌握我国政府治理的内生优势，探索其现代化的推进理路，创新行政管理方式；坚持问题导向，着力解决各级政府中存在的难点问题、热点问题和堵点问题，并对之进行专项整治，着力破解现存体制机制中的问题，杜绝行政体制弊端对政府行政人员责任意识的不良影响。

第二，推进政治民主化进程。政府内部应加大责任履行的民主化力度，既要改正个别领导干部一人用权、不讲民主、独断专行的民主不够的问题，又要改正个别政府行政人员从己出发、各自为政的集中不够的问题，坚决纠正不讲民主、不讲政治等错误观念。要强化民主意识，增强全局意识，要做好批评与自我批评，推动政府行政人员敢于说真话、敢于剖析自我、敢于指出他人不足，做到批评从实际出发、从公心出发，真正做到利于自己提升、利于他人进步、利于政府发展。加强制度建设，推进体制机制改革，进一步健全和完善干部人事制度、决策体制机制、权力制约和监督体制，为民主提供保障。应更加重视程序化建设，强调政府行为应遵循法定、科学、民主的程序，提升民主政治程序化水平，强调政府行政人员要按程序办事，不断提升他们的程序意识，避免他们在履责中出现决策“拍脑袋”、无法与其他政府行政人员或其他部门充分配合等情况，使他们能够严格按照规定的程序履行责任。通过扩大民主权利、发扬民主作风等途径发展民主政治，增强政府行政人员的民主意识，提高他们的民主觉悟，使他们在责任履行中做出任何决策和行为都以符合最广大人民的根本利益为出发点，使“民主”这一价值取向为他们所认同和遵循，推动他们在强烈的责任意识引导下，以自身责任履行助力政府实施“善政”，实现“善治”。

第三，持续净化政治生态。政治生态集中体现了一个区域的整体政治生活环境和政治发展态势，它集党风、政风和社会风气于一体，对政府行政人员的党性问题、觉悟问题和作风问题具有重要影响。必须以坚如磐石的信念、壮士断腕的决心和刮骨疗毒的勇气，正风肃纪，激浊扬清，实现政治生态的风清气正。具体而言：一是要坚持正风肃纪，净化政治生态。正风肃纪，必须做到深入、全面、彻底，从整体上对环境和氛围进行优化，要想获得作风优良、纲纪严格的从政氛围，就需要以严的手段来营造出风清气正的从政环境，做到从严整治风气、从严要求纲纪、从严治官。要严明纪律和规矩，引导政府行政人员树立和加强遵守纪律和规矩的意识，强调任何一位政府行政人员，无论职位、工作和资历如何，都不能触碰政治底线，不能逾越纪律红线，用纪律和规矩规范每一位政府行政人员，深入日常细节，做到全面管理、全方位治理。同时，坚持有纪必执，执纪必严，做到严格问责，把监督执纪问责做深、做细、做实。二是要通过彰善瘅恶来净化政治生态。既敢于坚定不移地开展反腐败斗争以铲除“毒瘤”，也善于呵护贤能榜样、宣传正面理念以扬政治清风。当前，反腐败斗争形势依然严峻复杂，持续净化政治生态，必须坚持反腐惩贪。反腐败斗争只有进行时没有完成时。要始终坚定反腐败的坚强决心，坚持“老虎”“苍蝇”一起打，坚持以反腐无禁区、全覆盖和零容忍的态度，严肃查处腐败分子，发现一起查处一起，发现多少查处多少，没有不受查处的“铁帽子王”，做到全面、公正和严格。坚持高压反腐，使政府行政人员不敢、不能贪污腐败，也不想贪污腐败，真正使政府行政人员在心中有所敬畏。坚持严惩与预防两手抓，防微杜渐，营造廉洁从政的良好环境。健全权力运行机制，强化权力运行的监督，不断消除腐败欲念滋长的各种条件，不断铲除腐败分子和腐败势力的藏身之处。同时，净化政治生态必须要绿树常在，清水长流，需要有积极的力量来引领。具体而言，要选用贤能。何谓“贤能”？政治上，要具有坚定的政治立场，优良的政治理论素质；作风上，要有大胸襟、大气魄和大格局，有强烈的责任感和使命感，面对难事大事，能够勇挑重任，能够竭尽全力完成各项任务，履行好自身责任，并能在大是大非面前旗帜鲜明地亮出立场和观点，守住心中的节操；处事上，要成为百姓靠得住、信得过的政府行政人员，为群众办实事、办好事，对得起自己所处的职位和拥有的权力；政务上，要勤劳实干，真行动、真出力、真作为，要讲实话、有实效、出实绩，能够成为敏于行、慎于言、不懈怠、不空谈的行政人员。同时，要树立榜样。净化政治生态，榜样的力量发挥着重要作用，这些榜样犹如“绿树”“活水”一般，是政治生态良性运转的重要保障。树立榜样能够激励优秀之士继续发挥力量，能够使政府行政人员身上的优秀品质发挥效用，也能在表彰典范和树立标杆的过程中，让政府行政人员有目标、有榜样，从而向贤能看齐，激发他们履责的积极性和主动性，做到身正影直、思想纯正、作风过硬、履责到位，严格要求自己，加强自律自控，全心全意为人民服务，敢于接受人民的监督，清清白白做人、踏踏实实干事、兢兢业业为官，做到密切联系群众，真干事、干实事，抵制惰政、履责不力、消极腐败等错误行为，脚踏实地干真事，殚精竭虑为人民。三是要加强引导，开展教育实践活动。在这方面，我们党和国家开展的一系列教育活动卓有成效，要继续坚持，如“三严三实”专题教育、党纪学习教育等。这些学习活动对强化政府行政人员责任意识具有重要作用。要通过教育实践活动，补足政府行政人员精神之“钙”。在政治作风上，教育和引导他们做到理想信念坚定、政治立场明确、政治定力充足。在思想作风上，教育和引导他们坚持一切从实际出发，理论联系实际，实事求是，在实践中检验和发展真理，使他们真正做到解放思想、实事求是、与时俱进、求真务实，坚持群众观点和群众路线。在工作作风上，教育和引导他们做到踏实肯干，全心全意为人民服务，认真为人民把责任履行到位。在生活作风上，教育和引导他们保持谦虚谨慎、不骄不躁、艰苦奋斗的作风，强化他们的责任意识，让正能量存于人心，让正的风气充盈于政治生态。

（二）改善经济氛围和环境

大力发展经济，为强化政府行政人员责任意识提供良好的经济基础。经济基础决定上层建筑，我们需要大力发展生产力，增加人民收入，缩小地区经济差距和贫富差距，努力创造更为丰富的物质资源，为政府行政人员提供稳定可靠的经济保障和物质激励，让他们在平等有序、富足繁荣的经济环境中履行责任。具体而言，要提供充足的经济支持。从财力上讲，充分保障他们的工作经费和工资津贴，为责任履行留足运转资金。从物力上讲，提供先进的设备和技术、良好的办公地点和办公用品。与此同时，必须注重资源供给的后续补充和更新，及时更换已经落后的设备、采用更为先进的科学技术，通过培训、讨论等方式提高政府行政人员的责任意识，推动政府行政人员队伍建设。优化责任履行资源的配置，对人力、物力、财力的需求进行全面深入的分析与评估，既要保证充足，也坚决不能浪费。合理分配资源，充分整合资源，使人力、物力、财力在责任履行中均发挥出最大的效用和价值。

加强社会主义市场经济建设，为强化政府行政人员责任意识提供良好的经济环境。完善社会主义市场经济体制，处理好政府与市场的关系，使市场在资源配置中起决定性作用，更好发挥政府作用，推动市场和政府更好的结合，促进市场作用和政府作用相互协调、有机统一、相互促进格局的形成和完善。这就能够引导政府行政人员更为清晰地认识到政府的定位、职能和自身肩负的责任，更为明确地懂得自身的责任履行和政府职能的发挥不是简单下达行政命令，而是要建立在尊重市场规律的基础上，用法治来规范市场行为，从而使他们树立起关于政府和市场关系的正确观念，不断增强责任意识，以自身的责任履行推动有效的政府治理的实现，促进政府实行市场监管、维护市场秩序、弥补市场失灵、营造公平竞争的市场环境、保持宏观经济稳定等作用的发挥。同时，市场经济追求利益最大化等价值观念会潜移默化地影响政府行政人员，使他们忽略和轻视为人民履责、为社会作贡献的行政价值观。因此，我们需要继续深化经济体制改革，加快完善社会主义市场经济体制，进一步激发各类市场主体活力，优化和提升宏观经济治理效能，促进社会主义市场经济健康、平稳、快速发展，防止市场经济弊端的扩大化，减少市场经济弊端对政府行政人员责任意识的侵蚀，严防享乐主义、奢靡之风等不良价值追求侵蚀政府行政人员。

（三）改善文化氛围和环境

一方面，我们要不断铲除社会文化中的“糟粕”，消除现存的享乐主义、利己主义、圈子主义、形式主义、个人主义等错误的文化观念和负面风气，严肃抵制“权大于法”“封妻荫子”“走后门”等腐朽思想和歪曲的价值观念，清除庸俗政治文化、封建文化、资产阶级文化等负面文化生根生长的土壤，引导政府行政人员自觉消除自身存在的错误价值观念和不良作风，自觉抵制腐朽堕落的生活观念和消费方式，改变消极负面的人生态度和履责心理，树立正确的权力观和政绩观，涵养秉公用权、勤政为民、敢于担当、履责到位、克己奉公的文化理念、工作作风和精神境界；另一方面，我们应重视意识形态工作，弘扬主旋律，传递正能量，坚持主流意识形态的主导地位，使之引领社会思潮，涵养文明风尚，激发政府行政人员的责任意识。通过大力弘扬社会主义核心价值观来教育人民群众，持续不断地凝聚社会共识、加强社会团结、增强正义力量，让政府行政人员在社会生活中受到潜移默化的影响，帮助他们确立积极向上的价值观念，树立良好平和的心态，提升自身的道德素养。在全社会发扬注重责任、强调责任履行的文化理念，营造重视责任的社会风气，形成和谐美好的文化氛围，使身在其中的政府行政人员受到教育、引导和熏陶，自觉做到知荣辱、讲诚信、讲奉献、讲正气、重法治、重实干、重创新、促和谐，保证自身的思想言行始终符合党和国家所倡导的主流意识形态，高举中国特色社会主义伟大旗帜，弘扬社会主义核心价值观，促进自身思想观念的优化，不断推动自身责任意识的强化和发展。

以上我们是把文化氛围作为政府行政人员的外部环境而言的，实际上，从另一个角度来看，政府行政人员的意识状态是这个环境的重要组成部分，而且是最具有辐射力、影响力的部分。我们期待：政府行政人员对党忠诚、对人民负责，率先垂范，以身作则，引领文化风气，带动社会环境优化。政府行政人员正确引导大众对美丑、是非、善恶的正确价值判断，高扬主流价值理想，阐释好社会主义核心价值观，使其更具生命力和号召力，引导全社会坚定“四个自信”，巩固中华民族巍然屹立的文化和精神大厦；政府行政人员在责任履行中推动每一个个体为中国梦而奋斗，增强团结一心的精神动力和文化风气，以自身的责任履行推动中华儿女同心同德，共同为实现中华民族伟大复兴砥砺奋进；政府行政人员以天下为己任，以人民为中心，组织和带领全社会营造良好文化氛围，创造美好生活，进而实现美丽中国的伟大构想。

结　语

本书考察的“责任”是政府行政人员的责任，一方面是指他们承担的职责和义务的内容以及对内容的履行，另一方面是指他们在履行职责和义务后对结果的承担和负责。本书探讨的“责任意识”是政府行政人员关于责任及责任履行的主体意识活动和主体意识状态。它具有能动性、自觉性、公共性、价值取向性和个体差异性，具有引导、约束、刺激和评价的强大功能。它与政治意识、宗旨意识、法治意识、廉政意识相辅相成，相得益彰，互促发展。本书阐释了责任意识的概念、特性和功能，辨析了它与其他意识之间的逻辑关系，从哲学高度对其进行深度剖析，能够深化关于责任和责任意识的一般性、基础性问题的研究，为系统性研究奠定基础。

责任意识由责任认知、责任情感和责任意志（“知”“情”“意”）构成。本书避免仅从外部审视责任意识的问题，而是深入责任意识内核，把握其内部构成和机理，揭示其构成要素之间的对立统一规律。本书不仅对责任意识的内核进行深度探究，也从内涵、类别、内容、作用、表现等多个方面对“知”“情”“意”进行了深度分析。同时，本书具体探讨了三者在责任意识中的逻辑关系。“知”“情”“意”相互区别，存在着冲突和互不协调的情况，但同时，它们又相互依赖、相互作用、相互转化，造就了责任意识丰富多彩的状态和巨大的力量。责任意识的内部构成是“知”“情”“意”的综合统一，它的功能输出与发挥是“知”“情”“意”共同作用的结果，它的优化提升是“知”“情”“意”协同发展的成效。通过研究，我们对责任意识的理解不再是浮于表面、模糊笼统、静止不变的，而是深入的、清晰的、发展的。我们不再冷眼旁观，将它看作一个神秘的精神存在，而是深情地走近它、剖析它，力求感知政府行政人员履责时的真实心理体验、情感状态、认知变化、动机意图等，从而深入地把握了责任意识本身。

责任意识形成的必然逻辑在于：一是岗位角色使然。岗位角色的存在推动政府行政人员通过学习，主要是认知、领悟和内化，把握岗位的责任，促使他们实现从私人角色到公共角色的转换——从私人领域的个人责任转换到公共领域的岗位责任、从私人角色权利本位转换到公共角色责任本位、从自我立场转换到他者立场，促使他们在扮演角色、履行责任的过程中逐渐生成责任意识。二是公共权力取向。权责统一，有权必有责，公共权力的公共属性、矛盾性，以及权力与责任的分离倾向都需要确立责任意识。三是政府职能要求。无论是政府的稳定性职能、建设性职能还是为民性职能都要求政府行政人员具有责任意识，政府行政人员通过对这些职能要求的认知、理解和践行，更加明确自身所承担的责任的内容和意义，不断激发责任意识。

责任意识形成的过程主要分为三个阶段，需要指出的是，这仅是学理上的分析，现实中这三个阶段相互交织，并无严格划分。第一是内化责任要求阶段。经历了接收与反应、选择与认同、反馈与发展三个小阶段后，责任意识基本生成。第二是树立行政良心阶段。在推动责任意识形成方面，行政良心发挥重要的调控、监督和评判作用。行政良心的树立是责任意识形成的一大标志。第三是追求行政价值阶段。政府行政人员在将自身理念与公共行政价值要求相一致、工具性价值追求与终极性价值追求相统一、自我实现与行政价值实现相结合的过程中，不断促成责任意识的产生和发展。

责任意识的形成同样需要综合驱动，主要是社会期待的驱动，即社会期待作为一种压力、取向和动力，驱使责任意识形成；外部监督的驱动，即外部监督发挥“治疗”和“保健”功能，驱动责任意识形成；行政文明的驱动，即行政风尚文明、行政制度文明和行政行为文明驱动责任意识形成。

本书探求责任意识形成和发展的内在逻辑和活动规律，探讨它的前提性、内在性和基础性问题，分析它与外部世界的关联，透过现象看本质，厘清责任发生发展脉络，对责任意识有了更深、更广、更动态的把握。

责任意识的价值取向引导和调节着政府行政人员在履责中的价值选择，其所蕴含的丰富价值观念总是直接影响着他们的履责观念和行为。通过深入研究，我们更好地理解了责任意识的价值内容，以及它本身所代表的基本价值立场、态度和倾向，在此基础上，本书尝试探索责任意识之于行政人员、政府和社会的意义以及与它们之间价值关系的互动规律。本书从价值目标、价值原则和价值标准三重维度进行阐述，认为追求经济繁荣、社会和谐、环境优美、人民幸福是政府行政人员责任意识的主要价值目标，公正、诚信、高效是政府行政人员责任意识必备的价值原则，做到合法、合理、合情的统一是政府行政人员责任意识基本的价值标准。

放眼现实，我们看到，在政府行政人员责任意识方面还存在一些突出问题亟待解决，主要是：敷衍了事、应付责任，不负责任、推卸责任，拈轻怕重、逃避责任，选择性履行、歪曲责任。挖掘问题背后的原因，本书认为，有主体认识错误、主体价值观偏差、非理性因素的消极作用等主观层面的原因，也有制度漏洞、制度执行不力和监督不足等制度层面的原因，还有责任伦理教育不足、传统行政文化的消极影响和社会风气的负面侵蚀等文化层面的原因。随后，我们给出了强化政府行政人员责任意识的总体思路、可行途径和具体方法，即在自律与他律相统一、法治与德治相统一、知与行相统一、共性与个性相统一的总体思路下，第一，强化行政人员的自我修养，促使他们做到自重、自省、自警、自励；第二，强化制度建设，完善责任评价与考核制度、健全责任监督制度、优化行政问责制度、构建责任激励制度；第三，强化文化建设，加强伦理教育、优化行政文化、改善社会氛围和环境，从而不断推动责任意识的强化。

本书从哲学层面出发研究政府行政人员责任意识，借鉴和升华现有的描述性、具体应用性研究成果，由浅入深、从具体到抽象、从特殊到一般，深入讨论了责任意识的本质、内部构成、运行规律、生成逻辑、价值取向，以及它与其他事物的辩证关系。与此同时，基于基础理论研究，本书为对责任意识的哲学分析有效转化为具有现实性、指导性和可操作性的思路和方法，以及为解决政府行政人员在责任意识方面的现实问题、强化责任意识提供参考和启发。本书是一次系统全面研究责任意识的尝试，形成了一套相对完整、系统的研究框架。既加强了对责任意识前提性、基础性问题的研究，也抓住了它的现实性问题，既面向“元问题”，探究“应然”安排，又注重分析现实情况和实践问题，着力解决“实然”问题，推动研究内容和方法的丰富发展；基于哲学思维方法和理论，研究责任意识的内核、结构和机理，既有管理哲学、马克思主义哲学、伦理学、政治哲学、法哲学上的分析，也涉及公共管理学、行政管理学、经济学等领域的讨论，以多学科的联合推动研究的立体化。

尽管本书实现了一定的创新，提出了一些思想观点，达成了对政府行政人员责任意识的系统全面的研究，但事实上，研究还有待进一步推进。具体而言，主要有以下两个方面：一方面，政府行政人员责任意识因人而异、表现多样、复杂多变、动态发展，且受多重因素影响，我们难以准确、全面把握，因而本书在对责任意识作系统学理剖析、分析责任意识存在问题以及提出强化责任意识对策等方面，疏漏在所难免，今后需要进一步深化研究，进行改进和完善。另一方面，由于对责任意识的现有研究，相关性的成果较多、专门性的成果较少，局部性的研究较多、整体性的研究较少，因此，本书虽然获取了丰富的可参考文献，但其中有针对性的、系统性的研究成果并不是很充分，在文献资料支撑上存在一定的局限。今后需要及时关注国内外相关研究动态，进一步丰富和完善政府行政人员责任意识的研究。

研究政府行政人员责任意识具有重要的现实意义和理论意义，应当给予持续的关注。本书的研究是初步的，许多问题因本人知识、能力和阅历的局限尚未涉及，期待学术界有更多研究成果问世。相信通过学术界的共同努力，对政府行政人员责任意识的研究会得到更进一步的展开和深化，并会有效地指导现实。伴随着政府行政人员责任意识的普遍增强，我们党的第二个百年奋斗目标终将成为光辉灿烂的现实，一个富强民主文明和谐美丽的社会主义现代化强国将不可阻挡地屹立在世界的东方！

参考文献

中文著作（含翻译著作）：

[1] 马克思，恩格斯．马克思恩格斯全集：第17，20卷［M］．北京：人民出版社，1963，1971.

[2] 马克思，恩格斯．马克思恩格斯全集：第1，2，3，42卷［M］．2版．北京：人民出版社，1995，2005，2002，2016.

[3] 马克思，恩格斯．马克思恩格斯文集：第1，4卷［M］．北京：人民出版社，2009.

[4] 马克思．资本论：第1～3卷［M］．2版．北京：人民出版社，2004.

[5] 马克思，恩格斯．共产党宣言［M］．北京：人民出版社，2018.

[6] 列宁．列宁全集：第25卷［M］．2版．北京：人民出版社，1988.

[7] 列宁．列宁论苏维埃国家机关工作［M］．北京：人民出版社，1957.

[8] 毛泽东．毛泽东选集：第1卷［M］．2版．北京：人民出版社，1991.

[9] 毛泽东．毛泽东选集：第4卷［M］．2版．北京：人民出版社，1991.

[10] 中共中央文献研究室．毛泽东文集：第1～8卷［M］．北京：人民出版社，1993，1996，1999.

［11］中共中央文献研究室．毛泽东著作专题摘编：上［M］．北京：中央文献出版社，2003.

［12］邓小平．邓小平文选：第1，2卷［M］．2版．北京：人民出版社，1994.

［13］邓小平．邓小平文选：第3卷［M］．北京：人民出版社，1993.

［14］江泽民．江泽民文选：第1～3卷［M］．北京：人民出版社，2006.

［15］胡锦涛．胡锦涛文选：第1～3卷［M］．北京：人民出版社，2016.

［16］习近平．习近平谈治国理政：第1卷［M］．2版．北京：外文出版社，2018.

［17］习近平．习近平谈治国理政：第2卷［M］．北京：外文出版社，2017.

［18］习近平．习近平谈治国理政：第3卷［M］．北京：外文出版社，2020.

［19］习近平．之江新语［M］．杭州：浙江人民出版社，2007.

［20］习近平．摆脱贫困［M］．福州：福建人民出版社，1992.

［21］习近平．在庆祝中国共产党成立95周年大会上的讲话［M］．北京：人民出版社，2016.

［22］习近平．在党的群众路线教育实践活动总结大会上的讲话［M］．北京：人民出版社，2014.

［23］习近平．在纪念胡耀邦同志诞辰100周年座谈会上的讲话［M］．北京：人民出版社，2015.

［24］中共中央文献研究室．十七大以来重要文献选编：下［M］．北京：中央文献出版社，2013.

［25］中共中央文献研究室．十八大以来重要文献选编：上［M］．北京：中央文献出版社，2014.

［26］中共中央文献研究室．十八大以来重要文献选编：中［M］．北京：中央文献出版社，2016.

［27］中共中央文献研究室．习近平关于全面依法治国论述摘编［M］．北京：中央文献出版社，2015.

［28］中共中央文献研究室．习近平关于社会主义经济建设论述摘编［M］．北京：中央文献出版社，2017.

［29］中共中央文献研究室．习近平关于社会主义生态文明建设论述摘编［M］．北京：中央文献出版社，2017.

［30］中共中央文献研究室．习近平关于全面深化改革论述摘编［M］．北京：中央文献出版社，2014.

［31］中共中央党史和文献研究院．习近平关于力戒形式主义官僚主义重要论述选编［M］．北京：中央文献出版社，2020.

［32］中共中央党史和文献研究院．习近平关于全面从严治党论述摘编（2021年版）［M］．北京：中央文献出版社，2021.

［33］中共中央宣传部．习近平新时代中国特色社会主义思想学习纲要［M］．北京：人民出版社，2019.

［34］中国共产党第十九届中央委员会第三次全体会议文件汇编［M］．北京：人民出版社，2018.

［35］人民日报社评论部．论学习贯彻习近平总书记“1·5”重要讲话［M］．北京：人民出版社，2018.

［36］中共中央关于坚持和完善中国特色社会主义制度 推进国家治理体系和治理能力现代化若干重大问题的决定［M］．北京：人民出版社，2019.

［37］白洁．中国行政组织伦理的现代性反思与重建［M］．北京：中国社会科学出版社，2017.

［38］蔡小平，王伟．行政伦理与公仆意识［M］．兰州：兰州大学出版社，2010.

［39］陈国权，等．责任政府：从权力本位到责任本位［M］．杭州：浙江大学出版社，2009.

［40］陈燕楠．党的群众路线研究［M］．北京：人民出版社，2014.

［41］陈毅．责任政府的建设：理性化构建与民主化善治［M］．北京：

北京大学出版社，2012.

［42］程东峰．责任伦理导论［M］．北京：人民出版社，2010.

［43］丁煌．西方行政学理论概要［M］．2版．北京：中国人民大学出版社，2011.

［44］范忠信，郑定，詹学农．情理法与中国人［M］．修订本．北京：北京大学出版社，2011.

［45］傅思明，王磊，李文鹏．责任政府与干部责任意识提升［M］．北京：东方出版社，2013.

［46］高惠珠，等．政治伦理学：历史唯物主义的视野［M］．哈尔滨：黑龙江人民出版社，2012.

［47］高民政．中国政府与政治［M］．济南：黄河出版社，1993.

［48］高湘泽．一种可能作为比较纯正的规范伦理的原义“责任伦理”纲要［M］．武汉：武汉大学出版社，2015.

［49］高小平，王俊豪，张学栋．政府职能转变与管理方式创新［M］．北京：人民出版社，2010.

［50］郭济，高小平，何颖．行政伦理导论［M］．哈尔滨：黑龙江人民出版社，2006.

［51］郭济．行政哲学导论［M］．哈尔滨：黑龙江人民出版社，2003.

［52］郭夏娟．公共管理伦理：理论与实践［M］．杭州：浙江大学出版社，2010.

［53］郭夏娟．公共行政伦理学［M］．杭州：浙江大学出版社，2003.

［54］韩志明．行政责任的制度困境与制度创新［M］．北京：经济科学出版社，2008.

［55］何颖．行政哲学研究［M］．北京：学习出版社，2011.

［56］胡家勇，等．政府职能转变与政府治理转型［M］．广州：广东经济出版社，2015.

［57］胡肖华．走向责任政府：行政责任问题研究［M］．北京：法律出版社，2006.

［58］籍庆利．责任政府建设的中国逻辑［M］．南京：南京大学出版社，2016．

［59］姜裕富．行政问责制的伦理基础：公务员忠诚义务研究［M］．杭州：浙江大学出版社，2013．

［60］金炳华．马克思主义哲学大辞典［M］．上海：上海辞书出版社，2003．

［61］况志华，叶浩生．责任心理学［M］．上海：上海教育出版社，2008．

［62］李传军．公共管理伦理学［M］．北京：中国人民大学出版社，2012．

［63］李春成．行政人的德性与实践［M］．上海：复旦大学出版社，2003．

［64］李春成．行政伦理两难的深度案例分析［M］．上海：复旦大学出版社，2011．

［65］李德顺．价值论：一种主体性的研究［M］．3版．北京：中国人民大学出版社，2013．

［66］李军鹏．责任政府与政府问责制［M］．北京：人民出版社，2009．

［67］李茂，李文成，张曙光，等．哲学方法论纲［M］．西安：陕西人民出版社，1994．

［68］李文良．西方国家行政伦理研究［M］．长春：吉林大学出版社，2007．

［69］李喜所，元青．梁启超传［M］．北京：人民出版社，1993．

［70］李志平．地方政府责任伦理研究［M］．长沙：湖南大学出版社，2010．

［71］林毓生．中国传统的创造性转化［M］．北京：生活·读书·新知三联书店，1988．

［72］刘熙瑞，马德普．中国政府职能论：基于现代化与社会主义国家治理的战略思考［M］．北京：学习出版社，2017．

［73］刘雪丰．行政责任的伦理透视：论公共行政人员的道德责任

［M］. 长沙：湖南师范大学出版社，2005.

［74］刘祖云．当代中国公共行政的伦理审视［M］. 北京：人民出版社，2006.

［75］罗德刚，等．行政伦理的理论与实践研究［M］. 北京：国家行政学院出版社，2002.

［76］罗豪才．行政法学［M］. 北京：北京大学出版社，1996.

［77］马国泉．行政伦理：美国的理论与实践［M］. 上海：复旦大学出版社，2006.

［78］本书编写组．马克思主义基本原理（2023 年版）［M］. 2 版．北京：高等教育出版社，2023.

［79］孟昭武，吕学芳．伦理化管理：现代行政发展的新趋势［M］. 北京：人民出版社，2014.

［80］孟昭武．行政伦理研究［M］. 长沙：岳麓书社，1999.

［81］欧阳康．马克思主义认识论研究［M］. 北京：北京师范大学出版社，2017.

［82］彭定光．政治伦理的现代建构［M］. 济南：山东人民出版社，2007.

［83］彭和平．制度致胜之道：制度学的故事和原理［M］. 北京：国家行政学院出版社，2019.

［84］彭和平，竹立家，等．国外公共行政理论精选［M］. 北京：中共中央党校出版社，1997.

［85］彭忠益．政府领导力与政府责任［M］. 北京：中国社会科学出版社，2012.

［86］齐明山．行政学导论［M］. 北京：中国人民大学出版社，2006.

［87］全国干部培训教材编审指导委员会．新时代　新思想　新征程［M］. 北京：人民出版社，2019.

［88］沈开举，王钰．行政责任研究［M］. 郑州：郑州大学出版社，2004.

［89］沈士光．公共行政伦理学导论［M］. 上海：上海人民出版社，

2008.

［90］沈宗灵．法理学［M］．北京：高等教育出版社，1994.

［91］宋希仁．西方伦理思想史［M］．2版．北京：中国人民大学出版社，2010.

［92］苏力．法治及其本土资源［M］．修订版．北京：中国政法大学出版社，2004.

［93］孙彩红．中国责任政府建构与国际比较［M］．北京：中国传媒大学出版社，2008.

［94］童星．现代社会学理论新编［M］．南京：南京大学出版社，2003.

［95］王成栋．政府责任论［M］．北京：中国政法大学出版社，1999.

［96］王美文．当代中国政府公务员责任体系及其实现机制研究［M］．北京：人民出版社，2008.

［97］王守谦，金秀珍，王凤春．左传全译：下［M］．贵阳：贵州人民出版社，1990.

［98］王伟．行政伦理概述［M］．北京：人民出版社，2001.

［99］王伟，鄯爱红．行政伦理学［M］．北京：人民出版社，2005.

［100］王文科．公共行政的伦理精神［M］．哈尔滨：黑龙江人民出版社，2005.

［101］王云萍．公共行政伦理学论纲［M］．北京：社会科学文献出版社，2018.

［102］王振华．公共伦理学［M］．北京：社会科学文献出版社，2010.

［103］吴春华．行政管理学［M］．天津：南开大学出版社，2008.

［104］伍洪杏．行政问责的伦理研究［M］．北京：中国社会科学出版社，2016.

［105］新华社中央新闻采访中心．深入学习习近平总书记重要讲话读本［M］．北京：人民出版社，2013.

［106］新华月报．新中国70年大事记（1949.10.1—2019.10.1）：下

[M]. 北京：人民出版社，2020.

[107] 辛向阳 . 新政府论 [M]. 北京：中国工人出版社，1994.

[108] 徐小佶 . 行政伦理学 [M]. 福州：福建人民出版社，2002.

[109] 颜昌武，马骏 . 公共行政学百年争论 [M]. 北京：中国人民大学出版社，2010.

[110] 杨光斌 . 政治学原理 [M]. 北京：中国人民大学出版社，1998.

[111] 应松年，马庆钰 . 公共行政学教程 [M]. 兰州：甘肃人民出版社，2005.

[112] 余玉花，杨芳 . 公共行政伦理学 [M]. 上海：上海交通大学出版社，2007.

[113] 岳跃 . 行政伦理学 [M]. 重庆：西南师范大学出版社，2016.

[114] 张国庆 . 行政管理学概论 [M]. 2 版 . 北京：北京大学出版社，2000.

[115] 张世信，周帆 . 行政法学 [M]. 上海：复旦大学出版社，2001.

[116] 张文显 . 法学基本范畴研究 [M]. 北京：中国政法大学出版社，1993.

[117] 赵宝煦 . 政治学概论 [M]. 北京：北京大学出版社，1982.

[118] 郑杭生 . 社会学概论新修 [M]. 3 版 . 北京：中国人民大学出版社，2003.

[119] 中国国家行政学院，国际行政院校联合会 . 中国行政改革：政府的责任性、回应性和效率 [M]. 北京：国家行政学院出版社，2004.

[120] 中国社会科学院语言研究所词典编辑室 . 现代汉语词典 [M]. 7 版 . 北京：商务印书馆，2016.

[121] 周奋进 . 转型期的行政伦理 [M]. 北京：中国审计出版社，2000.

[122] 周文彰 . 狡黠的心灵：主体认识图式概论 [M]. 海口：南方出版社，2009.

[123] 周文彰 . 让学习成为习惯 [M]. 海口：南方出版社，2017.

［124］周文彰．周文彰讲稿［M］．北京：中国建筑工业出版社，2017.

［125］周文彰．为民·务实·清廉：做官做事做人60讲［M］．2版．北京：中国方正出版社，2013.

［126］周文彰．绿岛傻想：一个哲学博士的特区情结［M］．2版．海口：海南出版社，1997.

［127］周文彰．并非傻想［M］．海口：南方出版社，2002.

［128］周运清，等．新编社会学大纲［M］．武汉：武汉大学出版社，2004.

［129］竺乾威．公共行政学［M］．3版．上海：复旦大学出版社，2008.

［130］阿克顿．自由与权力：阿克顿勋爵论说文集［M］．北京：商务印书馆，2001.

［131］阿普特．现代化的政治［M］．上海：上海人民出版社，2016.

［132］安德森．公共决策［M］．北京：华夏出版社，1990.

［133］奥斯本，盖布勒．改革政府：企业精神如何改革着公营部门［M］．上海：上海译文出版社，1996.

［134］奥斯特罗姆．美国公共行政的思想危机［M］．上海：上海三联书店，1999.

［135］奥斯特罗姆．公共事物的治理之道：集体行动制度的演进［M］．上海：上海译文出版社，2012.

［136］巴泽雷．突破官僚制：政府管理的新愿景［M］．北京：中国人民大学出版社，2002.

［137］包尔生．伦理学体系［M］．北京：中国社会科学出版社，1988.

［138］彼得斯．政府未来的治理模式［M］．中文修订版．北京：中国人民大学出版社，2013.

［139］博登海默．法理学：法律哲学与法律方法［M］．修订版．北京：中国政法大学出版社，2004.

［140］布坎南．自由、市场和国家：20世纪80年代的政治经济学［M］．北京：北京经济学院出版社，1988.

［141］布劳，梅耶．现代社会中的科层制［M］．上海：学林出版

社，2001.

[142] 达尔．现代政治分析［M］．上海：上海译文出版社，1987.

[143] 达伦多夫．现代社会冲突［M］．北京：中国人民大学出版社，2016.

[144] 德沃金．刺猬的正义［M］．北京：中国政法大学出版社，2016.

[145] 珍妮特·V．登哈特，罗伯特·B．登哈特．新公共服务：服务，而不是掌舵［M］．北京：中国人民大学出版社，2010.

[146] 杜威．道德学［M］．北京：中华书局，1935.

[147] 拉法格．思想起源论［M］．北京：生活·读书·新知三联书店，1963.

[148] 法约尔．工业管理与一般管理［M］．北京：中国社会科学出版社，1982.

[149] 费恩塔克．规制中的公共利益［M］．北京：中国人民大学出版社，2014.

[150] 费舍，拉维扎．责任与控制：一种道德责任理论［M］．北京：华夏出版社，2002.

[151] 费斯勒，凯特尔．行政过程的政治：公共行政学新论：第2版［M］．北京：中国人民大学出版社，2002.

[152] 弗雷德里克森．公共行政的精神［M］．北京：中国人民大学出版社，2003.

[153] 福山．政治秩序的起源：从前人类时代到法国大革命［M］．桂林：广西师范大学出版社，2012.

[154] 福山．政治秩序与政治衰败：从工业革命到民主全球化［M］．桂林：广西师范大学出版社，2015.

[155] 甘布尔．政治和命运［M］．南京：江苏人民出版社，2003.

[156] 格姆雷，巴拉．官僚机构与民主：责任与绩效［M］．上海：复旦大学出版社，2007.

[157] 格林伍德，威尔逊．英国行政管理［M］．北京：商务印书

馆，1991.

[158] 格沃斯，等．伦理学要义［M］．北京：中国社会科学出版社，1991.

[159] 古德诺．政治与行政［M］．北京：华夏出版社，1987.

[160] 亨利．公共行政与公共事务：第 10 版［M］．中文修订版．北京：中国人民大学出版社，2017.

[161] 亨廷顿．变动社会的政治秩序［M］．上海：上海译文出版社，1989.

[162] 霍布斯．利维坦［M］．北京：商务印书馆，1985.

[163] 吉登斯．社会的构成［M］．北京：生活·读书·新知三联书店，1998.

[164] 康德．纯粹理性批判［M］．北京：人民出版社，2017.

[165] KLATT B，MURPHY S，IRVINE D. 权责制领导：如何运用权责协定［M］．汕头：汕头大学出版社，2003.

[166] 库珀，等．二十一世纪的公共行政：挑战与改革［M］．北京：中国人民大学出版社，2006.

[167] 库珀．行政伦理学：实现行政责任的途径：第 4 版［M］．北京：中国人民大学出版社，2001.

[168] 库珀．行政伦理学：实现行政责任的途径：第 5 版［M］．北京：中国人民大学出版社，2010.

[169] 雷恩，贝德安．管理思想史：第 6 版［M］．北京：中国人民大学出版社，2012.

[170] 卢梭．社会契约论［M］．2 版．北京：商务印书馆，1980.

[171] 罗森布鲁姆，克拉夫丘克．公共行政学：管理、政治和法律的途径：第 5 版［M］．北京：中国人民大学出版社，2002.

[172] 罗素．罗素文集：第 5 卷（权力论　权威与个人）［M］．北京：商务印书馆，2012.

[173] 罗素．伦理学和政治学中的人类社会［M］．上海：上海译文出版社，2018.

［174］罗尔斯．正义论［M］．北京：中国社会科学出版社，1988.

［175］洛克．政府论（上下篇）［M］．北京：商务印书馆，1964.

［176］麦克里兰．西方政治思想史（上下册）［M］．北京：中信出版社，2014.

［177］麦克斯怀特．公共行政的合法性：一种话语分析［M］．北京：中国人民大学出版社，2002.

［178］梅里亚姆．美国政治学说史：从殖民地时期到内战结束［M］．北京：商务印书馆，1988.

［179］米勒，波格丹诺．布莱克维尔政治学百科全书［M］．修订版．北京：中国政法大学出版社，2002.

［180］菲利克斯·A. 尼格罗，劳埃德·G. 尼格罗．公共行政学简明教程［M］．北京：中共中央党校出版社，1997.

［181］诺兰，等．伦理学与现实生活［M］．北京：华夏出版社，1988.

［182］斯蒂尔曼二世．公共行政学：概念与案例：第 7 版［M］．北京：中国人民大学出版社，2004.

［183］斯塔林．公共部门管理［M］．上海：上海译文出版社，2003.

［184］斯塔彭赫斯特，庞德．反腐败：国家廉政建设的模式［M］．北京：经济科学出版社，2000.

［185］特纳．现代西方社会学理论［M］．天津：天津人民出版社，1988.

［186］威尔逊．美国官僚政治：政府机构的行为及其动因［M］．北京：中国社会科学出版社，1995.

［187］韦伯．学术与政治：韦伯的两篇演说［M］．北京：生活·读书·新知三联书店，1998.

［188］沃尔夫．市场或政府：权衡两种不完善的选择/兰德公司的一项研究［M］．北京：中国发展出版社，1994.

［189］西蒙．管理行为［M］．北京：机械工业出版社，2014.

［190］西蒙．现代决策理论的基石［M］．北京：北京经济学院出版社，1989.

［191］夏夫利．权力与选择：政治科学导论（插图第 13 版）［M］．北京：世界图书出版社，2015.

［192］休斯．公共管理导论：第 4 版［M］．北京：中国人民大学出版社，2015.

［193］休谟．人性论［M］．北京：商务印书馆，2016.

［194］亚里士多德．政治学［M］．北京：商务印书馆，1965.

［195］亚里士多德．尼各马可伦理学［M］．北京：商务印书馆，2003.

外文著作：

［1］BLUMER H. Symbolic interactionism：perspective and method［M］．Oakland：University of California Press，1986.

［2］BARNARD C I. The functions of the executive［M］．Cambridge：Harvard University Press，1964.

［3］BATES F L，HARVEY C C. The structure of social systems［M］．New York：Wiley，1975.

［4］DUBNICK M J，FREDERICKSON H G. Accountable governance：problems and promises［M］．New York：Routledge，2011.

［5］MARX F M. Public management in the new democracy［M］．New York：Harper &Brother，1940.

期刊论文：

［1］曹刚．美的伦理学：曾钊新伦理思想的审美维度［J］．伦理学研究，2017（5）.

［2］曹淑芹．制度主义、责任意识与伦理自主：关于行政伦理法制化的逆向思考［J］．内蒙古大学学报（人文社会科学版），2004（4）.

［3］陈欣．责任意识新探：基于行为博弈论视角［J］．南京师大学报（社会科学版），2009（6）.

［4］高秦伟．论责任政府与政府责任［J］．行政论坛，2001（4）.

［5］高晓红．政府组织的政治使命与伦理内涵［J］．江海学刊，2007（2）.

[6] 顾爱华．中国公共行政责任与追究制度探讨［J］．中国行政管理，2002（8）．

[7] 韩志明．政府责任场域中的悖论空间［J］．长白学刊，2008（3）．

[8] 侯志峰．公共行政责任：伦理维度与建构逻辑［J］．兰州文理学院学报（社会科学版），2015（4）．

[9] 李德顺．法治文化论纲［J］．中国政法大学学报，2007（1）．

[10] 李景鹏．政府的责任和责任政府［J］．国家行政学院学报，2003（5）．

[11] 李蔬君．政府责任的逻辑前提分析［J］．云南行政学院学报，2006（1）．

[12] 刘建军．公务员责任意识培育机制研究［J］．成都行政学院学报，2010（5）．

[13] 刘兰华．我国公务员的责任冲突及和解路径［J］．党政干部学刊，2010（10）．

[14] 刘熙瑞．服务型政府：经济全球化背景下中国政府改革的目标选择［J］．中国行政管理，2002（7）．

[15] 刘祖云．论公共行政责任的实现［J］．理论月刊，2003（4）．

[16] 刘祖云．政府与官员的关系：道德冲突与伦理救治［J］．学海，2008（1）．

[17] 栾莹．库珀视角下解决我国公务员行政责任冲突的路径分析［J］．吉林广播电视大学学报，2017（1）．

[18] 彭定光．论政府的道德责任［J］．中南大学学报（社会科学版），2006（3）．

[19] 沈荣华，侯焕春．论行政强制执行中的行政责任［J］．江海学刊，2000（6）．

[20] 申喜连，贺永祥．论新时期我国公务员激励机制的重构：一项基于公务员“经济人”和“政治人”耦合的研究［J］．湘潭大学学报（哲学社会科学版），2006（6）．

[21] 孙彩红．责任行政意识：建构责任政府的主观条件［J］．云南行

政学院学报，2005（2）.

［22］孙彩红．政府责任缺失的理论阐释［J］．学术论坛，2005（1）.

［23］涂可国．儒家诚信伦理及其价值观意蕴［J］．齐鲁学刊，2014（3）.

［24］王晋军．中国政府责任与实现途径［J］．理论月刊，2008（7）.

［25］王鲁宁，李海青．马克思主义的幸福观及其中国化何以可能：基于“中国梦”人民幸福内涵的理论渊源及实践价值视角［J］．理论界，2014（12）.

［26］王美文．公共行政呼唤责任意识［J］．学习月刊，2007（22）.

［27］王一多．道德建设的基本途径：兼论经济生活、道德和政治法律的关系［J］．哲学研究，1997（1）.

［28］王忠才．我国公共行政责任伦理研究探讨［J］．党政干部学刊，2016（3）.

［29］魏星河，许小莲．行政责任缺失的危害及其控制［J］．广东行政学院学报，2003（1）.

［30］谢晖．法治思维中的情理和法理［J］．重庆理工大学学报（社会科学），2015（9）.

［31］谢治菊．主客观行政责任的冲突与平衡：理论阐释与实证表达［J］．中共福建省委党校学报，2014（12）.

［32］徐凤琴．我国社会转型期间的行政伦理失范及构建途径［J］．中共四川省委省级机关党校学报，2004（1）.

［33］杨楠．试论政府责任及其实现途径［J］．兰州学刊，2011（5）.

［34］叶贵仁．行政领导责任：西方行政学的视野［J］．理论探讨，2007（1）.

［35］叶青春．当代中国政府的伦理责任［J］．社会科学研究，2005（4）.

［36］应松年，杨伟东．不断把政府职能转变推向深入［J］．中国行政管理，2006（4）.

［37］俞吾金．“社会风气”应当如何理解［J］．探索与争鸣，2012（1）.

［38］詹国彬．从管制型政府到服务型政府：中国行政改革的新取向［J］．江西社会科学，2003（6）．

［39］张强．政府责任模式的演变及其启示［J］．华南师范大学学报（社会科学版），2004（5）．

［40］张贤明．政治责任与个人道德［J］．吉林大学社会科学学报，1999（5）．

［41］赵文，江艳．公共行政责任伦理的理论逻辑与实践路径［J］．领导科学，2019（8）．

［42］竺乾威．行政学研究的中国化［J］．公共行政评论，2013（1）．

报纸类：

［1］中共中央关于制定国民经济和社会发展第十三个五年规划的建议［N］．人民日报，2015－11－04（1）．

［2］习近平在中共中央政治局第三十七次集体学习时强调 坚持依法治国和以德治国相结合 推进国家治理体系和治理能力现代化［N］．人民日报，2016－12－11（1）．

［3］习近平．抓住世界经济转型机遇 谋求亚太更大发展：在亚太经合组织工商领导人峰会上的主旨演讲［N］．人民日报，2017－11－11（2）．

［4］习近平．携手消除贫困 促进共同发展：在2015减贫与发展高层论坛的主旨演讲［N］．人民日报，2015－10－17（2）．

［5］习近平．携手建设更加美好的世界：在中国共产党与世界政党高层对话会上的主旨讲话［N］．人民日报，2017－12－02（2）．

［6］马昌博．检察院里的新鲜事：干部天天写“自省日记”［N］．南方周末，2006－02－16（5）．

后　记

围绕政府行政人员责任意识，本书进行了系统思考和分析论证，形成了自己的研究框架和理论体系，通过对政府行政人员责任意识的概念、构成、形成、价值取向、现实问题、强化路径的深入分析，达成了对政府行政人员责任意识的系统性、整体化和立体式研究。同时，本书力求挖掘责任意识背后的哲学问题，探讨它的前提性、内在性、基础性问题，并将其与现实性问题结合起来，阐述政府行政人员责任意识存在的现实问题及其解决办法，拓展责任意识的基础理论研究，并试图为强化政府行政人员责任意识、全面深化政府治理改革、推进国家治理体系和治理能力现代化提供有益思考。

回溯自己撰写和出版这本著作的“旅程”，我的心中充盈着感恩之情。感恩伟大的祖国让我置身于繁荣稳定的大环境中，让我能在她温暖的怀抱中安稳地探知求索，为实现中华民族伟大复兴而不懈奋斗是幸福的，是有干劲的。感恩我的博士生导师周文彰教授，他引领我做时间的“吝啬鬼”、书本的痴迷者、思想的永动机和现实的有心人，无论是书稿的选题、实际撰写，还是后期的完善修改，他都给予了我极具专业性的指导。感恩我的父母和我所有的家人，他们给我提供了物质和精神上的强有力的支持和照顾，让我能无忧无虑地在学术的海洋里遨游，让我能充满自信地去思考和写作，让我始终都能用从容美好的心态看待生活、看待世界。感谢一路走来所有可敬的老师和可爱的朋友对我的支持和鼓励。感谢中国人民大学出版社对本书的出版价值给予认可和肯定，为本书顺利出版提供了全面的保障和强大的支持。感谢本书的策划编辑郭晓明、徐小玲、贺志红，以及责任编辑邢玲珑，他们为本书出版付出了巨大心血。

囿于学识水平，问世的这本著作肯定会存在诸多不足，敬请广大读者批评指正。

宋歌

2025 年 1 月

图书在版编目（CIP）数据

政府行政人员责任意识研究/宋歌著．-- 北京：中国人民大学出版社，2025. 8. -- ISBN 978-7-300-34038-8

Ⅰ. D630. 1

中国国家版本馆 CIP 数据核字第 2025XN4657 号

政府行政人员责任意识研究

宋歌　著

出版发行	中国人民大学出版社		
社　　址	北京中关村大街 31 号	**邮政编码**	100080
电　　话	010－62511242（总编室）		010－62511770（质管部）
	010－82501766（邮购部）		010－62514148（门市部）
	010－62511173（发行公司）		010－62515275（盗版举报）
网　　址	http://www.crup.com.cn		
经　　销	新华书店		
印　　刷	涿州市星河印刷有限公司		
开　　本	720 mm×1000 mm　1/16	**版　　次**	2025 年 8 月第 1 版
印　　张	17 插页 1	**印　　次**	2025 年 8 月第 1 次印刷
字　　数	247 000	**定　　价**	79.00 元